高职高专教改新成果规划教材·会计

Qiye Nashui Shiwu

# 企业纳税实务

崔德志 夏迎峰 谢荣军 主编 ★ 胡冬 秦珏 副主编

东北财经大学出版社
Dongbei University of Finance & Economics Press
大连

图书在版编目（CIP）数据

企业纳税实务／崔德志，夏迎峰，谢荣军主编．—大连：东北财经大学出版社，2014.8
（高职高专教改新成果规划教材·会计）
ISBN 978-7-5654-1545-6

Ⅰ.企… Ⅱ.①崔… ②夏… ③谢… Ⅲ.企业管理-税收管理-中国-高等职业教育-教材 Ⅳ.F812.423

中国版本图书馆 CIP 数据核字（2014）第 175673 号

东北财经大学出版社出版
（大连市黑石礁尖山街 217 号 邮政编码 116025）
教学支持：（0411）84710309
营 销 部：（0411）84710711
总 编 室：（0411）84710523
网 址：http://www.dufep.cn
读者信箱：dufep@dufe.edu.cn

大连雪莲彩印有限公司印刷 东北财经大学出版社发行

幅面尺寸：185mm×260mm 字数：267 千字 印张：12
2014 年 8 月第 1 版 2014 年 8 月第 1 次印刷

责任编辑：张旭凤 韩敌非 责任校对：刘 洋
封面设计：冀贵收 版式设计：钟福建

ISBN 978-7-5654-1545-6
定价：26.00 元

# “高职高专教改新成果规划教材·会计”编写委员会

# 总序

迄今为止，我国高职高专院校总数已超过1 200所，在校学生人数亦接近1 000万人。高等职业教育已经成为我国高等教育体系中一种独立的教育类型，全国各地设立的高职院校如风起云涌般出现在大众视野中，高职毕业生已成为我国就业大军中的一支生力军。

在过去的十余年中，社会各界人士、高职院校自身和教育管理部门对“高等职业教育”的办学性质和办学定位进行了大胆的探索和实践。起初，不少高职院校的主要想法是尽可能扩大招生规模，满足高等教育大众化的需求，至于应如何保障高等职业院校的教学质量以及实现长远发展等则众说纷纭，莫衷一是。直至2006年，教育部下发了《关于全面提高高等职业教育教学质量的若干意见》，提出了“以服务为宗旨，以就业为导向，走产学结合发展道路，为社会主义现代化建设培养千百万高素质技能型专门人才”的高等职业教育发展战略，各高职院校才在这一具有里程碑意义的重要文件的引导下，集中力量在办学模式和教学模式等方面积极改革，锐意创新，逐渐树立了适合自身发展的人才培养特色。

当前，高职院校教学改革的核心任务依然是专业建设。专业建设是高职院校人才培养的重要依托，决定着人才培养的规格和办学水平，是一项涉及专业设置、课程建设、教学条件、教学内容、教学方法与教学手段改革的系统工程。《教育部、财政部关于进一步推进“国家示范性高等职业院校建设计划”实施工作的通知》（教高〔2010〕8号）中强调，“主动适应区域产业结构升级需要，及时调整专业结构；深化订单培养、工学交替等多样化的人才培养模式改革，参照职业岗位任职要求制订培养方案，引入行业企业技术标准开发专业课程；推行任务驱动、项目导向的教学模式”，更是指明了今后高职院校专业建设的方向。

教材建设一直是专业建设中的一项重要内容。教材是教师传达教育理念、传播专业知识、指导实践活动的主要窗口，是学生了解和掌握专业知识与能力的最重要的平台。多年的高等职业教育实践表明，选择一本好的教材对提高教学质量、提升专业建设水平至关重要。这一次我们武汉地区十余所高职院校联合编写“高职高专教改新成果规划教材·会计”系列教材，正是在对有关文件精神的学习和认真贯彻，以及多年教学实践经验总结的前提下的一次积极尝试。同时，我们也希望该系列教材的编写和出版，在一定程度上可以助推各高职院校会计专业课程的教学改革。

合作必须有基础，我们的这次合作既源于这十余所高职院校的会计专业教师有着多年的专业建设经历和课程建设经验，对高职院校会计专业学生学习、就业的情况比较熟悉，对区域经济和行业发展现状有着比较一致的认知，更在于我们主动相互学习、交流经验。在教材编写之前，针对课程标准与教材的关系、课程设计的基本思路、项目教学内容的选择及教学任务的构建与驱动、理实一体化等问题，我们进行了深入的研究和讨论。由于大家相互之间都比较熟悉，之前的交流机会比较多，认识相对统一，形成的一致意见也比较多。在编写和出版过程中，编委会在尊重各高职院校教学发展特点的基础上，适当考虑教材的普适性和可扩展性，尽可能做到协调一致、共同发展，正所谓“求大同存小异”，刚好与目前高等职业教育教学改革的实际情况相符。所以，我们认为该系列教材的出版是各院校教改思想交流与碰撞的新成果之一，体现出了武汉地区高职高专会计专业建设和课程建设的主要特色。

首先，我们力求在教材编写中融入课程设计的基本思想，以体现职业教育的特征。具有职业特征的课程应该是基于知识应用的课程，包含职业特征的教材应该体现基于工作过程的行动体系；课程设计就是对工作过程的系统化加工、整理过程，通过教学任务的排序、教学内容的选择和教学活动的设计，使学生得到“知识、能力、素质”的整体提升。在教材编写过程中体现工作过程系统化设计思想，主要任务应该是构建学习领域、设计学习情境。在本系列教材的编写过程中，编写老师们将多年以来进行教学改革和课程建设的经验和成果通过他们所编写的教材予以体现，特别是很多教材的主编老师经过了长期企业调研和工作过程分析以后，在学习情境设计中采用了不同于以往的课程教学载体，如《基础会计实务》、《企业纳税实务》等，使得系列教材特色鲜明、精彩纷呈。

其次，本系列教材采用的是不完全任务驱动教学模式。所谓“任务驱动”，就是学生在教师的帮助下紧紧围绕一个共同的任务活动中心，在强烈的问题动机的驱动下，通过对学习资源的积极主动应用，进行自主探索和互动协作的学习，并在完成既定任务的同时，适当进行实践活动。对于这种模式如何在会计专业课程中应用，大家的讨论还是比较激烈的。不过，编写老师们一致认为这将是今后一段时期内高等职业教育教学改革的一个重要方面，只是由于目前教育资源还不够充足，广泛应用这一模式的时机尚不成熟，而且我们也不认为所有的课程都适合，因而我们只是选择了一些目前相对具备可行条件的课程，如财务会计实务、成本会计实务、审计基础与实务等，鼓励编写老师们勇于面对难题，采用任务驱动的方式进行教材编写，而还有一部分课程的编写仍然采用其他模式。

在采用任务驱动模式编写的教材中，我们将项目中包含的每个任务分解为“任务描述”、“相关知识”、“任务实施”、“任务评价”四个部分，将以传授知识为主的传统教学理念，转变为以解决问题、完成任务为主的多维互动式教学理念，将“再现式教学”转变为“探究式学习”，使学生处于积极主动的学习状态，“做中学，学中做”，鼓励学生根据自己对当前问题的理解，运用共有的知识和自己特有的经验提出方案、解决问题，并在最后进行适当的评价总结。

最后，由于各高等职业院校会计专业的实训条件和实训设施的配备存在一定差异，所以在此次教材编写过程中，我们将实践性教学内容尽可能予以一定的体现。其一，对于专门的会计综合模拟实训课程，我们单独对应编写了一本仿真性实训教材，即《会计综合模拟实训》；其二，对于实践性较强的课程，主编老师主动与教学软件的供应商合作，在得到授权后将这些教学软件中的一部分实践性教学内容呈现在教材中，我们认为这也是一种比较好的方式，如《企业纳税实务》、《会计电算化实务》（财务链篇）、《会计电算化实务》（供应链篇）等；其三，在实际教学中，有个别课程是将课堂练习与实训结合在一起的，所以我们单独编写了一些配套教材，如《基础会计实务同步训练》、《财务会计实务同步训练》、《成本会计实务同步训练》、《财务管理实务同步训练》，以便更好地满足实训需求。

在组织编写教材的过程中，我们得到了来自各高等职业院校的同仁、企业的会计工作者，以及会计职业教育领域的专家和学者的大力支持，尤其是东北财经大学出版社的编辑同志们在指导编写过程中所体现的责任心和专业水平令我们由衷钦佩，在此我们表示深深的感谢。当然，我们还要感谢武汉恒曦书业发展有限公司肖雯总经理及她的团队，是他们的组织协调以及始终如一的努力，才使得系列教材编写得以顺利开展与实施。

在过去的十余年里，高等职业院校的教育工作者亲历了高等职业教育的发展和壮大过程，同时也体会到了变革所带来的迷茫、艰辛、苦涩、兴奋和满足。高等职业教育是具有中国特色的一种教育形式，教育部多年来通过办学水平评估、国家级示范高职院校建设和国家级骨干高职院校建设等方式，倡导高职院校通过加强内涵建设的方式提高办学水平、提升教育质量，迄今为止已经取得了为社会所公认的成就。但由于高等职业教育缺乏大家公认的、稳定的且比较完善的教育理论体系作为支撑，因而在高等职业教育领域中出现了相对较多的“流派”，各所高等职业院校的老师们走出校园，到企业调研、考察，院校之间相互学习，争相在办学定位、专业建设、教育教学方法和教学手段上推陈出新。这样一种百家争鸣、百花齐放的局面，一方面说明了高等职业教育的年轻与活力，另一方面也说明这种教育类型的不成熟，今后改革的空间仍然很大。因而，作为身处其中的我们感到任务依然很艰巨。我们只有不断进取，以只争朝夕的精神同心协力地推动高等职业教育的改革，才能够完成历史所赋予我们的使命。尽管我们在编写这套系列教材的过程中进行了不懈的探索，付出了努力，付出了艰辛，但我们深感做得还远远不够，需要我们改进的地方还很多。加之时间仓促以及认识水平上的差异，这套系列教材不可避免地存在一些疏漏和不足，我们恳请广大读者和同行不吝赐教。

**“高职高专教改新成果规划教材·会计”编写委员会**

# 前言

企业纳税实务是高等职业教育财税相关专业学生需要学习的一门专业核心课程。重点培养学生的税费计算与申报能力，涵盖了企业税费计算与申报工作过程的专业技能，是会计职称考试的重要内容，在整个专业课程体系中具有非常重要的地位和作用。本书正是为满足这样的教学需要而编写的。

本书是按照2014年6月以前颁布实施的我国税收法律法规为依据编写的。在编写过程中，突出了以下特点：

1. 本教材采用基于工作过程系统化的思路谋篇布局。首先采用“案例导引”，用鲜活的实例引出本学习情境将要学习的知识和技能，然后用“任务描述”来下达需要完成的工作任务，用“相关知识”来引导学生学习完成任务需要的知识，用“任务实施”示范如何完成该任务，用“任务评价”来对所完成的任务进行考核评比。

2. 序化和重构教材内容。将不少教材在学科体系下的章节设置进行序化和重构，按照实际税种整合分类构建了六个学习情境。

3. 注重教、学、做一体化。本书基于税务工作情境，将之对应为学习情境，以一种税种为一个工作任务，在工作任务下将工作过程分解为“任务描述—相关知识—任务实施—任务评价”等，再按“知识—计算—税费申报”重新排列，达到“做中学，学中做”。

本书由武汉软件工程职业学院崔德志老师（注册会计师）、武汉职业技术学院夏迎峰老师、武汉软件工程职业学院谢荣军老师任主编；武汉城市职业学院胡冬老师、武汉商贸职业学院秦珏老师任副主编，最后由崔德志老师负责修改、统稿、总纂成书。

由于作者水平有限，书中纰漏和疏忽之处在所难免，敬请读者批评指正。

编　者

2014年6月

# 目录

# 学习情境一

# 认识税法

本学习情境主要介绍税收概念及特点、税收法律体系、税收分类、税制构成要素等陈述性知识，以及税务登记管理、账证管理和纳税申报管理等税收征收管理制度。本学习情境下包含两个任务：认识税收，认识税收立法及税法体系。

**知识目标**

1. 了解：税收概念及特点、税收法律体系、税收分类、税制构成要素；
2. 熟悉：税务登记管理、账证管理；
3. 掌握：纳税申报管理。

**技能目标**

1. 会处理税务登记管理、账证管理的相关业务；
2. 会判断税法的分类；
3. 会分析纳税申报管理的相关技能。

**案例导引**

**违法了吗?**

某生产润滑油的私营工业企业，于2011年4月10日办理工商营业执照登记。在未办理税务登记的情况下，于同年4月20日擅自伪造税务登记证，同年5月10日开始生产产品。经群众举报，该市国税局于2012年10月对其进行了纳税检查。经查实，该企业上述行为属实。

**请分析：**

该企业在税务登记方面存在着哪些违法行为?

**分析提示：**

（1）未按规定办理税务登记，违反了法律规定。该企业应自领取营业执照之日起30日内办理税务登记，而其一直未办理。

（2）擅自伪造税务登记证也是违反法律规定的。该企业在未办理税务登记的情况下，于同年4月20日擅自伪造和使用税务登记证达一年半之久。

# 任务1 认识税收

## 任务描述

我们常在工作中看到国家税务局、地方税务局等税务管理机构。对于企业来说，应该怎样区分他们?

## 相关知识

### 一、税收的概念及特征

（一）税收的概念

税收是国家为实现其职能，凭借政治权力，按照法律规定，通过税收工具强制地、无偿地征收国民收入和社会产品，参与其分配和再分配，以取得财政收入的一种形式。取得财政收入的手段多种多样，如税收、发行货币、发行国债、收费、罚没等，其中税收由政府征收，取之于民、用之于民。税收具有无偿性、强制性和固定性的形式特征。税收的三个特性是一个完整的统一体，它们相辅相成、缺一不可。

理解税收的概念应把握以下几点：

1. 税收的本质是经济分配

国家征税既不增加也不减少社会产品的价值总量，因而不属于生产、消费范畴，也不采取以物易物或钱物交换的方式实现，因而也不属于交换范畴。国家征税只是从社会产品价值量中分割一部分集中到政府手中，因此税收的本质是分配。

2. 税收借助法律形式进行

税收分配以国家为主体，凭借政治权力实现。国家征税凭借政治权力，并不意味着政府可以不顾经济条件任意征税。经济是政治的基础，每个国家都必须按本国的具体经济条件，确定征税范围及额度，滥用政治权力横征暴敛，必然会影响社会的稳定，阻碍生产力的发展。

3. 征税的目的在于履行公共职能

国家履行公共职能必然要有公共支出。公共产品的特殊性决定了公共支出一般不可能以公民个人、企业自愿出价的方式得到补偿，而是只能采用国家征税的方式，由经济组织、单位和个人共同负担。国家征税的目的是为了满足国家提供公共产品的需要，因此，国家征税也将受到提供公共产品规模和质量的制约。

4. 税收是国家取得财政收入的一种基本形式

在当代世界上绝大多数国家，税收是其财政收入的最主要形式。可以说，税收在世界各国的经济生活中扮演着越来越重要的角色。

（二）税收的特征

税收具有区别于其他财政收入形式的独有的特征，即税收的“三性”：强制性、无偿性和固定性。

1. 强制性

强制性是指国家以社会管理者的身份，用法律、法规等形式对征收捐税加以规定，并依照法律强制征收。其有两层含义：其一，任何纳税人都必须依法纳税，否则就要受到法律制裁；其二，任何征税机关都必须依法征税，否则同样要承担法律责任。

2. 无偿性

无偿性是指国家征税后，税款即成为国家的财政收入，不直接归还纳税人，也不向纳税人支付任何报酬。其有两层含义：其一，无偿性仅指征收的税款对具体纳税人无需直接偿还，但就全体纳税人而言，税收是有偿的，表现为国家为全体纳税人维护社会秩序、公共安全和提供共同的生产条件等各种服务。其二，国家税收为用而征。国家征税的目的是为了实现其职能，满足社会公共需要，每年取得的税款应按预算规定的程序拨付，用于国家各方面的支出。

3. 固定性

固定性是指国家在征税之前，应以法律形式预先规定征税对象、征收标准、征税方法等，征纳双方必须遵守，不得随意变动。税收的固定性，对纳税人来说可以据此预测经营成果，便于安排经营；对国家来说可以保证取得稳定的财政收入。但税收的固定性是相对的，随着社会政治、经济环境的变化，税收的征税对象、征收标准等也会不断调整。

上述税收的“三性”是一个完整的统一体，缺一不可，无偿性是税收的核心特征，强制性和固定性是对无偿性的保证和约束。税收的“三性”是税收本质的具体表现，是税收区别于其他财政收入形式的标志。

## 二、税收法律制度体系

税收法律制度体系简称税制，是一个国家在一定历史时期制定的各项税收法律、法规和征收管理办法的总称，包括各种税收法规、实施细则和税收征收管理制度等。我国现行的税收法律体系由税收实体法和税收程序法共同构成。

我国现行税收程序法体系主要有两种：一是《中华人民共和国税收征收管理法》，它适用于由税务机关负责征收的税种的管理；二是《中华人民共和国海关法》及《中华人民共和国进出口关税条例》，它适用于由海关负责征收的税种的管理。

我国现行的税收实体法是在原有税制的基础上，经过 1994 年工商税制改革逐渐形成的。根据分税制财政管理体制，我国现行开征的税种有 17 个，即增值税、消费税、营业税、关税、车辆购置税、企业所得税、个人所得税、资源税、房产税、城镇土地使用税、车船税、土地增值税、印花税、城市维护建设税、耕地占用税、契税和烟叶税等。除关税和进出口环节的增值税和消费税由海关征收管理，以及个别地区的耕地占用税由地方财政部门征收管理外，其他税种均由国家税务总局系统和地方税务局系统分别进行征收管理。

## 三、税种的分类

### （一）按征税对象分类

按征税对象不同，税收可分为流转税、所得税、财产税、行为税、资源税、特定目的税和烟叶税。

1. 流转税

流转税是指以商品或劳务的流转额为征税对象征收的一种税。此税种涉及商品生产和流通的各个环节，主要在生产、流通和服务领域中发挥调节作用，包括增值税、消费税、营业税和关税。

2. 所得税

所得税是指以所得额为征税对象征收的一种税。此税种主要对生产经营者的利润和个人的收入发挥调节作用，包括企业所得税和个人所得税。

3. 财产税

财产税是指以纳税人所拥有或支配的财产为征税对象征收的一种税。此税种主要对特定财产发挥调节作用，包括房产税。

4. 行为税

行为税是指为了调节某些行为，以这些行为为征税对象征收的一种税。此税种主要对特定行为发挥调节作用，包括车船税、印花税、契税。

5. 资源税

资源税是对开发、利用和占有国有自然资源的单位和个人征收的一种税。此税种主要对因开发和利用自然资源而形成的级差收入发挥调节作用，包括资源税、土地增值税和城镇土地使用税。

6. 特定目的税

特定目的税是为了达到特定目的而征收的一种税。此税种主要是为了特定目的，对特定对象发挥调节作用，包括城市维护建设税、车辆购置税和耕地占用税。

7. 烟叶税

烟叶税是指国家对收购烟叶的单位按照收购烟叶金额征收的一种税。

（二）按税负能否转嫁分类

按税负能否转嫁，税收可以分为直接税和间接税。

直接税是指税负不能转嫁：一只能由纳税人承担的一种税，如所得税、财产税等。间接税是指纳税人能将税负全部或部分转嫁给他人的一种税，如流转税。

（三）按计税依据分类

按计税依据不同，税收可以分为从量税、从价税和复合税。

从量税是以征税对象的自然实物量（重量、容积等）为标准，采用固定单位税额的一种税，如资源税等。从价税是以征税对象的价值量为标准，按规定税率征收的一种税，如增值税、企业所得税等。复合税是同时以征税对象的自然实物量和价值量为标准征收的一种税，如白酒的消费税等。

（四）按税收管理与使用权限分类

按税收管理与使用权限的不同，税收可以分为中央税、地方税、中央地方共享税。

中央税是指管理权限归中央，税收收入归中央支配和使用的一种税，如关税、消费税、车辆购置税等。地方税是指管理权限归地方，税收收入归地方支配和使用的一种税，如车船税、房产税、土地增值税等。中央地方共享税是指主要管理权限归中央，税收收入由中央和地方共同享有，按一定比例分成的一种税，如增值税、资源税、企业所得税、印花税等。

(五) 按税收与价格的关系分类

按税收与价格的关系不同，税收可以分为价内税和价外税。

价内税是指商品税金包含在商品价格之中，商品价格由“成本+税金+利润”构成的一种税。价外税是指商品价格中不包含商品税金，商品价格仅由成本和利润构成的一种税。价内税有利于国家通过对税负的调整，直接调节生产和消费，但往往容易造成对价格的扭曲。价外税与企业的成本利润、价格没有直接联系，能更好地反映企业的经营成果。

## 任务实施

国税与地税，是指国家税务局系统和地方税务局系统，一般是指税务机关，而不是针对税种而言的。

国家税务局系统由国家税务总局垂直领导；省级地方税务局受省级人民政府和国家税务总局双重领导，省级以下地方税务局系统由省级地方税务机关垂直领导。因此，国家税务局系统和地方税务局系统分属国家不同的职能部门，一般是分开办公的，但是，也有一些地方的国家税务局系统和地方税务局系统是合署办公的。

我国现行税种共有24个，按照财政分税制的要求，这24个税种按照实际情况划分为中央税、中央与地方共享税、地方税三种。其中，中央税归中央所有，地方税归地方所有，中央与地方共享税分配后分别归中央与地方所有。

为适应分税制的要求，全国税务机关分为国家税务局和地方税务局，负责征收不同的税种。国税主要负责征收中央税和中央与地方共享税，地税主要负责征收地方税，它们之间的征收管理分工一般划分如下：

1. 国税系统

增值税，消费税，车辆购置税，铁道部门、各银行总行、各保险总公司集中缴纳的营业税、所得税、城市建设维护税，中央企业缴纳的所得税，中央与地方所属企业、事业单位组成的联营企业、股份制企业缴纳的所得税，地方银行、非银行金融企业缴纳的所得税，海洋石油企业缴纳的所得税、资源税，外商投资企业和外国企业所得税，证券交易税(开征之前为对证券交易征收的印花税)，个人所得税中对储蓄存款利息所得征收的部分，中央税的滞纳金、补税、罚款。

2. 地税系统

营业税、城市维护建设税（不包括上述由国家税务局系统负责征收管理的部分)，地方国有企业、集体企业、私营企业缴纳的所得税、个人所得税（不包括对银行储蓄存款利息所得征收的部分)，资源税，城镇土地使用税，耕地占用税，土地增值税，房产税，城市房地产税，车船使用税，车船使用牌照税，印花税，契税，屠宰税，筵席税，农业税、牧业税及其地方附加，地方税的滞纳金、补税、罚款。

为了加强税收征收管理，降低征收成本，避免工作交叉，简化征收手续，方便纳税人，在某些情况下，国家税务局和地方税务局可以相互委托对方代收某些税收。另外，对于特殊情况，国家税务总局会对某些税种的征收系统，做出特别的安排和调整。

因此，纳税人涉及具体税种应当向哪个税务系统缴纳问题时，还是应当以当地主管国家税务机关和地方税务机关的实际分工及其具体要求为准。

## 任务评价

根据前面任务的要求，实施并完成任务后，进行任务实施评价，填写任务实施情况表，如表 1–1–1 所示：

表 1–1–1　　认识税收业务训练评价表

| 考评内容标准 | 实施评价 | | |
|---|---|---|---|
| | 自我评价 | 同学互评 | 教师评价 |
| 税收的概念（40 分） | | | |
| 税收的分类（50 分） | | | |
| 国税和地税的区别（10 分） | | | |
| 合　计 | | | |

# 任务 2　认识税收立法及税法体系

## 任务描述

2013 年 7 月 16 日，某区国税局稽查人员在对某加油站进行日常纳税检查时发现，根据城市规划的统一安排，该加油站于 6 月 8 日由原经营地新华大街 33 号，搬迁到马路对面新华大街 38 号经营。由于加油站的经营地址中只是门牌号稍有不同，该加油站的财务人员就将税务登记证件中的地址 33 号直接改为 38 号。稽查人员还发现，该加油站在搬迁中不慎使加油机的税控装置部分损坏，还有部分账簿的账页毁损丢失。同时，加油站因 6 月份搬迁装修停止营业，无销售收入，故未向税务机关申报纳税。上述情况，该加油站均未报告税务机关。

请指出该加油站的违法行为，并针对该加油站的违法行为分别提出处理意见，并进行处罚。

## 相关知识

### 一、税收制度要素

税制构成要素是指构成一个完整税种的基本要素，一般包括总则、纳税人、征税对象、税目、税率、纳税环节、纳税期限、纳税地点、减免税、附加与加成、罚则、附则等项目。

（一）纳税人

纳税人即纳税主体，是指税法规定的直接负有纳税义务的单位和个人，包括法人和自然人。法人是指基于法律规定享有权利和行为能力，有独立的财产和经费，依法能独立承担民事责任的社会组织，包括机关法人、事业法人、企业法人和社团法人。自然人是基于自然规律而出生，有民事权利和义务的主体，包括本国公民、外国人和无国籍人。

与纳税人紧密相关的两个概念是扣缴义务人和负税人。

1. 扣缴义务人

扣缴义务人是指按税法规定负有扣缴税款义务的单位和个人。确定扣缴义务人是加强税收源泉控制、简化征税手续、减少税款流失的需要。扣缴义务人不是纳税主体，是纳税人和税务机关的中介。扣缴义务人负有依法扣缴税款的义务。

2. 负税人

负税人是税款的实际承担者，是负担税款的经济实体。某种税的纳税人与负税人可能相同，也可能分离。当纳税人缴纳的税款无法实现转嫁时，纳税人与负税人一致；否则，纳税人与负税人分离。

（二）征税对象

征税对象即纳税客体，是征纳双方权利义务共同指向的客体或标的物，是区别一种税与另一种税的主要标志。征税对象体现不同税种征税的最基本界限，决定不同税种的名称以及各税种的性质，如消费税的征税对象就是消费税暂行条例规定的应税消费品，并且是对流转额征税。

与征税对象紧密相关的两个概念是税目和计税依据。

1. 税目

税目是税法中对征税对象分类规定的具体项目。设置税目有两个目的：一是为了明确具体的征税范围，凡列入税目的项目即为应税项目，否则不属于应税项目；二是为了便于针对不同税目确定不同税率，以体现不同的税收政策。对征税对象简单明确的税种，一般没有另行设置税目的必要。

2. 计税依据

计税依据是据以计算征税对象应纳税款的直接数量依据，是征税对象量的具体化，具体有三种：

(1) 从价计税，即以征税对象的计税金额为计税依据，如化妆品的消费税。

(2) 从量计税，即以征税对象的实物单位量（如重量、体积等）为计税依据，如啤酒的消费税。

(3) 复合计税，即同时以征税对象的计税金额和实物单位为计税依据，如白酒的消费税。

（三）税率

税率是应纳税额与计税依据之间的法定比例。税率是衡量税负轻重的重要标志，是税收制度的核心。其基本形式有：

1. 比例税率

比例税率是指对同一征税对象，不分数额大小，规定相同的征收比例。我国现行的增值税、营业税、企业所得税等均采用比例税率。采用比例税率，计算简便，符合税收效率原则，对同一征税对象的不同纳税人税负相同，有利于企业在基本相同的条件下展开竞争。但不分纳税人实际环境差异按同一税率征税，这与纳税人的实际负担能力不完全相符，在调节企业利润水平方面有一定的局限性，难以体现税收的公平原则。

2. 累进税率

累进税率是指把计税依据按一定的标准划分为若干个等级，从低到高分别规定、逐级递增的税率。这种税率形式的特点是税率等级与计税依据的数额等级同方向变动，有利于按纳税人的不同负担能力设计税率，更加符合税收公平的原则。累进税率按其累进依据和累进方式的不同分为以下三种形式：

（1）全额累进税率。它是指将计税依据划分为若干个等级，从低到高每一个等级规定一个适用税率，当计税依据由低一级升到高一级时，全部计税依据均按高一级税率计算应纳税额。这种方式计算简便，但累进程度急剧，特别是在两个等级的临界处，会出现应纳税额增加超过计税依据增加的不合理现象。这种方法目前在世界各国都很少使用。

（2）超额累进税率。它是指将计税依据划分为若干个等级，从低到高每一个等级规定一个适用税率，一定数额的计税依据可以同时适用几个等级的税率，每超过一级，超过部分按高一级税率计税，各等级应纳税额之和为纳税人应纳税总额。这种方式累进程度比较缓和，已被多数国家所采用，如我国工资、薪金个人所得税税率，个体工商户生产经营所得个人所得税税率，承包承租经营所得个人所得税税率。

（3）超率累进税率。它是指将计税依据按相对率划分为若干个等级，从低到高每一个等级规定一个适用税率，各个等级的计税依据分别按照本级的适用税率计算，各等级应纳税额之和为纳税人应纳税总额。超率累进税率的计税原理与超额累进税率相同，但以征税对象的相对数（销售利润率等）为累进依据，如土地增值税税率。

3. 定额税率

定额税率是按征税对象确定的计算单位直接规定一个固定税额。定额税率的特点是税率与征税对象的价值量无关，不受征税对象价值量变化的影响。它适用于价格稳定或质量等级较为单一的征税对象，如资源税、城镇土地使用税、车船税等。

（四）纳税环节

纳税环节是指按税法规定对处于不断运动中的征税对象选定的应当征税的环节，包括一次课征和多次课征。凡只在一个环节征税的称为一次课征，如资源税只在开采环节征税；凡在两个以上环节征税的称为多次课征，如增值税对商品的生产、批发和零售各环节均征税。合理选择纳税环节，对加强税收征管，有效控制税源，保证国家财政收入，方便纳税人进行生产经营活动和财务核算，灵活地发挥税收调节经济的作用具有十分重要的意义。

（五）纳税期限

纳税期限是指纳税人发生纳税义务后，应向国家征税机关申报缴纳税款的期限。如税法规定增值税的纳税期限分别为 1 日、3 日、5 日、10 日、15 日、1 个月或 1 个季度，具体由主管税务机关根据纳税人应纳税额的大小分别核定；不能按固定期限纳税的，可按次纳税。纳税人以 1 日、3 日、5 日、10 日、15 日为一个纳税期的，自期满之日起 5 日内预缴税款，于次月 1 日起 15 日内申报纳税；以 1 个月或 1 个季度为一个纳税期的，自期满之日起 15 日内申报纳税。

（六）纳税地点

纳税地点是指税法规定的纳税人缴纳税款的地点。确定纳税地点是为了方便纳税人缴纳税款以及有利于处理地区间的税收分配关系。因此，纳税地点的确定必须遵循方便征税、利于源泉控制的原则。

(七) 减免税

减免税是税率的重要补充，是税法普遍性与特殊性、统一性与灵活性的有机结合。减免税的具体形式有税基式减免、税率式减免和税额式减免三种。

1. 税基式减免

税基式减免是通过直接缩小计税依据实现的减免税，如起征点、免征额、项目扣除等形式。

起征点是征税对象达到一定数额开始征税的起点，征税对象数额未达到起征点的不征，达到起征点的按全部数额征税。免征额是在征税对象的全部数额中免予征税的数额，对免税额的部分不征税，仅对超过免征额的部分征税。项目扣除是指在征税对象中扣除一定项目的数额，以其余额为依据计算税额。

2. 税率式减免

税率式减免是通过直接降低税率实现的减免税，如重新确定税率、选用其他税率、零税率等形式。

3. 税额式减免

税额式减免是通过直接减少应纳税额实现的减免税，包括全部免征、减半征收、核定减免率等形式。

(八) 附加与加成

附加也称地方附加，是指地方政府按照国家规定的比例随同正税一起征收的列入地方预算外收入的一种款项，如教育费附加。

加成是指在应纳税额基础上额外征收一定比例的税额。加征实际上是税率的一种延伸，增强了税制的灵活性与适应性，如劳务报酬个人所得税。

## 二、税收征收管理

税收征收管理的法律依据主要是2001年4月28日第九届全国人民代表大会通过的《中华人民共和国税收征收管理法》，及2002年10月15日国务院颁布的《中华人民共和国税收征收管理法实施细则》，其主要内容包括税务管理、税款征收、税务检查和法律责任，其中，税务管理是基础，税款征收是重点，税务检查是手段，法律责任是保障。限于篇幅，本书仅介绍前三部分。

(一) 税务管理

税务管理主要包括税务登记管理，账簿、凭证管理和纳税申报管理。

1. 税务登记管理

税务登记是纳税人为履行纳税义务就有关纳税事宜依法向税务机关办理登记的一种法定手续，包括开业税务登记，变更税务登记，注销税务登记和停业、复业税务登记。

(1) 开业税务登记。

从事生产、经营的纳税人，应自领取营业执照之日起30日内，向生产、经营地或纳税义务发生地主管税务机关申报办理税务登记；其他依法负有纳税义务的单位和个人，除国家机关和个人外，应当自纳税义务发生之日起30日内，持有关证件向所在地主管税务机关申报办理税务登记。以下情况应比照开业登记办理：扣缴义务人应当自扣缴义务发生之日起30日内，向所在地税务机关办理扣缴税款登记；跨地区、非独立核算的分支机构应自设立之日起 30 日内，向所在地税务机关办理注册税务登记；从事生产、经营的纳税人外出经营，在同一地连续 12 个月内累计超过 180 天的，应自期满之日起 30 日内，向生产、经营所在地税务机关申报办理税务登记；有独立的生产经营权、在财务上独立核算并定期向发包人或出租人上缴承包费或租金的承包、承租人，应自承包、承租合同签订之日起 30 日内，向承包、承租业务发生地税务机关申报办理税务登记；境外企业向中国境内承包建筑、安装、装配、勘探工程和提供劳务的，应自项目合同或协议签订之日起 30 日内，向项目所在地税务机关申报办理税务登记。

税务登记证只限于纳税人本人使用，不得随意转借、涂改、损毁、伪造。纳税人遗失税务登记证，应向主管税务机关作出书面报告并公开声明作废，同时向主管税务机关申请补发。

纳税人办理下列事项应当出示税务登记证件：开立银行账户，领购发票，申请减税、免税、退税，办理延期申报、延期缴纳税款，申请开具外出经营活动税收管理证明，办理停业、歇业等。

（2）变更税务登记。

纳税人办理税务登记后，若发生单位名称、法定代表人、经济性质或经济类型、住所或经营地点、生产经营方式、注册资本、隶属关系等内容的改变，应自工商行政管理机关办理工商变更登记之日起 30 日内，向原税务机关申报办理变更税务登记；纳税人税务登记内容变更不需到工商行政管理机关办理工商变更登记的，应自有关机关批准或宣布变更之日起 30 日内，向原税务机关办理变更税务登记。

（3）注销税务登记。

纳税人若发生因经营期限届满而自动解散、改组合并等原因而被撤销、资不抵债而破产、被工商行政管理部门吊销营业执照及其他依法终止履行纳税义务的行为，应向原税务登记机关办理注销税务登记。纳税人发生解散、破产、撤销以及其他情形，依法终止纳税义务的，应在向工商行政管理机关办理注销登记前，持有关证件向原税务登记机关申报办理注销税务登记；按规定不需在工商行政管理机关办理工商注销登记的，应自有关机关批准或宣告终止之日起 15 日内，持有关证件向原税务机关办理注销税务登记。

（4）停业、复业税务登记。

实行定期定额征收方式的纳税人，在营业执照核准的经营期限内需要停业的，应当向税务机关提出停业登记，说明停业的理由、时间、停业前的纳税情况和发票的领、用、存情况。纳税人应当于恢复生产、经营之前，向税务机关提出复业登记申请，经确认后办理复业登记，纳入正常管理。纳税人停业期满不能及时恢复生产经营的，应当在停业期满前向税务机关提出延长停业登记。纳税人停业期满未按期复业，又不申请延长停业的，税务机关应当视为已恢复营业，实施正常的税收征收管理。

2. 账簿、凭证管理

（1）账簿设置。

所有纳税人和扣缴义务人都必须按照有关法律、行政法规和国务院财政及税务主管部门的规定设置账簿。从事生产经营的纳税人应自领取营业执照或发生纳税义务之日起 15 日内设置账簿，根据合法、有效的会计凭证记账、核算。扣缴义务人应当自扣缴义务发生之日起10日内，按照代扣、代缴的税种，分别设置代扣、代缴税款账簿并进行核算。

(2）会计制度管理。

从事生产、经营的纳税人必须将所采用的财务、会计制度和具体的财务、会计处理办法，按税务机关的规定，自领取税务登记证件之日起15日内，及时报送主管税务机关备案。纳税人、扣缴义务人使用的会计制度和具体财务、会计处理方法与国务院或财政部、国家税务总局制定的有关税收规定相抵触时，应按照国务院及财政部、国家税务总局制定的有关税收规定计算税款。

3. 纳税申报管理

凡有纳税义务的单位和个人，在纳税期限内无论有无应纳税款，都必须按有关规定办理纳税申报。纳税人享受减税、免税待遇的，在减免税期间也应按规定办理纳税申报。

纳税人因特殊情况不能按期进行纳税申报的，经县级以上税务机关核准可以延期申报。经核准延期纳税申报的，应按上期实际缴纳的税款或税务机关核定的税款预缴，并在核准的延期内办理税款结算。

我国目前比较常用的纳税申报方式有直接申报、邮寄申报、数据电文申报、银行网点申报、简易申报等。

(二）税款征收

税款征收是税收征收管理工作的中心环节，是全部税收征管工作的目的和归宿。

1. 税款征收的方式

(1）查账征收。

查账征收是指税务机关按纳税人提供的账、表所反映的经营情况，依照适用税率计算缴纳税款的方式。该方式适用于会计核算制度比较健全，能够据以如实核算企业收入、成本、费用和财务成果，并能认真履行纳税义务的纳税人。

(2）查定征收。

查定征收是指税务机关根据纳税人的从业人员、生产设备、耗用的原材料等因素，在正常生产经营条件下，对其生产的应税产品查实核定产量、销售额并据以征收税款的一种方式。该方式适用于生产规模小，账册不健全，但能够控制原材料或进销货的纳税人。

(3）查验征收。

查验征收是指税务机关对纳税人的应税商品，通过查验数量，按市场一般销售单价计算其销售收入并据以征税的方式。该方式适用于经营品种比较单一，经营地点、时间和商品来源不固定的纳税单位。

(4）定期定额征收。

定期定额征收是指对一些营业额、所得额不能准确计算的小型工商户，税务机关通过典型调查，核定一定时期的营业额和所得额，实行多税种合并征税的一种方式。该方式适用于无完整考核依据的小型纳税单位。

除上述方式外，还有委托代征税款、邮寄纳税、代扣代缴、代收代缴等方式。

2. 税款征收制度

(1）延期缴纳税款制度。

税收征管法规定，纳税人有特殊困难、不能按期缴纳税款的，经省、自治区、直辖市国家税务局、地方税务局批准，可以延期缴纳税款，但最长不得超过3个月。所谓特殊困难主要指两种情况：一是因不可抗力导致纳税人发生较大损失，正常生产、经营受到较大影响的；二是当期货币资金在扣除应付职工工资、社会保险费后，不足以缴纳税款的。

（2）税收滞纳金征收制度。

税收征管法规定，纳税人未按规定期限缴纳税款的、扣缴义务人未按规定期限解缴税款的，税务机关除责令其限期缴纳外，还从滞纳税款之日起，按日加收滞纳税款0.5‰的滞纳金。滞纳金必须是在税务机关发出催缴税款通知书，责令限期缴纳税款，纳税人未能按期缴纳税款的情况下才能加收。加收滞纳金的起止日期为自法律、行政法规规定的税款缴纳期限届满次日起至纳税人、扣缴义务人实际缴纳税款或解缴税款之日止。

（3）税收保全措施。

税收保全措施是指税务机关对可能由于纳税人的行为或某种客观原因，致使以后税款的征收不能保证或难以保证的案件，采用限制纳税人处理或转移商品、货物或其他财产的措施。税收征管法规定，税务机关有根据认为从事生产、经营的纳税人有逃避纳税义务行为的，可以在规定的纳税期限之前，责令限期缴纳税款；在限期内有明显转移、隐匿其应纳税商品、货物以及其他财产迹象的，税务机关应责令其提供纳税担保。如果纳税人不能提供纳税担保，经县级以上税务局（分局）局长批准，税务机关可以采取下列税收保全措施：第一，书面通知纳税人开户银行或其他金融机构冻结纳税人金额相当于应纳税款的存款；第二，扣押、查封纳税人价值相当于应纳税款的商品、货物或其他财产。纳税人在规定的限期内缴纳税款的，税务机关必须立即解除税收保全措施；限期满仍未缴纳税款的，经县级以上税务局（分局）局长批准，税务机关可以书面通知纳税人开户银行或其他金融机构，从其冻结的存款中扣缴税款，或依法拍卖或变卖所扣押、查封的商品、货物或其他财产，以拍卖、变卖所得抵缴税款。采取税收保全措施不当，或纳税人在期限内已缴纳税款，税务机关未立即解除税收保全措施，使纳税人的合法利益遭受损失的，税务机关应当承担赔偿责任。

（4）税收强制执行措施。

税收征管法规定，从事生产、经营的纳税人、扣缴义务人未按规定期限缴纳税款或解缴税款，纳税担保人未按规定期限缴纳所担保的税款，由税务机关责令限期缴纳，逾期仍未缴纳的，经县级以上税务局（分局）局长批准，税务机关可以采取下列强制执行措施：第一，书面通知其开户银行或其他金融机构从其存款中扣缴税款；第二，扣押、查封、依法拍卖或变卖其价值相当于应纳税款的商品、货物或其他财产，以拍卖或变卖所得抵缴税款。

（5）税款退还与追征制度。

税收征管法规定，纳税人多缴的税款，税务机关发现后应立即退还；纳税人自结算缴纳税款之日起3年内发现的，可以向税务机关要求退还多缴的税款，并加算银行同期存款利息，税务机关及时查实后应立即退还。税务机关发现纳税人多缴税款的，应自发现之日起10日内办理退还手续；纳税人发现多缴税款，要求退还的，税务机关应自接到纳税人退还申请之日起30日内查实并办理退还手续。

税收征管法规定，因税务机关原因，致使纳税人、扣缴义务人未缴或少缴税款的，税务机关在3年内可要求纳税人、扣缴义务人补缴税款，但不得加收滞纳金。

因纳税人、扣缴义务人计算等失误，未缴或少缴税款的，税务机关在3年内可以追征税款、滞纳金；有特殊情况的追征期可以延长到5年。所谓特殊情况是指纳税人或扣缴义务人因计算失误，未缴或少缴、未扣或少收税款，累计数额在10万元以上的。

对偷税、抗税、骗税的，税务机关追征税款、滞纳金，不受前述规定期限的限制。

（三）税务检查

税收征管法规定，税务机关有权进行下列税务检查：检查纳税人的账簿、记账凭证、报表和有关资料，检查扣缴义务人代扣代缴及代收代缴税款账簿、记账凭证和有关资料；到纳税人的生产、经营场所和货物存放地检查纳税人应纳税商品、货物或其他财产，检查扣缴义务人与代扣代缴、代收代缴税款有关的经营情况；责成纳税人、扣缴义务人提供与纳税或代扣代缴、代收代缴税款有关的情况；询问纳税人、扣缴义务人与纳税或代扣代缴、代收代缴税款有关的问题和情况；到车站、码头、机场、邮政企业及其分支机构检查纳税人托运、邮寄应纳税商品、货物或其他财产的有关单据、凭证和有关资料；经县级以上税务局（分局）局长批准，凭全国统一格式的检查存款账户许可证明，查询从事生产、经营纳税人、扣缴义务人在银行或其他金融机构的存款账户。

税务机关在调查税收违法案件时，经设区的市、自治州级以上的税务局（分局）局长批准，可以查询涉嫌违法人员的储蓄存款。税务机关查询所获得的资料，不得用于税收以外的用途。

税务机关依法进行税务检查，有权向有关单位和个人调查纳税人、扣缴义务人和其他当事人与纳税或代扣代缴、代收代缴税款有关的情况，有关单位和个人有义务向税务机关如实提供有关资料及证明材料。税务机关调查税务案件时，对与安全有关的情况和资料，可以记录、录音、录像、照相和复制。

税务机关派出人员进行税务检查时，应当出示税务检查证和税务检查通知书，并有责任为被检查人保守秘密；未出示税务检查证和税务通知书的，被检查人有权拒绝检查。纳税人、扣缴义务人必须接受税务机关依法进行的税务检查，如实反映情况，提供有关资料，不得拒绝、隐瞒。

## 任务实施

根据前述任务描述，实施如下：

（1）该加油站未按照规定的期限申报办理变更税务登记；税务机关对此应限期改正，并处以2 000元以下罚款；

（2）该加油站涂改税务登记证件；税务机关对此应限期改正，并处以10 000元以下罚款；

（3）该加油站损毁税控装置，应限期改正，并处以2 000元以下罚款；

（4）该加油站未按照规定保管账簿，应限期改正，并处以2 000元以下罚款；

（5）该加油站未按照规定的期限办理纳税申报和报送纳税资料，应限期改正，并处以2 000元以下罚款。

## 任务评价

根据前面任务下达的要求，实施并完成任务后，进行任务实施评价，填写任务实施情况表，如表 1–1–2 所示：

表 1–1–2　　认识税收立法及税法体系评价表

| 考评内容标准 | 实施评价 | | |
|---|---|---|---|
| | 自我评价 | 同学互评 | 教师评价 |
| 说明税收征收制度要素（40 分） | | | |
| 说明税款征收管理（50 分） | | | |
| 说明税务检查（10 分） | | | |
| 合　计 | | | |

学习情境二

# 流转税类纳税实务

本学习情境主要介绍各类流转税的计算、申报与缴纳。流转税又称流转课税、流通税，指以纳税人商品生产、流通环节的流转额或者数量以及非商品交易的营业额为征税对象的一类税收。流转税包括增值税、消费税、营业税、关税等，是政府财政收入的重要来源。本学习情境下包含四个任务：处理增值税相关业务、处理消费税相关业务、处理营业税相关业务、处理关税相关业务。

**知识目标**

1. 了解：增值税、消费税、营业税、关税的概念、纳税人、征税范围、税目、税率、所得税的减免税政策、纳税地点和纳税期限；

2. 熟悉：增值税、消费税、营业税、关税的纳税申报和缴纳业务；

3. 掌握：增值税、消费税、营业税、关税税额的计算。

**技能目标**

1. 会处理增值税、消费税、营业税、关税的相关业务；

2. 会判断增值税、消费税、营业税、关税的税目、税率、扣除项目；

3. 会分析增值税、消费税、营业税、关税的税目、税率对税费计算的影响。

**案例导引**

**收取手续费，还是买断？**

大华公司为拓展A地的市场业务，决定委托A地的小华公司代销其产品1万件，但是要求小华公司不论采取何种销售方式，大华公司的产品在A地的市场上都要以1 000元/件的价格销售。现在对于大华公司和小华公司有两种代销方式可以选择：

(1) 收取手续费方式：小华公司以1 000元/件的价格对外销售大华公司的产品，根据代销数量，向大华公司收取20%的代销手续费，即小华公司每代销一件大华公司的产品，收取200元手续费，支付给大华公司800元 。

(2) 买断方式：小华公司每售出一件产品，大华公司按800元的协议价收取货款，小华公司在市场上仍要以1 000元的价格销售大华公司的产品，实际售价与协议价之间的差额，即200元/件归小华公司所有 。

**请分析：**

1. 仅就考虑两种代销方式所要缴纳的增值税和营业税情况，如果你是大华公司的代表，你会选择哪种代销方式？如果你是小华公司代表，又会做什么样的选择呢？

2. 从此案例中能否得出什么节税启示？

**分析提示**

1. 若采取收取手续费方式，大华公司应缴纳增值税 170 万元（1 000×17%），但小华公司属于营业税代理业务，应对其收入缴纳营业税 10 万元（200×5%）；若采取买断方式，大华公司应缴纳增值税 136 万元（800×17%），小华公司同样应缴纳增值税，应缴增值税为 34 万元（1 000×17%－800×17%）。

2. 分别计算两种方式应纳流转税额税，站在两公司各自角度作出合理决策。

收取手续费方式：大华公司与小华公司合计，收入增加了 1 000 万元，应交流转税税金 180 万元。

买断方式：大华公司与小华公司合计，收入增加了 1 000 万元，应交税金 170 万元。

3. 从双方的共同利益出发，考虑应纳税额合计，买断方式更有利于降低双方的整体税负，具有节税的效果，企业在选择代销方式时应尽可能采取此种方式。

## 任务 1 处理增值税业务

### 任务描述

**一、企业基本概况**

企业名称：黄河实业股份有限公司

企业法定代表人：王学芹

企业办税员：王倩

企业地址及电话：北京市海淀区宝胜里 17 号 010-82784672

开户银行及账号：中国建设银行海淀支行 43001003516000500013

纳税人识别号：110108767541324

**二、相关数据资料**

该公司为增值税一般纳税人，2011 年 3 月份经营状况如下：

向一般纳税人销售汽车轮胎，共开具 3 张增值税专用发票；销售额为 30 000 元，税额 5 100 元；销售额 85 150 元，税额 14 475. 5 元；销售额 55 250 元，税额 9 392. 5 元。向小规模纳税人销售轮胎，开具普通发票 1 张，价款 18 000 元，并由公司车队运输，收取运费 400 元，开具普通发票；本月该企业自用轮胎 5 个，同类轮胎售价每个 500 元。本月从胶园购入橡胶 5 吨，收购凭证上注明价款 82 000 元，支付运输费 800 元，并取得运费发票；外购生产用电力，价款 2 000 元，发票注明税额 340 元；外购生产用水，价款 1 176. 93元，发票注明税额 153 元；由于保管不善，造成橡胶毁损，价值 10 000 元；另外上期留抵税额 3 452. 77 元。试计算该企业当月应纳增值税额并填制申报表。

**三、任务要求**

1. 计算黄河实业股份有限公司本月应缴纳增值税税额。

2. 填制增值税纳税申报表。

## 相关知识

### 一、征税范围与纳税义务人

增值税是对在我国境内销售货物或者提供加工、修理修配劳务，以及进口货物的单位和个人，就其取得的货物或应税劳务的增值额，以及进口货物的金额计算税款，并实行税款抵扣制的一种流转税。所谓增值额，是指纳税人通过自身劳动新创造的那一部分价值额，即纳税人在一定时期内销售产品或提供劳务所取得的收入大于购进商品或取得劳务时所支付的金额的差额。

（一）征税范围

增值税的征税范围是，在境内销售货物或加工、修理修配劳务以及进口货物。

1. 销售货物。

货物是指有形动产，包括电力、热力、气体在内，但不包括无形资产和不动产、农业生产者销售的自产农产品。销售货物是指有偿转让货物所有权。境内销售货物，是指销售货物的起运地或所在地发生在境内；境内销售应税劳务，是指所销售的应税劳务发生在境内。这是我国行使属地原则税收管辖权的体现。

为了准确理解“货物”的征税范围，国家税务总局发布了《增值税若干具体问题的规定》，对增值税不易分清的征税范围作了明确规定：

（1）货物期货（包括商品期货和贵金属期货），应当征收增值税。

（2）银行销售金银的业务，应当征收增值税。

（3）融资租赁业务，无论租赁的货物的所有权是否转让给承租方，均不征增值税。

（4）基本建设单位和从事建筑安装业务的企业附设的工厂、车间生产的水泥预制构件、其他构件或建筑材料，用于本单位或本企业的建筑工程的，应在移送使用时征收增值税。但对其在建筑现场制造的预制构件，凡直接用于本单位或本企业建筑工程的，不征收增值税。

（5）典当业的死当物品销售业务和寄售业代委托人销售、寄售物品的业务，均应征增值税。

（6）因转让著作所有权而发生的销售电影母片、录像带母带、录音磁带母带的业务，以及因转让专利技术和非专利技术的所有权而发生的销售计算机软件的业务，不征收增值税。

（7）供应或开采未经加工的天然水（如水库供应农业灌溉用水，工厂自采地下水用于生产），不征收增值税。

（8）邮政部门销售集邮邮票、首日封，应当征收增值税。

另外，为了平衡商品之间的税负，《增值税暂行条例实施细则》第4条规定，单位或个体经营者的下列行为，视同销售货物：

（1）将货物交付他人代销。

（2）销售代销货物。

（3）设有两个以上机构并实行统一核算的纳税人，将货物从一个机构移送其他机构用于销售，但相关机构设在同一县（市）的除外。

(4) 将自产或委托加工的货物用于非应税项目。

(5) 将自产、委托加工或购买的货物作为投资，提供给其他单位或者个体经营者。

(6) 将自产、委托加工或购买的货物分配给股东或投资者。

(7) 将自产、委托加工的货物用于集体福利或个人消费。

(8) 将自产、委托加工或购买的货物无偿赠送他人。

2. 进口货物。

进口货物应列为增值税的征收范围。

3. 提供加工、修理修配劳务。

加工是指受托加工货物，即委托方提供原料及主要材料，受托方按照委托方的要求制造货物并收取加工费的业务；修理修配是指受托对损伤和丧失功能的货物进行修复，使其恢复原状和功能的业务。提供加工、修理修配劳务，是指有偿提供加工、修理修配劳务。单位或个体经营者聘用的员工为本单位或雇主提供加工、修理修配劳务，不包括在内。

4. 混合销售行为。

《增值税暂行条例实施细则》第5条规定，一项销售行为如果既涉及货物又涉及非应税劳务，为混合销售行为。这说明，在新税制中，增值税与营业税在有些行业还有交叉的地方，例如，邮电企业、餐馆、歌厅，既有按营业税中"邮电通讯业"、"服务业"、"娱乐业"税目缴纳营业税的经营项目，也有销售报刊、烟、酒等按增值税中销售货物缴纳增值税的销售行为。非应税劳务指应缴营业税的劳务。对于从事货物的生产、批发或零售的企业、企业性单位及个体经营者的混合销售行为，视为销售货物，应征收增值税；其他单位和个人的混合销售行为，视为销售非应税劳务，应征收营业税。

比如，某电视机场向外地某商场批发100台彩色电视机，为了保证及时供货，两方协议由该厂动用自己的卡车向商场运送这100台彩电，电视机厂除收取彩电货款外还收取运输费。电视机厂在这笔彩电销售活动中，就发生了销售货物和不属于增值税规定的应税劳务（属于营业税规定的运输业务）的混合销售行为。电视机厂属于货物生产企业，其做出的混合销售行为，视为销售货物，取得的货款和运输费一并作为货物销售额，按彩电使用的17%税率征收增值税，对取得的运输收入不再单独征收营业税。

5. 兼营非应税劳务。

根据《增值税暂行条例实施细则》（以下简称《实施细则》）的规定，纳税人兼营非增值税应税项目的，应分别核算货物或者应税劳务的销售额和非增值税应税项目的营业额；未分别核算的，由主管税务机关核定货物或者应税劳务的销售额。

（二）纳税义务人

《中华人民共和国增值税暂行条例》（以下简称《增值税条例》）第1条规定："在中华人民共和国境内销售货物或者提供加工、修理修配劳务以及进口货物的单位和个人，为增值税的纳税义务人。"具体包括：

1. 单位

一切从事销售或者进口货物、提供应税劳务的单位都是增值税纳税义务人，包括国有企业、集体企业、私营企业、股份制企业、外商投资企业、外国企业、其他企业和行政单位、事业单位、军事单位、社会团体及其他单位。

2. 个人

凡从事货物销售或进口、提供应税劳务的个人都是增值税纳税义务人，包括个体经营者及其他个人。

3. 承包人和承租人

企业租赁或承包给他人经营的，以承租人或承包人为纳税义务人。

4. 扣缴义务人

境外的单位或个人在境内销售应税劳务而在境内未设有经营机构的，其应纳税款以代理人为扣缴义务人；没有代理人的，以购买者为扣缴义务人。

（三）纳税人的分类

按照增值税的征管方式，可将增值税的纳税人分为一般纳税人和小规模纳税人。一般纳税人和小规模纳税人划分的标准有两个：

一是从事货物生产或提供应税劳务的纳税人，以及从事货物生产或提供应税劳务为主，并兼营货物批发或零售的纳税人，年应税销售额在 50 万元以下的为小规模纳税人，反之，则为一般纳税人。从事货物批发或零售的纳税人，年应税销售额在 80 万元以下的为小规模纳税人，反之，则为一般纳税人。

二是财务制度健全的为一般纳税人，反之，则为小规模纳税人。

在划分一般纳税人和小规模纳税人方面存在着几个例外：

（1）一般纳税人，若财务制度不健全，税务机关在征税时采用一般纳税人的税率，但不得抵扣进项税金。

（2）小规模纳税人，若财务制度健全，通过申请，税务机关审核，可视为一般纳税人。

（3）对那些非营利性纳税人，虽然年应税销售额达到或超过一般纳税人的标准，财务也较健全，但一年中发生销售次数极少，也可视为小规模纳税人。

**二、税率与征收率**

（一）增值税税率

我国的增值税税率设计为三个档次，即基本税率、低税率和零税率。

1. 基本税率

增值税一般纳税人销售或者进口货物，提供加工、修理修配劳务，除低税率适用范围和销售个别旧货适用征收率外，税率一律为 17%，这就是通常所说的基本税率。

2. 低税率

考虑到人民生活水平、文教事业和农民及农业发展等，增值税一般纳税人销售或进口下列货物，按低税率计征增值税，低税率为 13%。

（1）粮食、食用植物油、鲜奶。

（2）暖气、冷气、热气、煤气、石油液化气、天然气、沼气、居民用煤炭制品、自来水（不含自来水生产厂）。

（3）图书、报纸、杂志。

（4）饲料、化肥、农药、农机（不包括农机零部件）、农膜。

（5）盐（2007 年 9 月 1 日起施行，指主体化学成分为氯化钠的工业盐和食用盐）。

（6）音像制品和电子出版物。

（7）国务院规定的其他货物。如农业产品，包括种植业、养殖业、林业、牧业、水产业生产的各种植物、动物的初级产品。

3. 零税率

为了增加出口创汇，发展国际贸易，纳税人出口货物，一般适用零税率，也就是说，出口货物出口时免税并退还以前环节已纳增值税。

（二）征收率

小规模纳税人实行按销售额与征收率计算应纳税额的简易办法。自2009年1月1日起，小规模纳税人征收率统一调低至3%。

**三、应纳增值税额的计算**

（一）一般纳税人应纳税额的计算

一般纳税人销售货物或者提供税劳务，应纳税额为当期销项税额抵扣当期进项税额后的余额。应纳税额的计算公式：

应纳税额=当期销项税额—当期进项税额

因当期销项税额小于当期进项税额不足抵扣时，其不足部分可结转下期继续抵扣。

1. 销项税额的计算

所谓销项税额，是指纳税人销售货物或者应税劳务，按照销售额和规定的税率计算并向购买方收取的增值税额。销项税额的计算公式：

销项税额=销售额×适用税率

销售额为纳税人销售货物或者应税劳务向购买方收取的全部价款和价外费用，但不包括收取的销项税额。价外费用，指价外向购买方收取的手续费、补贴、基金、集资费返还利润、奖励费、违约金（延期付款利息）、包装费、包装物租金、代垫款项以及各种性质的价外收费。但不包括：

（1）向购买方收取的销项税额。

（2）受托加工应征消费税的消费品所代收代缴的消费税。

（3）同时符合以下条件的代垫运费：承运部门的运费发票开具给购货方的；纳税人将该发票转交给购货方的。

（4）同时符合以下条件代为收取的政府性基金或者行政事业性收费：由国务院或者财政部批准设立的政府性基金，由国务院或者省级人民政府及其财政、价格主管部门批准设立的行政事业性收费；收取时开具省级以上财政部门印制的财政票据。

（5）销售货物的同时代办保险等而向购买方收取的保险费，以及向购买方收取的代购买方缴纳的车辆购置税、车辆牌照费。

凡价外费用，无论其会计制度如何核算，均应并入销售额计算应纳税额。上述5项允许不计入价外费用是因为在满足了上诉相关条件后可以确认销售方在其中仅仅是代为收取了有关费用，这些价外费用确实没有形成销售方的收入。

**【例2-1-1】**百兴卷烟厂为增值税一般纳税人，2010年8月销售卷烟一批给佳丽百货公司，其不含税价为50万元，按不含税价10%给予折扣，开在一张发票上，注明折扣后的销售额为45万元，请计算百兴卷烟厂该批货物的销项税额。

【解析】销项税额＝45×17%＝7.65（万元）

一般纳税人销售货物或应税劳务采用销售额和销项税额合并定价方法的，按下列公式计算销售额：

销售额＝含税销售额÷（1＋税率）

**【例 2-1-2】** 兴隆粮油公司为增值税一般纳税人，主营各种杂粮、食用植物油、兼营烟、酒、食品、饮料、罐头食品。2010 年 9 月销售食用植物油给五环超市含税销售收入 79 100 元。销售酒给银光大厦，含税销售收入 35 100 元，销售饮料给银光大厦，含税销售收入 25 740 元，请计算该公司 2010 年 9 月的销项税额。

【解析】

（1）销售食用植物油的销售额＝79 100÷（1+13%）＝70 000（元）

（2）销售食用植物油的销项税额＝70 000×13%＝9 100（元）

（3）销售酒、饮料的销售额＝（35 100+25 740）÷（1+17%）＝52 000（元）

（4）销售酒、饮料的销项税额＝52 000×17%＝8 840（元）

在计算应纳税额中，要分清哪些可以或不可以作为计税依据，国家税务总局《增值税若干具体问题的规定》指出：

第一，纳税人为销售货物而出租、出借包装物收取的押金，单独记账核算的，不并入销售额征税。但对因逾期未收回包装物而不再退还的押金，应按所包装货物的适用税率征收增值税。

第二，纳税人采取折扣方式销售货物，如果销售额和折扣额在同一张发票上分别注明的，可以按折扣后的销售额征收增值税；如果将折扣额另开发票，不论其在财务上如何处理，均不得从销售额中减除折扣额。

第三，纳税人采以旧换新方式销售货物，应按新货的同期销售价格确定销售额。纳税人采取还本销售方式销售货物，不得从销售额中减除还本支出。

第四，纳税人因销售价格明显偏低或无销售价格等原因，按规定需组成计税价格确定销售额的，其组价公式中的成本利润率为 10%。但属于应从价定率征收消费税的货物，其组价公式中的成本利润率，为国家税务总局《增值税若干具体问题的规定》中规定的成本利润率。

2. 进项税额的计算

《增值税条例》规定，准予从销项税额中抵扣进项税额，限于下列增值税扣税凭证上注明的增值税额：

（1）以销售方取得的增值税专用发票上注明的增值税额。

（2）从海关取得的完税凭证上注明的增值税额。

（3）购进农产品，除取得增值税专用发票或者海关进口增值税专用缴款书外，按照农产品收购发票或者销售发票上注明的农产品买价和 13% 的扣除率计算进项税额。进项税额计算公式：

进项税额＝买价×扣除率

所谓买价，是指纳税人购进免税农业产品支付给农业生产者的价款和按规定代收代缴的农业特产税。

（4）购进或者销售货物以及在生产过程中支付运输费用的，按照运输费用结算单据上注明的运输费用金额和7%的扣除率计算进项税额。进项税额计算公式：

进项税额=运输费用金额×扣除率

《增值税条例》规定纳税人购进货物或者应税劳务，未按照规定取得并保存增值税扣税凭证，或者增值税扣税凭证上未按照规定注明增值税额及其他有关事项的，其进项税额不得从销项税额中抵扣。除此以外，《增值税条例》第10条规定下列项目的进项税额不得从销项税额中抵扣：

（1）用于非增值税应税项目、免增值税项目、集体福利或者个人消费的购进货物或者应税劳务。

（2）非正常损失的购进货物及相关的应税劳务。

（3）非正常损失的在产品、产成品所耗用的购进货物或者应税劳务。

（4）国务院财政、税务主管部门规定的纳税人自用消费品。

（5）上述1—4项规定的货物的运输费用和销售免税货物的运输费用。

（6）一般纳税人兼营免税项目或者非增值税应税劳务而无法划分不得抵扣的进项税额的，按下列公式计算不得抵扣的进项税额：

$$\text{不得抵扣的进项税额}=\text{当月无法划分的全部进项税额}\times\text{当月免税项目销售额、非增值税应税劳务营业额合计}\div\text{当月全部销售额、营业额合计}$$

（7）纳税人从海关取得的完税凭证上注明的增值税额准予从销项税额中抵扣。因此，纳税人进口货物取得的合法的海关完税凭证，是计算增值税进项税额的唯一依据，其进口货物向境外实际支付的货款低于进口报关价格的差额部分以及从境外供应商处取得的退还或返还的资金，不作进项税额转出处理。

上述非应税项目指提供非应税劳务、转让无形资产、销售不动产和固定资产在建工程等。非正常损失是指生产经营过程中正常损耗外的损失，包括自然灾害损失，因管理不善造成货物被盗窃、发生霉烂变质损失等。但是，纳税人因销货退回或折让而退还给购买方的增值税额，应从发生销货退回或折让当期的销项税额中扣减。如因进货退出或折让而收回的增值税额，应从发生进货退出或折让当期的进项税额中扣减。

《实施细则》第22条规定，已抵扣进项税额的购进货物或应税劳务发生《增值税条例》第10条中第2至6项所列情况的，应将该项购进货物或应税劳务的进项税额从当期发生的进项税额中扣减。无法准确确定该项进项税额的，按当期实际成本计算应扣减的进项税额。

**【例2-1-3】**根据现行增值税法规的规定，请分析下列哪些进项税额不得从销项税额中抵扣：

（1）库存商品被水浸泡损失26万元耗用的购进货物；

（2）购买原材料运输途中被盗损失18万元；

（3）购买200桶食用植物油用于中秋节职工福利；

（4）购买20吨钢材用于生产本企业新产品。

【解析】

（1）库存商品被水浸泡损失26万元耗用的购进货物，属于非正常损失的在产品、产成品所耗用的购进货物，其进项税额不得从销项税额中抵扣。

（2）购买原材料运输途中被盗损失18万元，属于非正常损失购进货物，其进项税额不得从销项税额中抵扣。

（3）购买200桶食用植物油用于中秋节职工福利，用于职工福利的进项税额不得从销项税额中抵扣。

（4）购买20吨钢材用于生产本企业新产品，准予从销项税额中抵扣。

**【例2-1-4】**某商场为一般纳税人，月初从西服厂购进100套西服，货款已付，增值税专用发票上注明的价款为80 000元，增值税税额为13 600元，当月批发给个体商店西服60套，价税合计的单价为1 053元；商场当月零售30套，每套零售价为1 111.5元。计算该商场当月销售西服应纳的增值税。

【解析】

（1）销项税额=1 053÷（1+17%）×17%×60+1 111.5÷（1+17%）×17%×30=14 025（元）

（2）进项税额=13 600（元）

（3）应纳增值税额=14 025-13 600=425（元）

（二）小规模纳税人应纳税额的计算

小规模纳税人销售货物或应税劳务，实行简易办法计算，即按照销售额和3%的征收率直接计算，不得抵扣进项税额，不使用增值税专用发票。公式为：

应纳税额=销售额×征收率（3%）

这里销售额的含义同上述一般纳税人的销售额含义相同，即不含税销售额。如果小规模纳税人销售货物或应税劳务采用销售额和应纳税额合并定价方法的，按下列公式计算其销售额：

销售额=含税销售额÷（1+征收率）

**【例2-1-5】**某商店为增值税小规模纳税人，2013年8月取得零售收入总额12.36万元。计算该商店8月应缴纳增值税税额。

【解析】

（1）2013年8月取得的不含税销售额：

12.36÷（1+3%）=12（万元）

（2）8月应缴纳增值税税额：

12×3%=0.36（万元）

小规模纳税人因销货退回或折让退还给购买方的销售额，应从发生销货退回或折让当期的销售额中扣减。

（三）进口货物应纳税额的计算

纳税人进口货物，按照组成计税价格和《增值税暂行条例》规定的税率计算应纳税额。组成计税价格是指在没有实际销售价格时，按照税法规定计算出作为计税依据的价格。进口货物增值税组成计税价格和应纳税额的计算公式为：

组成计税价格=关税完税价+关税+消费税

应纳税额=组成计税价格×税率

纳税人在计算进口货物的增值税时应该注意以下问题：

(1) 进口货物增值税的组成计价中包括已纳关税税额，如果进口货物属于消费税应税消费品，其组成计税价格中还要包括进口环节已纳消费税税额。

(2) 在计算进口环节的应纳增值税税额时不得抵扣任何税额，即在计算进口环节的应纳增值税税额时，不得抵扣发生在我国境外的各种税金。

(3) 按照《海关法》和《进出口关税条例》的规定，一般贸易下进口货物的关税完税价格以海关审定的成交价格为基础的到岸价格作为完税价格。

(4) 纳税人进口货物取得的合法海关完税凭证，是计算增值税进项税额的唯一依据，其价差部分以及从境外供应商取得的退还或返还的资金，不作进项税额转出处理。

## 四、税收优惠

### (一) 起征点

《增值税条例》规定纳税人销售额未达到财政部规定的增值税起征点的，免征增值税，但这里所称的起征点的适用范围只限于个人。《实施细则》规定了增值税起征点的幅度：

(1) 销售货物的，起征点为月销售额 5 000 ~ 20 000 元。

(2) 销售应税劳务的，起征点为月销售额 5 000 ~ 20 000 元。

(3) 按次纳税的，起征点为每次（日）销售额，300 ~ 500 元。

这里所称的销售额不包括其应纳税额。

### (二) 税收优惠规定

1. 法定性的减免税

我国现行增值税的减免税权高度集中于国务院，税法仅对以下几个方面作了免税规定：

(1) 农业生产者销售的自产农业产品，是指直接从事种植业、养殖业、林业、牧业、水产业的单位和个人销售自产的属于税法规定范围的农业初级产品。

(2) 避孕药品和用具。

(3) 古旧图书，指向社会收购的古书和旧书。

(4) 直接用于科学研究、科学试验和教学的进口仪器、设备。

(5) 外国政府、国际组织无偿援助的进口物资和设备。

(6) 对符合国家产业政策要求的国内投资项目，在投资总额内进口的自用设备（特殊规定不予免税的少数商品除外）。

(7) 由残疾人组织直接进口供残疾人专用的物品。

(8) 销售自己使用过的物品，指个人（不包括个体经营者）销售自己使用过的除游艇、摩托车、汽车以外的货物。

2. 行政性的减免税

财政部、国家税务总局 2008 年发布了《关于资源综合利用及其他产品增值税政策的通知》（财税【2008】156 号），对相关产品的增值税作了减免的规定。

## 五、增值税的申报与缴纳

### (一) 纳税义务发生时间

纳税义务发生时间是指纳税人发生应税行为应当承担纳税义务的起始时间。

（二）纳税期限

纳税期限是指税法规定的纳税人发生纳税义务后，向国家缴纳税款的日期或时间。根据增值税条例规定，增值税的纳税期限分别为1日、3日、5日、10日、15日、1个月或者1个季度。纳税人的具体纳税期限，由主管税务机关根据纳税人应纳税额的大小分别核定；不能按照固定期限纳税的，可以按次纳税。

（三）纳税地点

增值税纳税地点是指纳税人申报缴纳增值税税款的具体地点，表明纳税人应在何地税务机关缴纳应纳税款。

（四）一般纳税人纳税申报办法

1. 纳税申报资料

（1）增值税纳税申报表及其三个附表，即发票领用存月报表、增值税（专用/普通）发票使用明细表、增值税（专用发票/收购凭证/运输发票）抵扣明细表。

（2）附报资料。

①已开具的增值税专用发票和普通发票存根联；

②符合抵扣条件并且在本期申报抵扣的增值税专用发票抵扣联；

③海关进口货物完税凭证的复印件；

④运输发票复印件；

⑤收购凭证的存根联或报查联；

⑥收购农产品的普通发票复印件；

⑦主管税务机关要求报送的其他资料。

经营规模大的纳税人，如上述附报资料很多，报送确有困难的，经县级国家税务局批准，由主管国家税务机关派人到企业审核。

2. 一般纳税人增值税纳税申报表（见表2-1-3）

（五）小规模纳税人纳税申报办法

增值税小规模纳税人按简易办法计算纳税，按照规定的纳税期限预缴增值税，并于次月1日至10日内计算填列增值税纳税申报表（见表2-1-1）及附列资料，并结清上月税款，多退少补。

**六、营业税改增值税试点**

2011年，经国务院批准，财政部、国家税务总局联合下发营业税改征增值税试点方案。从2012年1月1日起，在上海交通运输业和部分现代服务业开展营业税改征增值税试点。至此，货物劳务税收制度的改革拉开序幕。自2012年8月1日起至年底，国务院将扩大营改增试点至北京、天津、江苏、浙江、安徽、福建、湖北、广东和厦门、深圳10个省（直辖市、计划单列市）。

（一）指导思想和基本原则

1. 指导思想

建立健全有利于科学发展的税收制度，促进经济结构调整，支持现代服务业发展。

当前，我国正处于加快转变经济发展方式攻坚时期，大力发展第三产业，尤其是现代服务业，对推进经济结构调整和提高国家综合实力具有重要意义。按照建立健全有利于科

表 2–1–1 **增值税纳税申报表**

（适用小规模纳税人）

纳税人识别号：□□□□□□□□□□□□□□□□□□□□

纳税人名称（公章）： 金额单位：元（列至角分）

税款所属期： 年 月 日至 年 月 日 填表日期： 年 月 日

<table>
<tr><th></th><th>项目</th><th>栏次</th><th>本期数</th><th>本年累计</th></tr>
<tr><td rowspan="9">一、计税依据</td><td>（一）应征增值税货物及劳务不含税销售额</td><td>1</td><td></td><td></td></tr>
<tr><td>其中：税务机关代开的增值税专用发票不含税销售额</td><td>2</td><td></td><td></td></tr>
<tr><td>税控器具开具的普通发票不含税销售额</td><td>3</td><td></td><td></td></tr>
<tr><td>（二）销售使用过的应税固定资产不含税销售额</td><td>4</td><td>—</td><td>—</td></tr>
<tr><td>其中：税控器具开具的普通发票不含税销售额</td><td>5</td><td>—</td><td>—</td></tr>
<tr><td>（三）免税货物及劳务销售额</td><td>6</td><td></td><td></td></tr>
<tr><td>其中：税控器具开具的普通发票销售额</td><td>7</td><td></td><td></td></tr>
<tr><td>（四）出口免税货物销售额</td><td>8</td><td></td><td></td></tr>
<tr><td>其中：税控器具开具的普通发票销售额</td><td>9</td><td></td><td></td></tr>
<tr><td rowspan="5">二、税款计算</td><td>本期应纳税额</td><td>10</td><td></td><td></td></tr>
<tr><td>本期应纳税额减征额</td><td>11</td><td></td><td></td></tr>
<tr><td>应纳税额合计</td><td>12＝10–11</td><td></td><td></td></tr>
<tr><td>本期预缴税额</td><td>13</td><td></td><td>—</td></tr>
<tr><td>本期应补（退）税额</td><td>14＝12–13</td><td></td><td>—</td></tr>
<tr><td rowspan="5">纳税人或代理人声明：<br>此纳税申报表是根据国家税收法律的规定填报的，我确定它是真实的、可靠的、完整的。</td><td colspan="4">如纳税人填报，由纳税人填写以下各栏：</td></tr>
<tr><td colspan="4">办税人员（签章）： 财务负责人（签章）：<br>法定代表人（签章）： 联系电话：</td></tr>
<tr><td colspan="4">如委托代理人填报，由代理人填写以下各栏：</td></tr>
<tr><td colspan="4">代理人名称： 经办人（签章）： 联系电话：</td></tr>
<tr><td colspan="4">代理人（公章）：</td></tr>
</table>

受理人： 受理日期： 年 月 日 受理税务机关（签章）：

本表一式三份，一份纳税人留存，一份主管税务机关留存、一份征收部门留存。

注："营改增"试点地区此表有"应税服务"相关明细项目填写内容。

学发展的财税制度要求，将营业税改征增值税有利于完善税制，消除重复征税；有利于社会专业化分工，促进第三次产业融合；有利于降低企业税收成本，增强企业发展能力；有利于优化投资、消费和出口结构，促进国民经济健康协调发展。

2. 基本原则

（1）统筹设计、分步实施。正确处理改革、发展、稳定的关系，统筹兼顾经济社会发展要求，结合全面推行改革需要和当前实际，科学设计，稳步推进。

（2）规范税制、合理负担。在保证增值税规范运行的前提下，根据财政承受能力和不同行业发展特点，合理设置税制要素，改革试点行业总体税负不增加或略有下降，基本消除重复征税。

（3）全面协调、平稳过渡。妥善处理试点前后增值税与营业税政策的衔接、试点纳税人与非试点纳税人税制的协调，建立健全适应第三产业发展的增值税管理体系，确保改革试点有序运行。

（二）改革试点的范围与时间

1. 试点地区

营业税改增值税涉及面较广，为保证改革顺利实施，在部分地区和部分行业开展试点十分必要。综合考虑服务业发展状况、财政承受能力、征管基础条件等因素，先期选择经济辐射效应明显、改革示范作用较强的地区开展试点。上海市服务业门类齐全，辐射作用明显，选择上海市先行试点，有利于为全面实施改革积累经验。

2. 试点行业

试点地区先在交通运输业、部分现代服务业等生产性服务业开展试点，逐步推广至其他行业。条件成熟时，可选择部分行业在全国范围内进行全行业试点。

3. 试点时间

2012 年 1 月 1 日开始在上海市试点。截至 2013 年 8 月 1 日，“营改增”范围已推广到全国试行。国务院总理李克强 12 月 4 日主持召开国务院常务会议，决定从 2014 年 1 月 1 日起，将铁路运输和邮政服务业纳入营业税改征增值税试点，至此交通运输业已全部纳入营改增范围。自 2014 年 6 月 1 日起，将电信业纳入营业税改征增值税试点范围。

（三）纳税人和扣缴义务人

1. 纳税人

在中华人民共和国境内提供交通运输业和部分现代服务业（以下简称应税服务）的单位和个人，为增值税纳税人。纳税人提供应税服务，应当按照规定缴纳增值税，不再缴纳营业税。

2. 纳税人的分类

提供应税劳务的试点纳税人分为一般纳税人和小规模纳税人。应税服务的年应征增值税销售额超过 500 万元的纳税人为一般纳税人，未超过规定标准的纳税人为小规模纳税人。

（1）认定标准一般规定。

纳入营改增试点范围的交通运输业和部分现代服务业试点纳税人，应按照规定办理增值税一般纳税人资格认定。

除试点实施前已取得增值税一般纳税人资格并兼有应税服务的试点纳税人外，“营改增”试点实施前（以下简称试点实施前）应税服务年销售额满 500 万元的试点纳税人，应向国税主管税务机关（以下简称主管税务机关）申请办理增值税一般纳税人资格认定手续。

试点纳税人试点实施前的应税服务年销售额按以下公式换算：

应税服务年销售额=连续不超过12个月应税服务营业额合计÷（1+3%）

按照现行营业税规定差额征收营业税的试点纳税人，其应税服务营业额按未扣除之前的营业额计算。

财政部和国家税务总局可以根据试点情况对应税服务年销售额标准进行调整。

试点实施前已取得增值税一般纳税人资格并兼有应税服务的试点纳税人，不需要重新申请认定，由主管税务机关制作、送达《税务事项通知书》，告知纳税人。

试点实施前，试点纳税人增值税一般纳税人资格认定具体办法由试点地区省、自治区、直辖市和计划单列市国家税务局根据国家税务总局令第22号及有关规定制定，并报国家税务总局备案。

试点实施后，试点纳税人应按照相关规定，办理增值税一般纳税人资格认定。按“营改增”有关规定，在确定销售额时可以差额扣除的试点纳税人，其应税服务年销售额按未扣除之前的销售额计算。

（2）例外规定。

应税服务年销售额超过规定标准的其他个人不属于一般纳税人；不经常提供应税服务的非企业性单位、企业和个体工商户可选择按照小规模纳税人纳税。

小规模纳税人会计核算健全，能够提供准确税务资料的，可以向主管税务机关申请一般纳税人资格认定，成为一般纳税人。

会计核算健全，是指能够按照国家统一的会计制度规定设置账簿，依据合法、有效凭证核算。

符合一般纳税人条件的纳税人应当向主管税务机关申请一般纳税人资格认定。

航空公司总机构及其分支机构，一律由机构所在地主管税务机关认定为增值税一般纳税人。

（3）特殊规定。

兼有销售货物、提供加工修理修配劳务以及应税服务的纳税人，应税货物及劳务销售额与应税服务销售额分别计算，分别适用增值税一般纳税人资格认定标准。

（4）纳税辅导期纳税人。

试点纳税人取得一般纳税人资格后，发生增值税偷税、骗取退税和虚开增值税扣税凭证等行为的，主管税务机关可以对其实行不少于6个月的纳税辅导期管理。

除另有规定外，一经认定为一般纳税人后，不得转为小规模纳税人。

除另有规定外，增值税一般纳税人资格认定具体程序，按照《增值税一般纳税人资格认定管理办法》，纳税人一经认定为一般纳税人后，不得转为小规模纳税人。

3. 扣缴义务人

中华人民共和国境外的单位或者个人在境内提供应税服务，在境内未设有经营机构的，以其代理人为增值税扣缴义务人；在境内没有代理人的，以接受方为增值税扣缴义务人。

（四）应税服务

应税服务，是指交通运输业和部分现代服务业。

交通运输业包括陆路运输服务、水路运输服务、航空运输服务、管道运输服务、铁路运输服务。

部分现代服务业，是指围绕制造业、文化产业、现代物流产业等提供技术性、知识性服务的业务活动，包括研发和技术服务、信息技术服务、文化创意服务、物流辅助服务、有形动产租赁服务、鉴证咨询服务、广播影视服务、邮政服务、电信业等。

（五）税率和征收率

1. 税率

（1）提供有形动产租赁服务，税率为17%。

（2）提供交通运输业服务，税率为11%。

（3）提供现代服务业服务（有形动产租赁服务除外），税率为6%。

（4）财政部和国家税务总局规定的应税服务，税率为零。

2. 征收率

增值税征收率为3%。

纳税人提供不同税率或者征收率的应税服务，应当分别核算适用不同税率或者征收率的销售额；未分别核算的，从高适用税率。

（六）应纳税额的计算

1. 一般纳税人应纳税额的计算

一般纳税人提供应税服务适用一般计税方法计税。

应纳税额=当期销项税额-当期进项税额

当期销项税额小于当期进项税额不足抵扣时，其不足部分可以结转下期继续抵扣。

2. 小规模纳税人应纳税额的计算

小规模纳税人提供应税服务适用简易计税方法计税。

简易计税方法的应纳税额，是指按照销售额和增值税征收率计算的增值税额，不得抵扣进项税额，其计税公式为：

应纳税额=销售额×征收率

（七）纳税义务和扣缴义务发生时间

（1）纳税人提供应税服务的，以收讫销售款项或者取得索取销售款项凭据的当天；先开具发票的，为开具发票的当天。

（2）纳税人提供有形动产租赁服务采取预收款方式的，其纳税义务发生时间为收到预收款的当天。

（3）纳税人发生视同提供应税服务（指除以公益活动为目的或以社会公众为对象以外，向其他单位或者个人无偿提供交通运输业和部分现代服务业的，以及财政部、国家税务总局规定的其他情形）的，其纳税义务时间为应税服务完成的当天。

（4）增值税扣缴义务发生时间为纳税人增值税纳税义务发生的当天。

（八）纳税地点

（1）固定业户应当向其机构所在地或者居住地主管税务机关申报纳税。

（2）非固定业户应当向应税服务发生地主管税务机关申报纳税。

（3）扣缴义务人应当向其机构所在地或者居住地主管税务机关申报缴纳其扣缴的税款。

(4) 跨地区税种协调。试点纳税人以机构所在地作为增值税纳税地点，其在异地缴纳的营业税，允许在计算缴纳增值税时抵减；非试点纳税人在试点地区从事经营活动的，继续按照现行营业税有关规定申报缴纳营业税。

## 七、增值税专用发票的使用和管理

增值税实行凭国家印发的增值税专用发票注明的税款进行抵扣的制度。为适应增值税专用发票管理需要，规范增值税专用发票使用，进一步加强增值税征税管理，在广泛征求意见的基础上，国家税务总局对原《增值税专用发票使用规定》进行了修订，自 2007 年 1 月 1 日起施行。

专用发票是增值税一般纳税人销售货物或者提供应税劳务开具的发票，是购买方支付增值税额并可按照增值税有关规定据以抵扣增值税进项税额的凭证，其格式见表 2-1-2。

表 2-1-2　　北京增值税专用发票票样

北京增值税专用发票

1100094140　　　　抵扣联　　　　№ 87654321

开票日期：2013 年 11 月 18 日

| 购买方 | 名　　称：测试购方企业<br>纳税人识别号：410305123456789<br>地址、电话：北京市海淀区知春路 60 号　81234567<br>开户行及账号：建行-000012345678 | | | | 密码区 | （二维码略） | | |
|---|---|---|---|---|---|---|---|---|
| 货物或应税劳务、服务名称 | 规格型号 | 单位 | 数量 | 单价 | 金额 | 税率 | 税额 | |
| 计算机 | A6100 | 台 | 1 | 5 999.00 | 5 999.00 | 17% | 1 019.83 | |
| 合　计 | | | | | ¥5 999.00 | | ¥1 019.83 | |
| 价税合计（大写） | ⊗柒仟零壹拾捌元捌角叁分 | | | | | （小写） | ¥7 018.83 | |
| 销售方 | 名　　称：测试销方企业<br>纳税人识别号：410305012345678<br>地址、电话：北京市海淀区知春路 61 号　68744498<br>开户行及账号：工行 123455668-234222256111 | | | | 备注 | | | |

第三联：抵扣联　购买方扣税凭证

收款人：×××　　复核：×××　　开票人：×××　　销货方：（章）

一般纳税人应通过增值税防伪税控系统使用专用发票。使用，包括领购、开具、缴销、认证纸质专用发票及其相应的数据电文。

### （一）专用发票联次

新版电脑版增值税专用发票统一规定为四联，各联次必须按以下规定用途使用：

（1）第一联为存根联，由销货方留存备查；

（2）第二联为发票联，购货方作付款的记账凭证；

（3）第三联为抵扣联，购货方作扣税凭证；

（4）第四联为记账联，销货方作销售的记账凭证。

### （二）专用发票领购使用范围

增值税专用发票只限于增值税的一般纳税人领购使用，增值税的小规模纳税人和非增值税纳税人不得领购使用。

## 任务实施

根据任务描述，实施填表方案，拟定步骤如下：

### 一、计算应纳增值税额

销项税额＝5 100+14 475. 5+9 392. 5+（18 000+400）/（1+17%）×17%+5×500/（1+17%）×17%
＝32 004. 75（元）

进项税额＝82 000×13%+800×7%+340+153
＝11 209（元）

进项税额转出＝10 000×13%＝1 300（元）

上期抵留税额＝3 452. 77（元）

本期应纳税额＝32 004. 75－11 209－3 452. 77+1 300
＝18 642. 98（元）

### 二、填写纳税申报表（见表 2-1-3）

表 2-1-3 **增值税纳税申报表**

（增值税一般纳税人适用）

根据《中华人民共和国增值税暂行条例》第二十二条和第二十三条的规定制定本表。纳税人不论有无销售额，均应按主管税务机关核定的纳税期限按期填报本表，并于次月一日起十五日内，向当地税务机关申报纳税并结清上月应纳税款。

税款所属时间：自 年 月 日至 年 月 日 填表日期： 年 月 日 金额单位：元（列至角分）

| 纳税人识别号 | 1 | 1 | 0 | 1 | 0 | 8 | 7 | 6 | 7 | 5 | 4 | × | × | × | × | 所属行业： |
|---|---|---|---|---|---|---|---|---|---|---|---|---|---|---|---|---|

| 纳税人名称 | 黄河实业股份有限公司 | 法定代表人姓名 | 王学芹 | 注册地址 | 北京市海淀区宝胜里17号 | 生产地址 | 北京市海淀区宝胜里17号 |
|---|---|---|---|---|---|---|---|
| 开户银行及账号 | 中国建设银行海淀支行 4300100351600050013 | 企业登记注册类型 | 股份有限公司 | 电话号码 | 010-82784672 | | |

| | 项目 | 栏次 | 一般货物及劳务 | | 即征即退货物及劳务 | |
|---|---|---|---|---|---|---|
| | | | 本月数 | 本年累计 | 本月数 | 本年累计 |
| 销售额 | （一）按适用税率征税货物及劳务销售额 | 1 | 188 263. 25 | | 0. 00 | |
| | 其中：应税货物销售额 | 2 | 32 004. 75 | | | |
| | 应税劳务销售额 | 3 | | | | |
| | 纳税检查调整的销售额 | 4 | | | | |
| | （二）按简易征收办法征税货物销售额 | 5 | | | | |
| | 其中：纳税检查调整的销售额 | 6 | | | | |
| | （三）免、抵、退办法出口货物销售额 | 7 | | | | |
| | （四）免税货物及劳务销售额 | 8 | | | | |
| | 其中：免税货物销售额 | 9 | | | | |
| | 免税劳务销售额 | 10 | | | | |

续表

| 项目 | | 栏次 | 一般货物及劳务 | | 即征即退货物及劳务 | |
|---|---|---|---|---|---|---|
| | | | 本月数 | 本年累计 | 本月数 | 本年累计 |
| 税款计算 | 销项税额 | 11 | 32 004.75 | | | |
| | 进项税额 | 12 | 11 209 | | | |
| | 上期留抵税额 | 13 | 3 452.77 | | | |
| | 进项税额转出 | 14 | 1 300.00 | | | |
| | 免、抵、退货物应退税额 | 15 | | | | |
| | 按适用税率计算的纳税检查应补缴税额 | 16 | | | | |
| | 应抵扣税额合计 | 17=12+13−14−15+16 | 13 361.77 | | | |
| | 实际抵扣税额 | 18（若 17<11 则为17，否则为11） | 13 361.77 | | | |
| | 应纳税额 | 19=11−18 | 18 642.98 | | | |
| | 期末留抵税额 | 20=17−18 | 0.00 | | | |
| | 简易征收办法计算的应纳税额 | 21 | | | | |
| | 按简易征收办法计算的纳税检查应补缴税额 | 22 | | | | |
| | 应纳税额减征额 | 23 | | | | |
| | 应纳税额合计 | 24=19+21−23 | 18 642.98 | | 0.00 | |
| 税款缴纳 | 期初未缴税额（多缴为负数） | 25 | | | | |
| | 实收出口开具专用缴款书退税额 | 26 | | | | |
| | 本期已缴税额 | 27=28+29+30+31 | | | | |
| | ①分次预缴税额 | 28 | | | | |
| | ②出口开具专用缴款书预缴税额 | 29 | | | | |
| | ③本期缴纳上期应纳税额 | 30 | | | | |
| | ④本期缴纳欠缴税额 | 31 | | | | |
| | 期末未缴税额（多缴为负数） | 32=24+25+26−27 | | | | |
| | 其中：欠缴税额（≥0） | 33 | | | | |
| | 本期应补（退）税额 | 34=24−28−29 | | — | | |
| | 即征即退实际退税额 | 35 | — | — | | |
| | 期初未缴查补税额 | 36 | | | — | — |
| | 本期入库查补税额 | 37 | | | — | — |
| | 期末未缴查补税额 | 38=16+22+36−37 | | | — | — |

续表

<table>
<tr><td>授权声明</td><td>如果你已委托代理人申报，请填写下列资料：<br>为代理一切税务事宜，现授权<br>（地址）　　　　为本纳税人的代理申报人，任何与本申报表有关的往来文件，都可寄予此人。<br>授权人签字：</td><td>申报人声明</td><td>此纳税申报表是根据《中华人民共和国增值税暂行条例》的规定填报的，我相信它是真实的、可靠的、完整的。<br>声明人签字：</td></tr>
</table>

以下由税务机关填写：

收到日期：　　　　　　　　　　　　　　　　　　　　接收人：

## 任务评价

根据前面任务下达的要求，实施并完成任务后，进行任务实施评价，填写任务实施情况表，如表 2-1-4 所示：

表 2-1-4　增值税纳税业务训练评价表

| 考评内容标准 | 实施评价 | | |
|---|---|---|---|
| | 自我评价 | 同学互评 | 教师评价 |
| 增值税额的计算（40 分） | | | |
| 填写增值税纳税申报表（50 分） | | | |
| 说明如何申报缴纳（10 分） | | | |
| 合　计 | | | |

# 任务 2　处理消费税业务

## 任务描述

### 一、企业基本概况

西湖卷烟厂为增值税一般纳税人，其纳税人识别号为 33019414304××××，地址为杭州市中山南路 78 号，邮编为 310008，电话为 0571-8605××××，法人代表为孟伟刚。

### 二、相关数据资料

经国家税务总局批准，卷烟厂个别品牌规格卷烟的核定最低消费税计税价格如表 2-2-1：

表 2-2-1　卷烟厂个别品牌规格卷烟的核定最低消费税计税价格

| 卷烟名称 | 最低计税价格（元/条） |
|---|---|
| 翻盖利群（蓝） | 135 |
| 翻盖利群（新） | 116 |
| 翻盖雄狮（红） | 42 |
| 翻盖雄狮（王） | 37 |

2013 年 3 月生产经营情况如下：

（1）期初库存外购烟丝金额 200 万元，当期外购烟丝 1 000 万元，期末库存烟丝 100 万元，所领用烟丝全部用于生产加工卷烟；

（2）委托加工烟丝已纳消费税税款期初余额30万元，当期收回委托加工烟丝已纳消费税税款90万元，期末库存委托加工烟丝已纳消费税税款40万元，所领用烟丝全部用于生产加工卷烟；

（3）销售翻盖利群（蓝）卷烟2万箱，批发价140元/条，不含增值税销售额70 000万元；销售翻盖利群（新）2万箱，批发价110元/条，不含增值税销售额55 000万元；销售翻盖雄狮（红）2万箱，批发价42元/条，不含增值税销售额21 000万元；销售翻盖雄狮（王）1万箱，批发价37元/条，不含增值税销售额9 250万元。

**三、任务要求**

计算填写消费税纳税申报表（见表2-2-4）。

## 相关知识

**一、纳税义务人与征税范围**

消费税是对在我国境内生产、委托加工和进口的应税消费品征收的一种税。消费税属于价内税，同时又是一种间接税，因此，无论在哪个环节征税，消费品中所含的消费税税款最终都要转嫁到消费者身上，由消费者负担。

（一）纳税义务人

在中华人民共和国境内生产、委托加工和进口应税消费品的单位和个人，为消费税的纳税义务人。这里的“单位”是指国有企业、集体企业、私有企业、股份制企业、外商投资企业和外国企业、其他企业和行政单位、事业单位、军事单位、社会团体和其他单位。“个人”是指个体经营者和其他个人。“在中华人民共和国境内”是指生产、委托加工、进口应税消费品的起运地或所在地在我国境内。

（二）征税范围

我国现行消费税的征税范围为生产、委托加工和进口的应税消费品。这里的应税消费品包括：11项特种消费品，可分为五大类：

（1）过度消费会对人类健康、社会秩序、生态环境等方面有害的消费品，如烟、酒及酒精、鞭炮、焰火等；

（2）奢侈品和非生活必需品，如贵重首饰和珠宝玉石、化妆品等；

（3）高能耗及高档消费品，如汽车、摩托车等；

（4）不可再生和不可替代的石油类消费品，如汽油、柴油等；

（5）具有财政意义的消费品，即对较普遍的产品课以消费税，从中取得一定的财政收入，如汽车轮胎、护肤护发品。

消费税属于价内税，并实行单一环节征收，一般在应税消费品的生产、委托加工和进口环节缴纳，在以后的批发、零售等环节，不再缴纳消费税。具体规定为：

（1）纳税人生产的应税消费品，由生产者于销售环节纳税。

（2）委托加工应税消费品，由受托方向委托方交货时，代收代缴税款。

（3）纳税人自产自用的消费品，用于连续生产应税消费品的不纳税；用于其他方面的，于移送时纳税。

（4）进口的应税消费品，于报关进口时纳税。

(5) 金银首饰消费税于零售环节征收。

## 二、税目和税率

### (一) 税目

消费税的税目是按照消费税的征收范围选择设置的，共设置了14个税目，采取了列举法和概括法。

①烟；

②酒及酒精；

③化妆品；

④贵重首饰及珠宝玉石；

⑤鞭炮、焰火：鞭炮、焰火包括各种鞭炮、焰火。体育上用的发令纸、鞭炮药引线，不按本税目征收；

⑥成品油；

⑦汽车轮胎；

⑧小汽车；

⑨摩托车；

⑩高尔夫球及球具；

⑪高档手表；

⑫游艇；

⑬木制一次性筷子；

⑭实木地板。

### (二) 税率

消费税的具体税目、税率（税额）如表2-2-2所示。

表2-2-2 **消费税税目、税率表**

| 税目 | 税率 |
|---|---|
| 一、烟 | |
| 1. 卷烟 | |
| (1) 甲类卷烟 | 56%加0.003元/支 |
| (2) 乙类卷烟 | 36%加0.003元/支 |
| (3) 批发环节 | 5% |
| 2. 雪茄烟 | 36% |
| 3. 烟丝 | 30% |
| 二、酒及酒精 | |
| 1. 白酒 | 20%加0.5元/500克（或者500毫升） |
| 2. 黄酒 | 240元/吨 |
| 3. 啤酒 | |
| (1) 甲类啤酒 | 250元/吨 |
| (2) 乙类啤酒 | 220元/吨 |
| 4. 其他酒 | 10% |
| 5. 酒精 | 5% |

续表

| | |
|---|---|
| 三、化妆品 | 30% |
| 四、贵重首饰及珠宝玉石 | |
| 1. 金银首饰、铂金首饰和钻石及钻石饰品 | 5% |
| 2. 其他贵重首饰和珠宝玉石 | 10% |
| 五、鞭炮、焰火 | 15% |
| 六、成品油 | |
| 1. 汽油 | |
| （1）含铅汽油 | 1.40 元/升 |
| （2）无铅汽油 | 1.00 元/升 |
| 2. 柴油 | 0.80 元/升 |
| 3. 航空煤油 | 0.80 元/升 |
| 4. 石脑油 | 1.00 元/升 |
| 5. 溶剂油 | 1.00 元/升 |
| 6. 润滑油 | 1.00 元/升 |
| 7. 燃料油 | 0.80 元/升 |
| 七、汽车轮胎 | 3% |
| 八、摩托车 | |
| 1. 气缸容量（排气量，下同）在 250 毫升（含 250 毫升）以下的 | 3% |
| 2. 气缸容量在 250 毫升以上的 | 10% |
| 九、小汽车 | |
| 1. 乘用车 | |
| （1）气缸容量（排气量，下同）在 1.0 升（含 1.0 升）以下的 | 1% |
| （2）气缸容量在 1.0 升以上至 1.5 升（含 1.5 升）的 | 3% |
| （3）气缸容量在 1.5 升以上至 2.0 升（含 2.0 升）的 | 5% |
| （4）气缸容量在 2.0 升以上至 2.5 升（含 2.5 升）的 | 9% |
| （5）气缸容量在 2.5 升以上至 3.0 升（含 3.0 升）的 | 12% |
| （6）气缸容量在 3.0 升以上至 4.0 升（含 4.0 升）的 | 25% |
| （7）气缸容量在 4.0 升以上的 | 40% |
| 2. 中轻型商用客车 | 5% |
| 十、高尔夫球及球具 | 10% |
| 十一、高档手表 | 20% |
| 十二、游艇 | 10% |
| 十三、木制一次性筷子 | 5% |
| 十四、实木地板 | 5% |

### 三、应纳消费税的计算

按照现行消费税法的规定，消费税应纳税额的计算分为从量定额、从价定率、从价从量复合计税三种计算方法。

（一）从价定率计征方法

在从价定率计算方法下，应纳税额的计算取决于应税消费品的销售额和适用税率两个因素。其基本计算公式为：

应纳税额=应税消费品销售额×适用税率

1. 纳税人生产销售应税消费品

（1）销售额的确定。

销售额是指纳税人销售应税消费品时向购买方收取的全部价款和价外费用。价外费用是指在价格以外向购买方收取的手续费、补贴、基金、集资费、返还利润、违约金（延期付款利息）、包装费、储备费、优质费、运输装卸费、代收款项、代垫款项及其他各种性质的价外费用。但下列款项不包括在内：承运部门的运费发票开具给购货方的；纳税人将该项发票转交给购货方的。其他价外费用，无论是否属于纳税人的收入，均应并入销售额计算征税。

**【例 2-2-1】**某化妆品生产企业为增值税一般纳税人。2014 年 3 月 15 日向某大型商场销售化妆品一批，开具增值税专用发票，取得不含增值税销售额 50 万元，增值税额 8.5 万元；3 月 20 日向某单位销售化妆品一批，开具普通发票，取得含增值税销售额 4.68 万元。计算该化妆品生产企业上述业务应缴纳的消费税额。

【解析】

（1）化妆品适用消费税税率为 30%。

（2）化妆品的应税销售额=50+4.68÷（1+17%）=54（万元）

（3）应缴纳的消费税额=54×30%=16.2（万元）

纳税人的计税价格明显偏低又无正当理由的，税务机关有权核定其计税价格，并以核定后的计税价格作为计税额计算应纳税额，具体规定为：

①卷烟和粮食白酒的计税价格由国家税务总局规定；

②其他应税消费品的计税价格由国家税务总局所属的税务分局核定；

③进口的应税消费品的计税价格由海关核定。

（2）含增值税销售额的换算。

应税消费品在缴纳消费税的同时，与一般货物一样，还应缴纳增值税。按照《消费税暂行条例实施细则》的规定，应税消费品的销售额，不包括应向购货方收取的增值税税款。在计算消费税时，应将含增值税的销售额换算为不含增值税的销售额。其换算公式为：

应税消费品的销售额=含增值税的销售额÷（1+增值税税率或征收率）

2. 纳税人自产自用应税消费品

纳税人自产自用应税消费品，用于连续生产应税消费品的不纳税，即作为最终应税消费品的直接材料并构成最终产品实体的应税消费品不纳税。除此之外，用于其他方面的应税消费品应纳消费税。

纳税人自产自用的应税消费品，凡用于其他方面，应当纳税的，按照纳税人生产的同类消费品的销售价格计算纳税。同类消费品的销售价格是指纳税人当月销售的同类消费品的销售价格，如果当月同类消费品各期价格高低不同，应按照销售数量加权平均。如果当月无销售或者当月未完结，应该按照同类消费品上月或者最近月份的销售价格计算纳税。没有同类消费品销售价格的，按照组成计税价格计算纳税。其公式为：

组成计税价格=（成本+利润）÷（1-消费税税率）

=成本×（1+成本利润率）÷（1-消费税税率）

**【例 2-2-2】** 某化妆品公司将一批自产的化妆品用作职工福利，化妆品的成本 80 000 元，该化妆品无同类产品市场销售价格，但已知其成本利润率为 5%，消费税税率为 30%。计算该批化妆品应缴纳的消费税税额。

【解析】

（1）组成计税价格=80 000×（1+5%）÷（1-30%）

=84 000÷0.7

=120 000（元）

（2）应纳税额=120 000×30%=36 000（元）

3. 纳税人委托加工应税消费品

按照税法规定，委托加工应税消费品，由受托方在向委托方交货时代收代缴消费税。

（1）委托加工应税消费品的确定。

委托加工的应税消费品是指由委托方提供原料和主要材料，受托方只收取加工费或代垫部分辅助材料加工的应税消费品。

（2）计税依据的确定。

《消费税暂行条例》规定，委托加工的应税消费品，按照受托方同类消费品的销售价格作为计税额。同类消费品的销售价格是指受托方（即代收代缴义务人）当月销售的同类消费品的销售价格，如果当月同类消费品各期价格高低不同，应按照销售数量加权平均。如果当月无销售或者当月未完结，应该按照同类消费品上月或者最近月份的销售价格计算纳税。没有同类消费品销售价格的，按照组成计税价格计算纳税。其公式为：

组成计税价格=（材料成本+加工费）÷（1-消费税税率）

上述公式中“材料成本”指委托方所提供加工材料的实际成本；“加工费”指受托方加工应税消费品向委托方所收取的全部费用（包括代垫辅助材料的实际成本，不包括增值税税额）。

（3）委托加工收回的应税消费品已纳税款的扣除。

消费税为单一环节征税，委托加工应税消费品已由受托方代收缴税款，因此，加工完成收回后，应区分两种情况：

①委托方将委托加工的应税消费品收回后直接出售的，不再征收消费税，现将这一规定的含义解释如下：

自 2012 年 9 月 1 日起，委托方将收回的应税消费品，以不高于受托方的计税价格出售的，为直接出售，不再缴纳消费税；委托方以高于受托方的计税价格出售的，不属于直接出售，需按照规定申报缴纳消费税，在计税时准予扣除受托方已代收代缴的消费税。

②收回后用于连续生产应税消费品的，其已纳税款准予按当期投入生产的比例抵扣，但委托加工的已税酒和酒精生产的酒不能抵扣。

**【例 2-2-3】** 某鞭炮企业 2014 年 4 月受托为某单位加工一批鞭炮，委托单位提供的原材料金额为 60 万元，收取委托单位不含增值税的加工费 8 万元，鞭炮企业当地无加工鞭炮的同类产品市场价格。计算鞭炮企业应代收代缴的消费税。

【解析】(1) 鞭炮的适用税率为 15%。

(2) 组成计税价格 =（60+8）÷（1-15%）= 80（万元）

(3) 应代收代缴的消费税 = 80×15% = 12（万元）

4. 纳税人进口应税消费品

进口的应税消费品，实行从价定率办法计算应纳税额的，按照组成计税价格计算纳税。组成计税价格的计算公式为：

组成计税价格 =（关税完税价格+关税）÷（1-消费税税率）

应纳税额 = 组成计税价格×消费税比例税率

上述公式中“关税完税价格”是指海关核定的关税计税价格。

**【例 2-2-4】** 某商贸公司，2014 年 5 月从国外进口一批应税消费品，已知该批应税消费品的关税完税价格为 90 万元，按规定应缴纳关税 18 万元，假定进口的应税消费品的消费税税率为 10%，请计算该批消费品进口环节应缴纳的消费税税额。

【解析】

(1) 组成计税价格 =（90+18）÷（1-10%）= 120（万元）

(2) 应缴纳消费税税额 = 120×10% = 12（万元）

（二）从量定额计征方法

在从量定额计征方法下，应纳税额的计算取决于应税消费品的销售数量和单位税额两个因素。其计算公式为：

应纳税额 = 应税消费品销售数量×定额税率

在 14 种应税消费品中，黄酒、啤酒、成品油采用从量计征的方法计算应纳税额。

销售数量是指纳税人生产、加工和进口应税消费品的数量，具体规定为：

(1) 销售应税消费品的，为应税消费品的销售数量。

(2) 自产自用应税消费品的，为应税消费品的移送使用数量。

(3) 委托加工应税消费品的，为纳税人收回的应税消费品数量。

(4) 进口应税消费品的，为海关核定的应税消费品进口征税数量。

**【例 2-2-5】** 某啤酒厂 2014 年 4 月份销售乙类啤酒 1 000 吨，每吨出厂价格 2 800 元。计算 4 月份该啤酒厂应纳消费税税额。

【解析】

(1) 销售乙类啤酒，适用定额税率 220 元/吨。

(2) 应纳税额 = 1 000×220 = 220 000（元）

（三）从价定率和从量定额复合计征方法

现行消费税的征税范围中，卷烟、粮食白酒、薯类白酒采用混合计征方法。其基本计算公式为：

应纳税额 = 应税销售数量×定额税率+应税销售额×比例税率

**【例 2-2-6】** 某白酒生产企业为增值税一般纳税人，2014 年 4 月份销售粮食白酒 50

吨，取得不含增值税的销售额200万元。计算白酒企业4月份应缴纳的消费税税额。

【解析】

（1）白酒适用比例税率为20%，定额税率0.5元/500克。

（2）应纳税额=50×2 000×0.5+2 000 000×20%=450 000（元）

（四）已纳消费税扣除的计算

为了避免重复征税，现行消费税暂行条例规定，将外购应税消费品和委托加工收回后的应税消费品继续生产应税消费品销售的，可以将外购应税消费品和委托加工收回应税消费品已缴纳的消费税给予扣除。

1. 外购应税消费品已纳税款的扣除

税法规定用外购已税消费品连续生产应税消费品销售时，按当期生产领用数量计算准予扣除外购的应税消费品已纳的消费税税款。

扣税范围：

①外购已税烟丝生产的卷烟；

②外购已税化妆品生产的化妆品；

③外购已税珠宝玉石生产的贵重首饰及珠宝玉石；

④外购已税鞭炮焰火生产的鞭炮焰火；

⑤外购已税汽车轮胎（内胎和外胎）生产的汽车轮胎；

⑥外购已税摩托车生产的摩托车；

⑦外购已税杆头、杆身和握把为原料生产的高尔夫球杆；

⑧外购已税木制一次性筷子为原料生产的木制一次性筷子；

⑨外购已税实木地板为原料生产的实木地板；

⑩外购已税石脑油为原料生产的应税消费品；

⑪外购已税润滑油为原料生产的润滑油。

上述当期准予扣除外购应税消费品已纳消费税税款公式为：

$$\text{当期准予扣除的外购应税消费品已纳税款}=\text{当期准予扣除的外购应税消费品买价或数量}\times\text{适用税率或者税额}$$

$$\text{当期准予扣除的外购应税消费品买价}=\text{期初库存的外购应税消费品的买价或数量}+\text{当期购进的应税消费品的买价或数量}-\text{期末库存的外购应税消费品的买价或者数量}$$

【例2-2-7】某卷烟厂生产企业，某月初库存外购应税烟丝金额50万元，当月又外购应税烟丝金额500万元（不含增值税），月末库存烟丝金额30万元，其余被当月生产卷烟领用。请计算卷烟厂当月准予扣除的外购烟丝已缴纳的消费税税额。

【解析】

（1）烟丝适用的消费税税率为30%。

（2）当月准予扣除的外购烟丝买价=50+500-30=520（万元）

（3）当月准予扣除的外购烟丝已缴纳的消费税税额=520×30%=156（万元）

2. 委托加工收回的应税消费品已纳税款的扣除

与外购11种应税消费品原理一致，以生产领用数量计算扣除委托加工应税消费品已纳的消费税。

### 四、消费税的申报与缴纳

（一）纳税义务发生时间

消费税纳税义务发生时间，依货款结算方式或行为发生时间分别确定，具体规定为：

（1）纳税人销售应税消费品，其纳税义务发生时间为：

① 采取赊销和分期收款结算方式的，纳税义务发生时间为销售合同规定的收款日期当天；

② 采取预收货款方式的，纳税义务发生时间为发出应税消费品的当天；

③ 采取托收承付和委托收款方式的，纳税义务发生时间为发出应税消费品并办妥托收手续的当天；

④ 纳税人采取其他结算方式的，纳税义务发生的时间为收讫货款或者取得索取销货凭据的当天。

（2）纳税人委托加工应税消费品，其纳税义务发生时间为委托方提货的当天。

（3）纳税人自产自用应税消费品，其纳税义务发生时间为移送使用的当天。

（4）纳税人进口的应税消费品，其纳税义务发生时间为报关进口的当天。

（二）纳税期限

按照《消费税暂行条例》的规定，消费税的纳税期限为分别为 1 日、3 日、5 日、10 日、15 日或者 1 个月。纳税人的具体纳税期限，由主管税务机关根据纳税人应纳税额的大小分别核定；不能按期纳税的，可以按次纳税。

（三）纳税地点

（1）纳税人生产销售（包括到外地销售或委托外地代销）以及自产自用的应税消费品，除国家另有规定外，应当向纳税人核算地主管税务机关申报纳税。

（2）纳税人的总机构和分支机构不同一县（市）的，应在生产应税消费品的分支机构所在地缴纳消费税。但经国家税务总局及所属省国家税务局批准，纳税人分支机构应纳税款也可由总机构汇总在其所在地缴纳消费税。

（3）纳税人委托加工的应税消费品，除受托方为个体经营者外，由受托方向所在地主管税务机关代收代缴消费税税款。

（4）纳税人进口的应税消费品，在进口报关地的海关缴纳消费税。

（5）纳税人到外县（市）销售或委托外县（市）代销自产应税消费品的，于应税消费品销售后，回纳税人核算地或所在地缴纳消费税。

（6）纳税人销售的应税消费品，如因质量等原因由购买者退回时，经所在地主管税务机关审核批准后，可退还已征收的消费税税款，但不能自行直接抵减应纳税款。

（四）纳税申报

消费税纳税人应按有关规定及时办理纳税申报，并应如实填写消费税纳税申报表（见表 2-2-4）。

## 任务实施

根据任务描述，实施填表方案，拟定步骤如下：

## 一、计算应纳消费税税额

（1）翻盖利群（蓝）、翻盖利群（新）属于甲类卷烟，适用比例税率56%，定额税率0.003元/支；翻盖雄狮（红）、翻盖雄狮（王）属于乙类卷烟，适用比例税率36%，定额税率0.003元/支。

（2）计税销售额的确定，见表2-2-3。

表2-2-3 卷烟计税销售额表

| 卷烟名称 | 计税价格（元/条） | 数量（万条） | 销售额（万元） |
|---|---|---|---|
| 翻盖利群（蓝） | 140 | 500 | 70 000 |
| 翻盖利群（新） | 116 | 500 | 58 000 |
| 翻盖雄狮（红） | 42 | 500 | 21 000 |
| 翻盖雄狮（王） | 37 | 250 | 9 250 |

（3）应纳税额＝70 000×56%＋500×200×0.003＋58 000×56%＋500×200×0.003＋21 000×36%＋500×200×0.003＋9 250×36%＋500×200×0.003
＝39 500＋32 780＋7 860＋3 480
＝83 620（万元）

（4）当期准予扣除的外购烟丝买价＝200＋1 000－100＝1 100（万元）

当期准予扣除的外购烟丝已缴纳的消费税税额＝1 100×30%＝330（万元）

当期准予扣除的委托加工已纳税款＝30＋90－40＝80（万元）

（5）本期应纳消费税额＝83 620－（330＋80）＝83 210（万元）

## 二、填写纳税申报表（见表2-2-4）

表2-2-4 消费税纳税申报表

纳税人识别号：| 3 | 3 | 0 | 1 | 9 | 4 | 1 | 4 | 3 | 0 | 4 | × | × | × | × |

纳税人名称（公章）：西湖卷烟厂　　　　金额单位：元（列至角分）

税款所属期：2014年03月01日至2014年03月31日　　　　填表日期：2014年04月01日

| 应税消费品名称 | 税目 | 按比例税率计算应纳税额 | | | 按定额税率计算应纳税额 | | | 本期应纳税额 |
|---|---|---|---|---|---|---|---|---|
| | | 销售额 | 适用税率 | 应纳税额 | 销售数量 | 适用税率 | 应纳税额 | |
| 1 | 2 | 3 | 4 | 5=3×4 | 6 | 7 | 8=6×7 | 9=5+8 |
| 翻盖利群（蓝） | 甲类卷烟 | 700 000 000.00 | 56% | 392 000 000.00 | 1 000 000 000 | 0.003 | 3 000 000.00 | 395 000 000.00 |
| 翻盖利群（新） | 甲类卷烟 | 580 000 000.00 | 56% | 324 800 000.00 | 1 000 000 000 | 0.003 | 3 000 000.00 | 327 800 000.00 |
| 翻盖雄狮（红） | 乙类卷烟 | 210 000 000.00 | 36% | 75 600 000.00 | 1 000 000 000 | 0.003 | 3 000 000.00 | 78 600 000.00 |
| 翻盖雄狮（王） | 乙类卷烟 | 92 500 000.00 | 36% | 33 300 000.00 | 500 000 000 | 0.003 | 1 500 000.00 | 34 800 000.00 |
| | | | | | | | | |
| | | | | | | | | |
| 合计 | | | — | 825 700 000.00 | | — | 10 500 000.00 | 836 200 000.00 |
| 本期应抵扣税额 | | | 10 | | 4 100 000.00 | | | |

续表

| 本期应代收代缴税额 | 11 | |
|---|---|---|
| 本期减（免）征税额 | 12 | |
| 本期预缴税额 | 13 | |
| 本期应补（退）税额 | 14=9-10+11-12-13 | 832 100 000.00 |

<table>
<tr><td rowspan="4">纳税人或代理人声明：<br>此纳税申报表是根据国家税收法律的规定填报的，我确定它是真实的、可靠的、完整的。</td><td colspan="2">如纳税人填报，由纳税人填写以下各栏：</td></tr>
<tr><td>办税人员（签章）：<br>法定代表人（签章）：</td><td>财务负责人（签章）：<br>联系电话：</td></tr>
<tr><td colspan="2">如委托代理人填报，由代理人填写以下各栏：</td></tr>
<tr><td>代理人名称：<br>代理人（公章）：</td><td>经办人（签章）：<br>联系电话：</td></tr>
</table>

受理人（签章）： 受理日期： 年 月 日

受理税务机关（章）：

本表一式三份，一份纳税人留存，一份主管税务机关留存、一份征收部门留存。

**注意事项**

1. 本表根据《中华人民共和国消费税暂行条例》制定。

2. 本表由中华人民共和国境内生产、受托加工应税消费品的单位和个人，金银首饰、铂金首饰、钻石及钻石制品的经营单位在办理消费税纳税申报时填写。

3. “销售额”为当期应申报缴纳消费税的应税消费品销售（不含出口免税）收入。

## 任务评价

根据前面任务下达的要求，实施并完成任务后，进行任务实施评价，填写任务实施情况表，如表2-2-5所示：

表2-2-5 消费税纳税业务训练评价表

| 考评内容标准 | 实施评价 | | |
|---|---|---|---|
| | 自我评价 | 同学互评 | 教师评价 |
| 应纳税额的计算（40分） | | | |
| 填写消费税纳税申报表（50分） | | | |
| 说明如何申报缴纳（10分） | | | |
| 合　　计 | | | |

# 任务 3 处理营业税业务

## 任务描述

**一、企业基本概况**

鸿兴饭庄是集住宿、饮食、旅游、娱乐为一体的服务企业。

企业法定代表人：何风城

企业办税员：李辉

企业地址及电话：北京市朝阳区复兴路 78 号　010-5192××××

开户银行及账号：中国工商银行朝阳支行　102100020192001××××

纳税人识别号：11010876768××××

**二、相关数据资料**

该饭庄 2013 年 8 月份发生的有关收入业务如下：

（1）客房部本月收入 600 000 元，已全部存入银行。餐饮部本月收入 835 000 元，已收现 710 000 元，余款 125 000 尚未收回。

（2）歌舞厅送来本月收入清单：门票收入 97 600 元，烟酒饮料收入 65 000 元，点歌费收入 12 400 元，台位费 26 600 元，收入款已存入银行。

（3）代购机票、车票取得手续费收入 2 100 元，收入款已存入银行。

（4）小班车接送客人，取得现金收入 32 800 元。

（5）旅游部本月收取旅游费 412 000 元，为游客支付门票 67 000 元、食宿费 143 000 元、交通费 42 000 元。

（6）将一食品制作专利出售，收入 200 000 元，原购买时花费 160 000 元，该专利尚未摊销。

请计算该月营业税应纳税额并编制营业税纳税申报表。

**三、任务要求**

（1）计算兴华饭庄该月营业税应纳税额。

（2）编制填写营业税纳税申报表。

## 相关知识

**一、纳税义务人与征税范围**

营业税是以在我国境内提供应税劳务、转让无形资产和销售不动产的行为为课税对象所征收的一种税。

（一）纳税义务人

1. 纳税义务人的一般规定

《中华人民共和国营业税暂行条例》（以下简称《营业税条例》）第 1 条规定：“在中华人民共和国境内提供本条例所规定的劳务、转让无形资产或者销售不动产的单位和个人，为营业税的纳税义务人。”

在中华人民共和国境内是指税收行政管辖权的区域。具体为：

（1）提供或者接受应税劳务的单位或者个人在境内。

（2）所转让的无形资产（不含土地使用权）的接受单位或者个人在境内。

（3）所转让或者出租土地使用权的土地在境内。

（4）所销售或者出租的不动产在境内。

2. 纳税义务人的特殊规定

（1）铁路运输的纳税人：中央铁路运营业务的纳税人为铁道部；合资铁路运营业务的纳税人为合资铁路公司；地方铁路运营业务的纳税人为地方铁路管理机构；基建临管线铁路运营业务的纳税人为基建临管线管理机构。

（2）单位以承包、承租、挂靠方式经营的，承包人、承租人或挂靠人（以下统称承包人）为纳税人。

（3）建筑安装业实行分包或转包的，分包或转包者为纳税人。

（4）金融保险业的纳税人，包括：银行，包括人民银行、商业银行及政策性银行；信用合作社；证券公司；金融租赁公司、证券基金管理公司、财务公司、信托投资公司、证券投资基金；保险公司；其他经中国人民银行、中国证监会、中国保监会批准成立且经营金融保险业务的机构等。

（二）扣缴义务人

在现实生活中，有些具体情况难以确定纳税人，为了便于征收管理，防止税款流失，税法规定了扣缴义务人。扣缴义务人主要有以下几种：

（1）委托金融机构发放贷款的，其应纳税款以受托发放贷款的金融机构为扣缴义务人；金融机构接受其他单位或个人的委托，为其办理委托贷款业务时，如果将委托方的资金转给经办机构，由经办机构将资金贷给使用单位和个人，由最终将贷款发放给使用单位或个人并取得贷款利息的经办机构代扣委托方应纳的营业税。

（2）建筑安装业务实行分包或者转包的，其应纳税款以总承包人为扣缴义务人。

（3）境外单位或者个人在境内发生应税行为而在境内未设有机构的，其应纳税款以代理人为扣缴义务人；没有代理人的，以受让者或购买者为扣缴义务人。

（4）单位或个人进行演出，由他人售票的，其应纳税款以售票者为扣缴义务人，演出经纪人为个人的，其办理演出业务的应纳税款以售票者为扣缴义务人。

（5）分保险业务，其应纳税款以初保人为扣缴义务人。

（6）个人转让专利权、非专利技术、商标权、著作权、商誉的，其应纳税款以受让者为扣缴义务人。

（7）财政部规定的其他扣缴义务人。

（三）征税范围

1. 基本规定

营业税的征税范围包括在我国境内提供应税劳务、转让无形资产和销售不动产。

应税劳务是指属于交通运输业、建筑业、金融保险业、邮电通信业、文化体育业、娱乐业、服务业税目征收范围的劳务。加工和修理修配劳务属于增值税的征税范围，因此不属于营业税的应税劳务。单位或者个体工商户聘用的员工为本单位或者雇主提供的劳务，也不属于营业税的应税劳务。

转让无形资产是指转让无形资产的所有权和使用权的行为。无形资产是指不具有实物形态，但能带来经济利益的资产，如土地使用权、商标权、专利权、非专利技术、著作权、商誉等。

销售不动产是指有偿转让不动产所有权的行为。不动产是指不能移动，移动后会引起性质和状态改变的财产，包括建筑物、构筑物及其他土地附着物。

2. 特殊规定

（1）兼营不同税目的应税行为。

有的纳税人从事两个或两个以上税目的应税行为，按规定，应分别核算不同税目的营业额、转让额和销售额，然后按各自适用的税率计算应纳税额；未分别核算的，从高适用税率。例如：餐厅既经营饮食业又经营娱乐业，如果未分别核算饮食业和娱乐业的营业额，就不能按饮食业 5% 的税率计征，而按娱乐业最高税率 20% 计征。

（2）混合销售行为。

如果一项销售行为既涉及应税劳务又涉及货物，为混合销售行为。从事货物的生产、批发或零售的企业、企业性单位及个体经营者的混合销售行为，视为销售货物，不征收营业税；其他单位和个人的混合销售行为，视为提供应税劳务，应当征收营业税。但鉴于销售自产货物并同时提供建筑业劳务的混合销售行为较为特殊，对其采用分别核算、分别征收增值税和营业税的办法。

纳税人的销售行为是否属于混合销售行为，由国家税务总局所属征收机关确定。

（3）兼营应税劳务与货物或非应税劳务行为。

2008 年 12 月 15 日公布的修订后的《中华人民共和国增值税暂行条例实施细则》规定，纳税人兼营销售货物、增值税应税劳务和营业税应税劳务应分别核算销售额和营业额，未分别核算的，由主管国家税务局、地方税务局分别核定货物、增值税应税劳务的销售额和营业税应税劳务的营业额。

**二、税目和税率**

（一）税目

现行营业税按照行业、类别的不同，共设置了九个税目，即交通运输业、建筑业、金融保险业、邮电通信业、文化体育业、娱乐业、服务业、转让无形资产、销售不动产。

（二）税率

营业税按照行业、类别的不同分别采用不同的比例税率，具体规定为：

（1）交通运输业、建筑业、邮电通信业、文化体育业，税率为 3%。

（2）服务业、销售不动产、转让无形资产，税率为 5%。

（3）金融保险业税率为 5%。

（4）娱乐业执行 5% ~20% 的幅度税率，具体适用的税率，由各省、自治区、直辖市人民政府根据当地的实际情况在税法规定的幅度内决定（具体见表 2-3-1）。

表 2-3-1　　营业税税目、税率

| 序号 | 税目 | 税率 |
|---|---|---|
| 1 | 交通运输业 | 3% |
| 2 | 建筑业 | 3% |
| 3 | 金融保险业 | 5% |
| 4 | 邮电通信业 | 3% |
| 5 | 文化体育业 | 3% |
| 6 | 娱乐业 | 5% ~20% |
| 7 | 服务业 | 5% |
| 8 | 转让无形资产 | 5% |
| 9 | 销售不动产 | 5% |

## 三、应纳税额的计算

### （一）计税依据

1. 计税依据的一般规定

营业税的计税依据是营业额，营业额为纳税人提供应税劳务、转让无形资产或者销售不动产向对方收取的全部价款和价外费用。价外费用包括收取的手续费、补贴、基金、集资费、返还利润、奖励费、违约金、滞纳金、延期付款利息、赔偿金、代收款项、代垫款项、罚息及其他各种性质的价外收费。

2. 计税依据的具体规定

由于营业税征税范围广泛，各行各业的经营方式具有各自的特殊性，在确定其营业额时，需要考虑它们特定的经营方式。

（1）交通运输业。

①交通运输业的营业额一般包括客运收入、货运收入、装卸搬运收入、其他运输业务收入、运输票价中包含的保险费收入以及随同票价、运价向客户收取的各种建设基金等。

②纳税人将承揽的运输业务分给其他单位或者个人的，以其取得的全部价款和价外费用扣除其支付给其他单位或者个人的运输费用后的余额为营业额。

③运输企业自中华人民共和国境内运输旅客或者货物出境，在境外改由其他运输企业承运旅客或者货物，以全程运费减去付给该承运企业的运费后的余额为营业额。

④自 2011 年 9 月 26 日起，合资铁路运输公司、股改铁路运输企业和其他铁路运输企业相互之间合作完成运输业务，承运人应以取得的全部价款和价外费用扣除支付给其他合作运输方的运输费用后的余额为营业额。

（2）建筑业。

建筑业的计税依据为纳税人承包建筑、修缮、安装、装饰和其他工程作业取得的营业收入，即建筑安装企业向建设单位收取的工程价款及价外费用。其中，对以下业务又作了具体规定：

①建筑业的总承包人将工程分包或者转包给他人的，以工程的全部承包额减去付给分包人或者转包人的价款后的余额为营业额。

②纳税人从事建筑、修缮、装饰工程作业，无论与对方如何结算，其营业额均应包括

工程所用原材料及其他物资和动力的价款在内，但不包括建设方提供的设备的价款。

③自建行为和单位或者个人将不动产无偿赠与他人，由主管税务机关核定营业额。

（3）金融保险业。

金融业的营业额包括贷款利息收入、融资租赁收益、金融商品转让收益以及从事金融经纪业和其他金融业务的手续费收入。保险业的计税营业额是指利息收入、保费收入以及其他收入。具体规定为：

①一般贷款业务以发放贷款所得利息收入的全额为营业额。

②转贷业务以贷款利息减去借款利息后的余额为营业额。

③金融机构（含银行和非银行金融机构）从事外汇、有价证券、期货买卖业务，以卖出价减去买入价后的余额为营业额。

④融资租赁以其向承租者收取的全部价款和价外费用（包括残值）减去出租方承租的出租货物的实际成本后的余额，以直线法折算出本期的营业额。

⑤金融经纪业务和其他金融业务（中间业务）营业额为手续费（佣金）的全部收入为营业额。

金融企业从事受托收款业务，如代收电话费、水电煤气费、信息费、学杂费、社保统筹费、交通违章罚款、税款等，以全部收入减去支付给委托方价款后的余额为营业额。

⑥保险业以收取的全部保费为营业额。保险业实行分保险的，初保业务以全部保费收入减去付给分保人的保费后的余额为营业额。

（4）邮电通信业。

邮电通信业的营业额包括邮政业务的营业额、邮政储蓄业务的营业额和电信业务的营业额。

邮政业务的营业额是指函件、包件、汇费、出售各种邮务物品的收入、发行报刊的收入及其他邮政业务的收入。

邮政储蓄业务的营业额是指邮局从事储蓄业务实际取得的营业额，包括储蓄业务的利差收入、储蓄异地存取汇费、电传费及查询费收入。

电信业务的营业额是指电报、电话、电传、电话机安装及出售电信物品等电信业务收入。

（5）文化体育业。

文化体育业的营业额为从事文化、体育业所取得的营业额。其中：

①单位或个人进行演出，以全部票价收入或者包场收入减去付给提供演出场所的单位、演出公司或者经纪人的费用后的余额为营业额。

②经营游览场所的营业额为取得的门票收入。

（6）娱乐业。

娱乐业的营业额为经营娱乐业向顾客收取的各项费用，包括门票收费、台位费、点歌费、烟酒饮料费及经营娱乐的其他各项收费。

（7）服务业。

服务业的营业额是指各种服务业的营业额，包括纳税人提供代理业、旅店业、饮食业、旅游业、仓储业、租赁业、广告业或其他服务业的应税劳务向对方收取的全部价款和价外费用。具体是指：

①广告业的营业额为纳税人提供广告服务而取得的收入。

②代理业的营业额为纳税人从事业务向委托方实际收取的报酬。

③饮食业的营业额为纳税人提供饮食服务所收取的全部收入。

④租赁业、仓储业等其他服务均以向客户收取的全额费用为营业额。

⑤旅游企业组织旅游团在境内旅游的，以全部收费减去为旅游者支付给其他单位的食、宿、交通费后的余额为营业额；旅游企业组织旅游团到中华人民共和国境外旅游，在境外改由其他旅游企业接团的，以全程旅游费减去付给该接团企业的旅游费后的余额为营业额。

（8）转让无形资产。

转让无形资产的计税营业额为转让无形资产所取得的全部收入，包括受让方支付给转让方的全部货币和其他经济利益。

（9）销售不动产或受让土地使用权。

销售不动产的计税依据是纳税人销售不动产向购买方收取的全部价款及价外费用。

①单位和个人销售或者转让其购置的不动产或受让的土地使用权，以全部收入减去不动产或土地使用权的购置或受让原件后的余额为营业额。

②单位和个人销售或转让其抵债所得的不动产或土地使用权，以全部收入减去抵债时该项不动产或土地使用权作价后的余额为营业额。

③自 2011 年 1 月 28 日起，个人将购买不足 5 年的住房对外出售的，全额征收营业税；个人将购买超过 5 年（含 5 年）的非普通住房对外出售的，按照其销售收入减去购买房屋价款后的差额征收营业税；个人将购买超过 5 年（含 5 年）的普通住房对外销售的，免征营业税。

④自 2011 年 9 月 1 日起，纳税人转让土地使用权或者销售不动产的同时一并销售附着于土地或者不动产上的固定资产中，凡属于增值税应税货物的，应计算缴纳增值税；凡属于不动产的，应计算缴纳营业税。

（10）无营业额或营业额偏低时的税务处理。

纳税人提供应税劳务、转让无形资产或销售不动产的价格明显偏低而无正当理由的，或纳税人将不动产无偿赠送他人无营业额的，主管税务机关有权按下列顺序核定其营业额：

①按纳税人当月提供的同类应税劳务或者销售的同类不动产的平均价格核定；

②按纳税人最近时期提供的同类应税劳务或者销售的同类不动产的平均价格核定；

③按下列公式核定计税价格：

计税价格＝营业成本或工程成本×（1+成本利润率）÷（1－营业税税率）

式中：成本利润率由省、自治区、直辖市人民政府所属税务机关确定。

（二）应纳税额的计算

营业税税款的计算比较简单。纳税人提供应税劳务、转让无形资产或者销售不动产，按照营业额和规定的适用税率计算应纳税额。其计算公式为：

应纳税额＝营业额×适用税率

【例 2-3-1】某运输公司某月运营售票收入总额为 600 万元，从中支付联运业务的金额为 100 万元，能够提供合法有效凭证。请计算该运输公司应缴纳的营业税税额。

【解析】

应纳税额 =（售票收入总额-联运业务支出）×适用税率 =（600-100）×3% =15（万元）

【例 2-3-2】某卡拉 OK 歌舞厅某月取得门票收入 60 万元，台位费收入 30 万元，相关的烟酒和饮料费收入 20 万元，鲜花和小吃收入 10 万元，假定适用的税率为 15%。请计算该歌舞厅应缴纳的营业税税额。

【解析】

应纳税额 = 营业额×适用税率 =（60+30+20+10）×15% =18（万元）

## 四、税收优惠

### （一）起征点

对于经营营业税应税项目的个人，营业税规定了起征点。营业额达到或超过起征点即全额计算纳税，营业额低于起征点则免征营业税。税法规定的起征点为：

（1）按期纳税的，起征点为月营业额 5 000 ~ 20 000 元。

（2）按次纳税的，起征点为每次（日）营业额 300 ~ 500 元。

### （二）税收优惠规定

1. 法定性的减免税

根据《营业税暂行条例》的规定，下列项目免征营业税：

（1）托儿所、幼儿园、养老院、残疾人福利机构提供的养育服务、婚姻介绍、殡丧服务。

（2）残疾人员个人为社会提供的劳务。

（3）医院、诊所和其他医疗机构提供的医疗服务。

（4）从事学历教育的学校提供教育劳务取得的收入。

（5）政府举办的高等、中等和初等学校（不含下属单位）举办进修班、培训班取得的收入归学校所有的，免征营业税。

（6）农业机耕、排灌、病虫害防治、植保、农牧保险以及相关技术培训业务，家禽、牲畜、水生动物的配种和疾病防治。

（7）纪念馆、博物馆、文化馆、展览馆、书画院、图书馆、文物保护单位举办文化活动的门票收入，宗教场所举办文化、宗教活动的门票收入。

2. 行政性的减免税

（1）校办企业凡为本校教学、科研服务所提供的应税劳务（“服务业”税目中的旅店业、饮食业和“娱乐业”税目除外），可免征营业税；不是为本校教学、科研服务的，应按规定征税。

（2）学生勤工俭学所提供的劳务免征营业税。

（3）1998 年 1 月 1 日起，对世界银行贷款粮食流通项目建筑安装工程和服务收入免征营业税。

（4）对资产公司接受相关国有银行的不良债权，借款方以货物、不动产、无形资产、有价证券和票据等抵充贷款本息的，免征资产公司销售转让该货物、不动产、无形资产、有价证券、票据以及利用该货物、不动产从事融资租赁业务应缴纳的增值税、营业税。对资产公司接受相关国有银行的不良债权取得的利息收入，免征营业税。资产公司所属的投资咨询类公司，为本公司承接、收购、处置不良资产而提供资产、项目评估和审计服务取得的收入免征营业税。

(5) 对为安置随军家属就业而新开办的企业，自领取税务登记证之日起，3 年内免征营业税、企业所得税。对从事个体经营的随军家属，自领取税务登记证之日起，3 年内免征营业税和个人所得税。

享受优惠政策的企业，随军家属必须占企业总人数的 60%（含）以上，并有军（含）以上政治和后勤机关出具的证明；随军家属必须有师以上政治机关出具的可以表明其身份的证明，但税务部门应进行相应的审查认定。

(6) 殡葬服务免征营业税，包括转让墓地使用权。

(7) 对商贸企业、服务型企业（除广告业、房屋中介、典当、桑拿、按摩、氧吧外）、劳动就业服务企业中的加工型企业和街道社区具有加工性质的小型企业实体，在新增加的岗位中，当年新招用的持《再就业优惠证》的人员，与其签订 1 年以上期限劳动合同并依法缴纳社会保险费的，按实际招用人数予以定额依次扣减营业税、城市维护建设税、教育费附加和企业所得税优惠。

(8) 从 1994 年 1 月 1 日起，对保险公司开展的一年期以上返还性人身保险业务的保费收入免征营业税。所谓一年期以上返还性人身保险业务，是指保期一年以上（包括一年期）、到期返还本利的普通人寿保险、养老年金保险、健康保险。

(9) 自 2004 年 1 月 1 日起，对证券投资基金（封闭式证券投资基金，开放式证券投资基金）管理人运用基金买卖股票、债券的差价收入，继续免征营业税。

(10) 2000 年 9 月 1 日起，对住房公积金管理中心用住房公积金在指定的委托银行发放个人住房贷款取得的收入，免征营业税。

(11) 对社保基金理事会、社保基金投资管理人运用社保基金买卖证券投资基金、股票、债券的差价收入，暂免征收营业税。

(12) 对纳入全国试点范围的非营利性中小企业信用担保、再担保机构，可由地方政府确定，对其从事担保业务收入，3 年内免征营业税。（南京市经济技术投资发展有限责任公司）

(13) 自 2001 年 1 月 1 日起，对按照政府规定价格出租的公有住房和廉租住房，包括企业和自收自支事业单位向职工出租的单位自有住房；房管部门向居民出租的公有住房；落实私房政策中发还产权并以政府规定租金标准向居民出租的私有住房等，暂免征收营业税。

3. 其他减征营业税的项目

(1) 对个人出租住房，不区分用途，在 3% 税率的基础上减半征收营业税。

(2) 自 2006 年 1 月 1 日起，对国家邮政局及其所属邮政单位提供邮政普通服务和特殊服务业务（具体为函件、包裹、汇票、机要通信、党报党刊发行）取得的收入免征营业税。享受免税的党报党刊发行收入按邮政企业报刊发行收入的 70% 计算。

(3) 对 2006 年 6 月 1 日后，个人将购买超过 5 年（含 5 年）的普通住房对外销售的，免征营业税。个人将购买超过5年（含5年）的非普通住房对外销售的，按其销售收入减去购买房屋的价款后的余额征收营业税。

**五、营业税的申报与缴纳**

（一）纳税义务发生时间

营业税的纳税义务发生时间为纳税人收讫营业收入款项或者取得索取营业收入款项凭据的当天。具体规定规定为：

（1）纳税人转让土地使用权或销售不动产，采用预收款方式的，其纳税义务发生时间为收到预收款的当天。

（2）纳税人将不动产无偿赠与他人，其纳税义务发生时间为不动产所有权转移的当天。

（3）纳税人自建建筑销售，其纳税义务发生时间为其销售自建建筑物并收讫营业额或取得索取营业额凭据的当天。

（4）扣缴税款义务发生时间为扣缴义务人代纳税人收讫营业收入款项或者索取营业收入款项凭据的当天。

（二）纳税期限

营业税的纳税期限，由主管税务机关根据纳税人应纳税额的大小分别为5日、10日、15日、1个月或者1个季度。不能按固定期限纳税的，可以按次纳税。

纳税人以1个月为一期纳税的，自期满之日起15日内申报纳税；以5日、10日、15日为一期纳税的，自期满之日起5日内预缴税款，于次月1至15日内申报纳税并结清上月应纳税款。

扣缴义务人的解缴税款期限，比照上述规定执行。

金融业（不包括典当业）的纳税期限为1个季度，自期满之日起15日内申报纳税。保险业的纳税期限为1个月。

（三）纳税地点

营业税的纳税地点有很强的属地性，强调业务发生地，不动产所在地。根据纳税人的不同情况和便于税收征管的原则确定。具体规定为：

（1）纳税人提供应税劳务，应当向应税劳务发生地的主管税务机关申报纳税；纳税人从事运输业务的，应当向其机构所在地主管税务机关申报纳税。

（2）纳税人转让土地使用权，应当向土地所在地主管税务机关申报纳税；纳税人转让其他无形资产的，应当向其机构所在地的主管税务机关申报纳税。

（3）纳税人销售不动产，应向不动产所在地主管税务机关申报纳税。

（4）纳税人提供应税劳务发生在外县（市）的，应当向应税劳务发生地主管税务机关申报纳税而未申报纳税的，由其机构所在地或居住地主管税务机关补征税款。

（5）扣缴义务人应当向其机构所在地主管税务机关申报缴纳其扣缴税款。

（四）纳税申报

纳税人应按《营业税暂行条例》的有关规定及时办理纳税申报，并如实填写《营业税纳税申报表》。

## 任务实施

根据任务描述，实施填表方案，拟定步骤如下：

### 一、计算应纳营业税税额

应纳营业税额 =（600 000+835 000）×5% +（97 600+65 000+12 400+26 600）×15% +2 100×5% +32 800×3% +（412 000−67 000−143 000−42 000）×5% +200 000×5%
=121 079（元）

编制填写营业税纳税申报表（见表2-3-2）。

表2-3-2

**营业税纳税申报表**

填表日期：2013 年 09 月 01 日

纳税人识别号：110108767668xxxx

金额单位：元（列至角分）

| 纳税人名称 | | 鸿兴饭庄 | | | | | 税款所属时期 | 20110801—20110831 | | | |
|---|---|---|---|---|---|---|---|---|---|---|---|
| 税目 | 经营项目 | 营业额 | | | | | 税率 | 本期 | | | |
| | | 全部收入 | 不征税项目 | 减除项目 | 减免税项目 | 应税营业额 | | 应纳税额 | 减免税额 | 预缴税额 | 应补（退）税额 |
| 1 | 2 | 3 | 4 | 5 | 6 | 7=3-4-5-6 | 8 | 9=7×8 | 10=6×8 | 11 | 12=9-10-11 |
| 服务业 | 客房餐饮 | 1 435 000.00 | | | | 1 435 000.00 | 5% | 71 750.00 | | | |
| 娱乐业 | 歌舞厅 | 201 600.00 | | | | 201 600.00 | 15% | 31 240.00 | | | |
| 服务业 | 代购 | 2 100.00 | | | | 2 100.00 | 5% | 105.00 | | | |
| 交通运输业 | 客运 | 32 800.00 | | | | 32 800.00 | 3% | 984.00 | | | |
| 服务业 | 旅游 | 412 000.00 | | 252 000.00 | | 160 000.00 | 5% | 8 000.00 | | | |
| 转让无形资产 | 专利出售 | 200 000.00 | | | | 200 000.00 | 5% | 10 000.00 | | | |
| 合 计 | | | | | | | | 121 079.00 | | | |

| 如纳税人填报，由纳税人填写以下各栏 | | 如委托代理人填报，由代理人填写以下各栏 | | | | 备注 |
|---|---|---|---|---|---|---|
| 会计主管（签章） | 纳税人（公章） | 代理人名称 | | | 代理人（公章） | |
| | | 地址 | | | | |
| | | 经办人 | | 电话 | | |
| 以下由税务机关填写 | | | | | | |
| 收到申报表日期 | | 接收人 | | | | |

**注意事项**

1. 本表适用于营业税纳税人填报。
2. “全部收入”，系指纳税人的全部营业收入。
3. “不征税项目”，系指税法规定的属于营业税征收范围的营业额。
4. “减除项目”，系指税法规定允许从营业收入中的扣除项目的营业额。
5. “减免税项目”，系指税法规定的减免税项目的营业额。

## 任务评价

根据前面任务下达的要求，实施并完成任务后，进行任务实施评价，填写任务实施情况表（见表2-3-3）。

表2-3-3　营业税业务训练评价表

| 考评内容标准 | 实施评价 | | |
|---|---|---|---|
| | 自我评价 | 同学互评 | 教师评价 |
| 应纳税额的计算（40分） | | | |
| 填写营业税纳税申报表（50分） | | | |
| 说明如何申报缴纳（10分） | | | |
| 合　计 | | | |

# 任务4　处理关税业务

## 任务描述

**一、企业基本概况**

企业名称：蓝海贸易有限责任公司

企业性质：国有企业

企业法定代表人：刘伟民

企业办税员：王倩

企业地址及电话：江南市开发区26号　8954××××

开户银行及账号：中国建设银行江南分理处　436874584215698××××

纳税人识别号：43011254684××××

**二、相关数据资料**

该公司系一外贸公司，主要从事进出口贸易业务，有自营进出口业务和代理进出口业务。201×年12月份发生如下经济业务：

（1）12月1日，从美国自营进口商品一批，商品以离岸价格成交，成交价为192万美元，其中包括单独计价并以海关审查属实的向境外采购代理人支付的买方佣金2万美元，但不包括使用商品而向境外支付的软件费5万美元及向卖方支付的佣金1万美元，另还支付商品运抵我国港口的运费、保险费等4万美元，当日外汇汇率为1 ∶ 7.5，该商品进口关税税率为8%，企业因资金问题只支付了货款，暂时未缴纳进口关税税款。

（2）12月3日，将一台自用的设备运往日本修理，出境时向海关报明价值20万美元，当日外汇汇率为1 ∶ 7.49。本月28日复运进境时支付境外修理费1万美元，料件费0.5万美元，运输费0.4万美元和保险费0.1万美元，复运进境时的外汇汇率为1 ∶ 7.46。该设备适用的关税税率为6%，增值税率为17%，企业当天缴纳了相关税款。

（3）12月10日，从德国进口商品一批，因无法确定到岸价格，国内输入地点的同类商品的市场正常批发价格为520万元，进口关税税率为10%，进口商品已经收到，但货款尚未支付，进口税款以转账支票支付。

**三、任务要求**

1. 计算蓝海贸易有限责任公司本月应缴纳的关税。

2. 填写关税缴款书。

## 相关知识

**一、征税对象与纳税义务人**

关税是海关依法对进出境货物和物品征收的一种税。所谓“境”是指关境，又称“海关关境”或“关税领域”，是《海关法》全面实施的领域。通常情况下，关境与国境是一致的，但由于自由港、自由区和关税同盟的存在，关境和国境有时不完全一致。如香港和澳门地区保持自由港地位，为我国单独的关税地区，即单独关境区。单独关境区是不完全适用该国海关法律、法规或实施单独海关管理制度的区域。

（一）征税对象

关税的征税对象是准许进出境的货物和物品。货物是指贸易性商品；物品是指入境旅客随身携带的行李物品，个人邮递物品，各种运输工具上的服务人员携带进口的自用物品、馈赠物品以及其他方式进境的个人物品。

除国家规定享受减免税的货物可以免征或减征关税外，所有进口货物和少数出口货物都属于关税的征税对象。对从境外采购进口的原产于中国境内的货物，海关也依法征收进口关税。

实践中，海关负责征收的关税，以货物征收为主，货物征税又以进口货物为主，货物出口征税较少。我国对物品征税仅限于进口物品，出口物品不征税，而只在限量、限值方面作了规定。

（二）纳税义务人

进口货物的收货人、出口货物的发货人、进出境物品的所有人，是关税的纳税义务人。进出境货物的收、发货人是指依法取得对外贸易经营权，并进口或者出口货物的法人或者其他社会团体。进出境物品的所有人包括该物品的所有人和推定为所有人的人，包括以下几种：

（1）对于携带物品进境的，推定其携带人为所有人。

（2）对分离运输的行李，推定相应的进出境旅客为所有人。

（3）对以邮递方式进境的物品，推定其收件人为所有人。

（4）对以邮递或其他运输方式出境的物品，推定其寄件人或托运人为所有人。

**【例2-4-1】**下列各项中，属于关税法定纳税义务人的有哪几项？

A. 进口货物的收货人　　B. 进口货物的代理人

C. 出口货物的发货人　　D. 出口货物的代理人

【解析】A、C。

进口货物的收货人、出口货物的发货人、进出境物品的所有人，是关税的纳税义务人。

二、税率

（一）税目

关税的税目、税率都由《海关进出口税则》规定。我国从1992年1月至今，实施了以世界海关组织（WCO）发布的《商品名称及编码协调制度》（HS）为基础的进出口税则。HS编码是国际贸易商品分类的一种"标准语言"，它包括三个主要部分：一是归类总规则；二是类、章、目、子目注释；三是按顺序编排的子目编码及条文，采用六位编码。

我国税则采用八位编码，前六位等效采用HS编码，第七、八位为我国根据中国进出口商品的实际情况，延伸的两位编码，也称增列税目。到2011年，我国进出口税目总数增至7 977个。

（二）税率

关税税率分进口税率和出口税率，另设有特殊税率。

1. 进口税率

进口关税以货物原产地为标准，设有最惠国税率、协定税率、特惠税率、普通税率、关税配额税率等五种税率形式。对进口货物在一定期限内可以实行暂定税率。

（1）最惠国税率适用原产于与我国共同适用最惠国待遇条款的WTO成员方或地区的进口货物，或原产于与我国签订有相互给予最惠国待遇条款的双边贸易协定的国家或者地区的进口货物，以及原产于我国境内的进口货物。

（2）协定税率适用原产于我国参加的含有关税优惠条款的区域性贸易协定有关缔约方的进口货物，目前对原产于韩国、斯里兰卡和孟加拉国三个曼谷协定成员的739个税目进口商品实行协定税率（曼谷协定税率）。

（3）特惠税率适用原产于与我国签订有特殊优惠关税协定的国家或者地区的进口货物，目前对原产于孟加拉国的18个税目进口商品实行特惠税率（曼谷协定特惠税率）。

（4）普通税率适用原产于上述以外国家或者地区的进口货物，以及原产地不明的进口货物。

（5）对部分进口农产品和化肥产品实行关税配额，关税配额内的，适用税率较低的配额内税率；关税配额外的，适用税率较高的配额外税率。

适用普通税率的进口货物，经国务院税则委员会特批，可以适用最惠国税率。

我国原产地规定基本上采用了"全部产地生产标准"、"实质性加工标准"两种国际上通行的标准。"全部产地生产标准"是指进口货物完全在一个国家内生产或制造，生产或制造国即为该货物原产国。"实质性加工标准"是指经过几个国家加工、制造的货物，以最后一个对货物进行经济上可以视为实质性加工的国家作为货物的原产国。"实质性加工"是指产品加工后，在进出口税则中四位数税号一级的税则归类已经有了改变，或者加工增值部分所占新产品总值的比例已超过30%。

2. 出口税率

我国出口税则为一栏税率，即出口税率。目前我国仅对少数资源性产品及易于竞相杀价，盲目进口，需要规范出口秩序的半制成品征收出口关税。现行税则对36种商品计征出口关税，主要有鳗鱼苗、部分有色金属矿及其精矿、生锑、苯、磷、部分铁合金等，其中16种实行零关税，真正征收出口关税的只有20种商品，税率也较低。

与进口税率一样，对出口货物在一定期限内可以实行暂定税率。适用出口税率的出口货物有暂定税率的，应当适用暂定税率。未订有出口税率的货物，不征出口关税。

3. 特殊税率

（1）特别关税。为了应对别国对我国出口货物的歧视，任何国家或者地区如对进口原产于我国的货物征收歧视性关税或者给予其他歧视性待遇的，海关可以对原产于该国家或者地区的进口货物征收特别关税。

特别关税包括报复性关税、反倾销税与反补贴税、保障性关税。

①报复性关税是指报复他国对我国出口货物的关税歧视或其他歧视性待遇，而对相关国家的进口货物征收的一种进口附加税。

②反倾销税与反补贴税是指进口国海关对外国的倾销商品，在征收关税的同时附加征收的一种特别关税，其目的在于抵消他国的补贴，征收期限一般不超过5年。

③保障性关税是指当某类货物进口量剧增，对我国相关产业带来巨大威胁或损害时，采取的一般保障措施，主要是采取提高关税的形式。

**【例2-4-2】**任何国家或者地区对其进口的原产于我国的货物征收歧视性关税或者给予其他歧视性待遇的，我国对原产于该国家或者地区的进口货物征收下列哪一项税？

A. 保障性关税　　　B. 报复性关税

C. 反倾销税　　　D. 反补贴税

【解析】B。

分析见有关特殊税率详细说明。

（2）暂定税率。根据经济发展需要，国家对部分进口原材料、零部件、农药原药和中间体、乐器及生产设备实行暂定税率。暂定税率优先适用于优惠税率或最惠国税率，按普通税率进口的货物不适用暂定税率。暂定税率由国务院关税税则委员会负责制定。

**三、完税价格与应纳税额的计算**

（一）原产地规定

确定进境货物原产国的主要原因之一，是便于正确运用进口税则的各栏税率，对产自不同国家或地区的进口货物适用不同的关税税率。

进口货物的原产国或地区一般用以下四种方法予以确定，对原产地基本上采取最后加工标准：

（1）自然出产、种植、养殖、捕捞、开采或制造该进口货物的国家。

（2）经过两个以上国家加工、制造的进口货物，以最后一个对货物进行实质性加工国家来确定。

（3）机器、仪器、器材或车辆所用零配件及工具，与主件同时进口，且数量合理，按主件原产国确定，否则按各自原产国确定。

（4）石油产品以购自国为原产国。

按照《中华人民共和国出口货物原产地规则》第6条的规定，凡符合下列标准之一的出口货物，其原产地为中国：

①全部在中国境内生产或制造的产品，包括：从中国领土或大陆架提取的矿产品；在

中国境内收获或者采集的植物及其产品；在中国境内繁殖和饲养的动物及其产品；在中国境内狩猎或者捕捞获得的产品；由中国船只或其他工具从海洋获得的海产品和其他产品及其加工制成的产品；在中国境内制造、加工过程中回收的废物和废料及在中国境内收集的其他废旧物品；在中国境内完全用上述产品以及其他非进口原料加工制造的产品。

②部分或全部使用进口原料、零部件，在中国境内进行主要的及最后的制造、加工工序，使其外形、性质、形态或者用途产生实质性改变的产品。

《中华人民共和国出口货物原产地规则》第 4 条规定，国家进出口商品检验机构、对外经济贸易合作部可签发原产地证件。

（二）关税完税价格

我国关税以进出口货物的完税价格为计税依据来计算应纳税额。《海关法》规定，进出口货物的完税价格，由海关以该货物的实际成交价格为基础审定。实际成交价格不能确定时，完税价格由海关依法估定。自我国加入世界贸易组织后，我国海关已全面实施《世界贸易组织估价协定》，遵循客观、公正、统一的估价原则，并依据 2006 年 5 月 1 日起实施的《中华人民共和国海关审定进出口货物完税价格办法》，审定进出口货物的完税价格。

1. 进口货物的完税价格

（1）一般进口货物的完税价格。

一般进口货物的完税价格包括货物的成交价格、货物运抵我国境内输入地点起卸前的运输及其相关费用、保险费。其计算公式为：

完税价格=货物成交价格+运费+保险费+相关费用

进口货物的成交价格是指买方为进口该货物，并按《完税价格办法》的有关规定调整后向卖方实际支付的或应当支付的价款。

若下列费用未包括在进口货物的实付或应付价格中，应计入进口货物的完税价格：

①由买方负担的除购货佣金以外的佣金和经纪费。购货佣金指买方为购买进口货物向自己的采购代理人支付的劳务费用。经纪费指买方为购买进口货物向代表买卖双方利益的经纪人支付的费用。

②由买方负担的与该货物视为一体的容器的费用。

③由买方负担的包装材料费用和包装劳务费用。

④与该货物的生产和向我国境内销售有关的，由买方以免费或者以低于成本的方式提供并可以按适当比例分摊的料件、工具、模具、消耗材料及类似货物的价款，以及在境外开发、设计等相关服务的费用。

⑤与该货物有关并作为卖方向我国销售该货物的一项条件，应当由买方向卖方直接或间接支付的特许权使用费。货物的运费无法确定或未实际发生，海关应当按照该货物进口同期运输行业公布的运费率（额）计算运费；按照“货价加运费”的 3‰计算保险费。

（2）特殊进口货物的完税价格。

对于某些以特殊、灵活的贸易方式进口的货物，在进口时没有成交价格可作依据，《进出口关税条例》对这些进口货物制定了确定其完税价格的方法，主要有以下几种：

①运往境外修理的货物。运往境外修理的机械器具、运输工具或其他货物，出境时已向海关报明，并在海关规定期限内复运进境的，应当以海关审定的境外修理费和料件费估定完税价格。

②运往境外加工的货物。运往境外加工的货物，出境时已向海关报明，并在海关规定期限内复运进境的，应当以海关审定的境外加工费和料件费，以及该货物复运进境的运输及其相关费用、保险费估定完税价格。

③租赁方式进口货物。租赁方式进口的货物中，以租金方式对外支付的租赁货物，在租赁期间以海关审定的租金作为完税价格；留购的租赁货物，以海关审定的留购价格作为完税价格。

④国内单位留购的进口货样、展品、广告陈列品，以海关审定的留购价格作为完税价格。

⑤转让出售进口减免税货物。按照特定减免税办法批准减免税进口的货物，在转让出售而需要补税时，可按进口原价扣除折旧部分价值来确定完税价格。其计算公式为：

完税价格＝货物进口原价×（1－申请补税时实际已使用月数/监管年限×12）

监管年限是指海关对减免税进口的货物监督管理的年限。

2. 出口货物的完税价格

出口货物的完税价格由海关以出口货物的成交价格为基础审查确定，并应包括该货物运至中国境内输出地点装载前的运输及其相关费用、保险费。

出口货价为离岸价时，其中包含的出口关税税额，应当扣除。其计算公式为：

出口货物完税价格＝离岸价格/（1+出口关税税率）

出口货物的成交价格，是指该货物出口时卖方向买方直接或间接收取的价款总额。出口货物的成交价格中含有支付给境外的佣金的，如果单独列明，应当扣除。

（三）关税应纳税额的计算

1. 从价关税应纳税额的计算

从价关税是以进出口货物完税价格为计税依据的关税。从价税应以征税额占货物完税价格的百分比作为税率。

关税税额＝应税进（出）口货物数量×单位完税价格×税率

2. 从量关税应纳税额的计算

从量关税是以货物的计量单位（重量、数量、面积、容积、长度等）为计税依据的关税。从量税是每一种进口商品的单位应税额固定，不受该商品进口价格的影响，因此，这种计税方法的特点是税额计算简便，通关手续快捷，并能抑制次质廉价的商品或故意隐瞒低价的商品的进口。

关税税额＝应税进（出）口货物数量×单位货物税额

3. 复合关税应纳税额计算

复合关税是指对同一税目的货物同时采用从量计征和从价计征两种税率的关税。复合关税通常以从价计征为主，以从量计征调整其税负水平。复合关税既可以发挥从价税税负合理、稳定的特点，又可以发挥从量税抑制低价商品进口的特点。

关税税额＝应税进（出）口货物数量×单位货物税额+应税进（出）口货物数量×单位完税价格×税率

4. 滑准关税应纳税额的计算

滑准关税是指根据市场商品价格的涨落，提高或降低有关商品税率的关税。通常是对某一税目的货物，事先按其价格高低规定几个档次的税率。价格越高，税率越低；价格越低，税率越高。货物进口时，根据其价格水平，确定按哪一档次的税率征税。其目的是使该货物的国内市场价格保持稳定，不受国际市场价格波动的影响。

关税税额=应税进（出）口货物数量×单位完税价格×滑准关税税率

**【例 2-4-3】** 某进出口公司进口摩托车 1 000 辆，经海关审定的货价为 180 万美元，另外，运抵我国关境输入地点起卸前的包装费 10 万美元，运输费 8 万美元，保险费 2 万美元，付给代理人购货佣金 3 万美元。人民币基准汇价为 1 美元=6.5 元人民币。要求：如果摩托车关税税率为 80%，计算进口该批摩托车应缴纳的关税。

【解析】

该批摩托车的完税价格=180+10+8+2=200（万美元）

应纳关税税额=200×6.5×80%=1 040（万元）

**【例 2-4-4】** 某丝绸进出口公司出口一批生丝，离岸价格为 550 万元人民币，出口税率为 100%。要求：计算该公司应纳的出口关税税额。

【解析】

完税价格=550÷（1+100%）=275（万元）

应纳出口关税税额=275×100%=275（万元）

**【例 2-4-5】** 上海某进出口公司从美国进口应征消费税货物一批，货物以离岸价格成交，成交价折合人民币为 1 410 万元（包括单独计价并经海关审查属实的向境外采购代理人支付的买方佣金 10 万元，但不包括因使用该货物而向境外支付的软件费 50 万元、向卖方支付的佣金 15 万元），另支付货物运抵我国上海港的运费、保险费等 35 万元。假设该货物适用的关税税率为 20%、增值税税率为 17%、消费税税率为 10%。要求：分别计算该公司应缴纳的关税、消费税和增值税。

【解析】

完税价格=1 410-10+50+15+35=1 500（万元）

应纳关税税额=1 500×20%=300（万元）

应纳消费税额=（1 500+300）÷（1-10%）×10%=200（万元）

应纳增值税额=（1 500+300）÷（1-10%）×17%=340（万元）

## 四、关税的申报与缴纳

### （一）关税缴纳

进口货物自运输工具申报进境之日起 14 日内，出口货物在货物运抵海关监管区后装货的 24 小时以前，应由进出口货物的纳税义务人向货物进（出）境地海关申报，海关根据税则进行归类，并依据完税价格和适用税率计算应缴纳的关税和进口环节代征税，并填发税款缴款书，见表 2-4-1。

纳税义务人应当自海关填发税款缴款书之日起 15 日内，向指定银行缴纳税款。如关税缴纳期限的最后一日是周末或法定节假日，则关税缴纳期限顺延至周末或法定节假日过后的第一个工作日。

关税纳税义务人因不可抗力或者在国家税收政策调整的情形下，不能按期缴纳税款的，经海关总署审核批准，可以延期缴纳税款，但最长不得超过6个月。

（二）关税的强制执行

纳税义务人未在关税缴纳期限内缴纳税款，即构成关税滞纳。海关要对滞纳关税的纳税义务人实施强制执行的措施。

纳税义务人未按期缴纳税款的，从滞纳税款之日起，至缴纳之日止，按日加收滞纳税款0.5‰的滞纳金，即：

关税滞纳金金额=滞纳关税税额×滞纳金征收比率×滞纳天数

如纳税义务人自海关填发缴款书之日起3个月仍未缴纳税款，经海关关长批准，海关可以采取强制扣缴、变价抵缴等强制措施。

（三）关税退还

关税退还是关税纳税义务人按海关核定的税额缴纳关税后，因某种原因的出现，海关将实际征收多于应当征收的税额（称为溢征关税）退还给原纳税义务人的一种行政行为。根据《海关法》的规定，海关多征的税款，海关发现后应当立即退还。

按规定，有下列情形之一的，进出口货物的纳税义务人可以自缴纳税款之日起1年内，书面声明理由，连同原纳税收据向海关申请退税并加算银行同期活期存款利息，逾期不予受理：

（1）因海关误征，多纳税款的。

（2）海关核准免验进口的货物，在完税后，发现有短卸情形，经海关审查认可的。

（3）已征出口关税的货物，因故未将其运出口，申报退关，经海关查验属实的。

对已征出口关税的出口货物和已征进口关税的进口货物，因货物品种或规格原因原状复运进境或出境的，经海关查验属实的，也应退还已征关税。海关应当自受理退税申请之日起30日内，作出书面答复并通知退税申请人。如果非“因货物品种或规格原因”或不能“原状复运进境或出境”，不能退税。

（四）关税补征和追征

补征和追征是海关在关税纳税义务人按海关核定的税额缴纳关税后，发现实际征收税额少于应当征收的税额（称为短征关税）时，责令纳税义务人补缴所差税款的一种行政行为。

海关征收原短征关税的行为有补征和追征两种。由于纳税人违反海关规定造成短征关税的，称为追征；非因纳税人违反海关规定造成短征的，称为补征。

《海关法》规定，进出境货物和物品放行后，海关发现少征或者漏征税款，应当自缴纳税款或者货物、物品放行之日起1年内，向纳税义务人补征；因纳税义务人违反规定而造成的少征或者漏征，海关在3年以内可以追征，并按日加收0.5‰的滞纳金。

（五）关税纳税争议

为保护纳税人合法权益，我国《海关法》和《关税条例》都规定了纳税义务人对海关确定的进出口货物的征税、减免、补税或者退税等有异议时，有提出申诉的权力。在纳税义务人同海关发生纳税争议时，应当先按照海关核定的税额缴纳税款，然后自海关填发税款缴纳凭证之日起30日内，向原征收海关上一级海关书面申请复议，逾期申请复议的，海关不予受理。这是先缴纳税款后复议的原则，必须坚持执行。海关应当自收到纳税人复议申请之日起 60 日内作出复议决定，并以复议决定书的形式正式答复纳税义务人。如果纳税人对复议决定不服的，可以自收到复议决定之日起 15 日内，向人民法院提出诉讼。

## 任务实施

根据任务描述，实施填表方案，拟定步骤如下：

**一、计算应纳关税。**

（1）进口关税＝（192－2＋5＋1＋4）×7.5×8%＝120（万元）

（2）进口关税＝（1＋0.5）×7.46×6%＝0.6714（万元）

（3）关税完税价格＝520÷（1＋10%＋20%）＝400（万元）

进口关税＝400×10%＝40（万元）

**二、填写海关税收缴款书**

其格式见表 2-4-1。

表 2-4-1 中华人民共和国海关税收缴款书

<table>
<tr><td colspan="3">收入机关：</td><td colspan="13">经济类型：国有企业</td></tr>
<tr><td rowspan="4">缴款单位（人）</td><td>代码</td><td></td><td>电话</td><td>8954××××</td><td rowspan="3">预算科目</td><td>编码</td><td colspan="9"></td></tr>
<tr><td>全称</td><td colspan="3">蓝蓝海贸易有限责任公司</td><td>名称</td><td colspan="9"></td></tr>
<tr><td>开户银行</td><td colspan="3">中国建设银行江南分理处</td><td>级次</td><td colspan="9"></td></tr>
<tr><td>账号</td><td colspan="3">436874584215698××××</td><td colspan="2">收款国库</td><td colspan="9"></td></tr>
<tr><td colspan="5">税款所属时期：2011-12-01 日至 2011-12-31 日</td><td colspan="11">税款限缴日期 20120112</td></tr>
<tr><td rowspan="2">品目名称</td><td rowspan="2">课税数量</td><td rowspan="2">计税金额或销售收入</td><td rowspan="2">税率或单位税额</td><td rowspan="2">已缴或扣除额</td><td colspan="11">实缴税额</td></tr>
<tr><td>亿</td><td>仟</td><td>百</td><td>十</td><td>万</td><td>千</td><td>百</td><td>十</td><td>元</td><td>角</td><td>分</td></tr>
<tr><td>进口商品</td><td></td><td>15 000 000.00</td><td>8%</td><td></td><td></td><td></td><td>1</td><td>2</td><td>0</td><td>0</td><td>0</td><td>0</td><td>0</td><td>0</td><td>0</td></tr>
<tr><td>设备修理料件费</td><td></td><td>111 900.00</td><td>6%</td><td></td><td></td><td></td><td></td><td></td><td></td><td>6</td><td>7</td><td>1</td><td>4</td><td>0</td><td>0</td></tr>
<tr><td>进口商品</td><td></td><td>4 000 000.00</td><td>10%</td><td></td><td></td><td></td><td></td><td>4</td><td>0</td><td>0</td><td>0</td><td>0</td><td>0</td><td>0</td><td>0</td></tr>
<tr><td></td><td></td><td></td><td></td><td></td><td></td><td></td><td></td><td></td><td></td><td></td><td></td><td></td><td></td><td></td><td></td></tr>
<tr><td colspan="5">金额合计（大写）壹佰陆拾万陆仟柒佰壹拾肆元整</td><td></td><td>¥</td><td>1</td><td>6</td><td>0</td><td>6</td><td>7</td><td>1</td><td>4</td><td>0</td><td>0</td></tr>
<tr><td>缴款单位（人）<br>（盖章）<br>经办人（章）</td><td colspan="2">地方税务机关<br>（盖章）<br>填票人（章）</td><td colspan="5">上列款项已收妥并划转收款单位账户<br>国库（银行）盖章 年 月 日</td><td colspan="2">备注</td><td colspan="6"></td></tr>
<tr><td>（无银行收讫章无效）</td><td colspan="15">逾期不缴按税法规定加收滞纳金</td></tr>
</table>

**注意事项**

1. 不同的税费种类，或相同的税费种类但不同预算科目，或相同的税费种类但不同的所属时期分别填写税票。

2. 不同的税目或相同税目但不同税率的业务应分行次填写。

3. 税种的计税依据（数量或金额）都填在“计税金额”一栏。

## 任务评价

根据前面任务下达的要求，实施并完成任务后，进行任务实施评价，填写任务实施情况表，如表2-4-2所示：

表2-4-2　　海关关税业务训练评价表

| 考评内容标准 | 实施评价 | | |
|---|---|---|---|
| | 自我评价 | 同学互评 | 教师评价 |
| | | | |
| 应纳税额的计算（60分） | | | |
| 填写海关税收缴款书（30分） | | | |
| 说明如何申报缴纳（10分） | | | |
| 合　计 | | | |

## 学习情境三

# 所得税类纳税实务

本学习情境主要介绍企业所得税和个人所得税的计算、申报与缴纳。企业所得税是对各类企业和经济组织的生产经营所得和其他所得征收的一种税。个人所得税是国家对个人的劳务和非劳务所得征收的一种税。本学习情境下包含两个任务：处理企业所得税相关业务，处理个人所得税相关业务。

**知识目标**

1. 了解：企业所得税和个人所得税的概念、纳税人、征税范围、税目、税率、所得税的减免税政策、纳税地点和纳税期限；

2. 熟悉：企业所得税和个人所得税的纳税申报和缴纳业务；

3. 掌握：企业所得税和个人所得税税额的计算。

**技能目标**

1. 会处理企业所得税和个人所得税的相关业务；

2. 会判断企业所得税和个人所得税的税目、税率、扣除项目；

3. 会分析企业所得税和个人所得税的税目、税率对税费计算的影响。

**案例导引**

**张帝的纳税策划**

张帝是一家公司的销售人员，该公司实行绩效工资制，每个月的工资按照底薪加提成的方式发放。假设不考虑“三险一金”，每月费用扣除额为3 500元，在一个纳税年度中，张帝各月工资收入及应纳个人所得税的情况见表3–1–1：

表3–1–1 **纳税筹划前**

| 月份 | 工资（元） | 应纳税所得额（元） | 应纳税额（元） |
|---|---|---|---|
| 1 | 1 000 | 0 | 0 |
| 2 | 1 000 | 0 | 0 |
| 3 | 1 500 | 0 | 0 |
| 4 | 3 700 | 200 | 6 |
| 5 | 4 500 | 1 000 | 30 |

续表

| 月份 | 工资（元） | 应纳税所得额（元） | 应纳税额（元） |
| --- | --- | --- | --- |
| 6 | 7 900 | 4 400 | 335 |
| 7 | 9 000 | 5 500 | 545 |
| 8 | 8 200 | 4 700 | 365 |
| 9 | 4 000 | 500 | 150 |
| 10 | 3 000 | 0 | 0 |
| 11 | 1 300 | 0 | 0 |
| 12 | 1 100 | 0 | 0 |
| 合计 | 46 200 | 16 300 | 1 431 |

如果公司为张帝着想，根据张帝以往年度的业绩，估计其年工资收入，按月均衡发放，可以使张帝节约一定的税款，见表3-1-2：

表3-1-2 纳税筹划后

| 月份 | 工资（元） | 应纳税所得额（元） | 应纳税额（元） |
| --- | --- | --- | --- |
| 1 | 3 850 | 350 | 10.5 |
| 2 | 3 850 | 350 | 10.5 |
| 3 | 3 850 | 350 | 10.5 |
| … | … | … | … |
| 12 | 3 850 | 350 | 10.5 |
| 合计 | 46 200 | 4 200 | 126 |

从表3-1-1和表3-1-2的对比可以看出，在张帝税前年总收入不变的情况下，通过合理的纳税筹划，按月均衡发放工资，使得张帝在一个年度内节约个人所得税税额为1 305元，节税率在90%以上。

**请分析：**

（1）张帝为什么能节税？

（2）企业所得税也能节税吗？

**分析提示：**个人所得税中，工资、薪金的税率是超额累进税率，并且每个月都重新计算，如果在计税时将一年的工资平均计算；可降低每月的应纳税所得额，就能够降低税率，从而达到节税的目的。

企业所得税的税率不是实行超额累进税率，但也可以从收入、扣除项目等方面入手，也有节税的空间。

## 任务1 处理企业所得税业务

### 任务描述

宏远公司2013年的有关财务指标如下：主营业务收入3 820 922.25元，其他业务收入 423 519.91 元，营业外收入 322 165.11 元（其中，处置固定资产净收益 322 165 元），国债利息收入 300 000 元，主营业务成本 1 672 296.23 元，营业税金及附加 10 120.37 元，其他业务成本 230 651.53 元，营业外支出 600 元，且均为罚款支出，销售费用 28 021.90 元（其中广告费 20 000 元），管理费用 498 835.23 元（其中业务招待费实际支出 185 800 元，新技术研发费 100 000 元），财务费用 1 500.79 元，列入成本费用的实发工资总额 1 800 000元，支付职工福利费 240 000 元、职工教育经费 80 000 元，缴纳工会经费 40 000 元，2012 年度未弥补亏损 120 000 元。

宏远公司在 A、B 两国设有分支机构，A 国分支机构当年税后所得额为 490 000 元，适用率为 30%；B 国分支机构税后所得额为 320 000 元，适用税率为 20%。公司在 A、B 两国已分别缴纳所得税。

如果你是该公司的财务人员，请你根据公司情况，填写 2013 年度的企业所得税申报资料。

## 相关知识

### 一、企业所得税的纳税义务人、征税对象和税率

（一）企业所得税纳税人的确认

企业所得税的纳税义务人是指在中华人民共和国境内的企业、事业单位、社会团体以及其他取得收入的组织。个人独资企业、合伙企业不适用《企业所得税法》。

我国采用了“登记注册地标准”和“实际管理机构地标准”相结合的办法，将企业分为居民企业和非居民企业。因此，企业所得税的纳税义务人可相应地分为居民企业和非居民企业两种。

1. 居民企业

居民企业是指依法在中国境内成立，或者依照外国（地区）法律成立但实际管理机构在中国境内的企业。居民企业负有无限纳税义务，应当就其来源于中国境内、境外的所得缴纳企业所得税。具体包括两类：

（1）在中国境内成立的企业，包括依照中国法律、行政法规在中国境内成立的企业、事业单位、社会团体以及其他取得收入的组织。

（2）依照外国（地区）法律成立但实际管理机构在中国境内的企业。这里的实际管理机构是指对企业的生产经营、人员、账务、财产等实施实质性全面管理和控制的机构。只有这三个条件必须同时具备，才能被认定为实际管理机构。

2. 非居民企业

非居民企业是指依照外国（地区）法律成立且实际管理机构不在中国境内，但在中国境内设立机构、场所的，或者在中国境内未设立机构、场所，但有来源于中国境内所得的企业。机构、场所是指在中国境内从事生产经营活动的机构、场所，主要包括以下两种情况：

（1）在中国境内设立的从事生产经营活动的机构、场所，它首先是指外国企业在中国境内设立的、从事生产经营活动的以下各类机构、场所，包括：管理机构、营业机构、办事机构，工厂、农场、开采自然资源的场所，提供劳务的场所，从事建筑、安装、装

配、修理、勘探等工程作业的场所，其他从事生产经营活动的机构场所。

（2）委托营业代理人的，视同设立机构、场所。企业除了在中国境内设立机构、场所进行生产经营活动外，还可以通过其在中国境内的营业代理人从事上述活动。如果不对这类营业代理人作出特别规定，企业则容易利用该营业代理人规避法律，逃避纳税义务。

非居民企业负有有限纳税义务，在中国境内设立机构、场所的，应当就其所设机构、场所取得的来源于中国境内的所得，以及发生在中国境外但与其所设机构、场所有实际联系的所得，缴纳企业所得税；在中国境内未设立机构、场所的，或者虽设立机构、场所但取得的所得与其所设机构、场所没有实际联系的，应当就其来源于中国境内的所得缴纳企业所得税。

（二）企业所得税的征税对象

企业所得税的征税对象是纳税义务人取得的来源于中国境内、境外的所得。来源于中国境内、境外的所得包括销售货物所得、提供劳务所得、转让财产所得、股息红利等权益性投资所得、利息所得、租金所得、特许权使用费所得、接受捐赠所得和其他所得。

所得来源地的判断标准直接关系到企业纳税义务的大小，也涉及国家之间以及国内不同地区之间税收管辖权的问题。来源于中国境内、境外的所得，按照以下原则确定：

（1）销售货物所得，按照交易活动发生地确定。这里所谓的交易活动发生地，主要是指销售货物行为发生的场所，通常是销售企业的营业机构，在送货上门的情况下为购货单位或个人的所在地，还可以是买卖双方约定的其他地点。

（2）提供劳务所得，按照劳务发生地确定。劳务行为既包括部分工业生产活动，也包括商业服务行为，其所得以劳务行为发生地来确定是来源于境内还是境外。比如，境外机构为中国境内居民提供金融保险服务，向境内居民收取保险费，则应认定为来源于中国境内的所得。

（3）转让财产所得，分三种情况：第一，不动产转让所得按照不动产所在地确定。这是国际司法的普遍原则，也是确定法院管辖权的基本原则。由于不动产是不可移动的财产，它的保护、增值等都与其所在地关系密切，因此应当按照不动产所在地确定。如在中国境内投资房地产，取得的收入应为来源于中国境内的所得。第二，动产转让所得按照转让动产的企业或者机构、场所所在地确定。由于动产是随时可以移动的财产，难以确定其所在地，而且动产与其所有人的关系最为密切，因此采取所有人地点的标准。同时如果非居民企业在中国境内设立机构、场所，并从该机构、场所转让财产给其他单位或个人的，也应认定为来源于境内的所得。第三，权益性投资资产转让所得按照被投资企业所在地确定。权益性投资，包括股权投资等，如境外企业之间转让中国居民企业发行的股票，其取得的收益应当属于来源于中国境内的所得，依法缴纳企业所得税。

（4）股息红利等权益性投资所得，按照分配所得企业的所在地确定。企业因购买被投资方的股票而产生的股息、红利，是被投资方向投资方企业支付的投资回报，应当以被投资方所在地作为所得来源地。

（5）利息所得、租金所得、特许权使用费所得，按照负担或者支付所得的企业或者机构、场所所在地确定。利息、租金和特许权使用费是企业借贷、出租和提供特许权的使用权而获得的收益，应当将负担或支付上述受益的企业或其机构、场所认定为所得来源地。

(6) 其他所得，由国务院财政、税务主管部门确定。除上述几类所得外，还有尚未列举在内的所得种类，因此本条规定其他所得的来源地，可由国务院财政、税务主管部门通过制定规章或发布规范性文件等方式进一步明确。

非居民企业发生在中国境外但与其所设机构、场所有实际联系的所得，是指非居民企业在中国境内设立的机构、场所拥有据以取得所得的股权、债权以及拥有、管理、控制据以取得所得的财产等。

(三) 企业所得税的税率

企业所得税实行比例税率。现行规定是：

(1) 基本税率为25%，适用于居民企业的境内、外所得；非居民企业在中国境内设立机构、场所的，其来源于中国境内的所得，以及在中国境外取得，但与其所设机构、场所有实际联系的所得。

(2) 低税率为20%，适用于在中国境内未设立机构、场所，或虽设立机构、场所但取得的所得与机构、场所没有实际联系的非居民企业，其来源于中国境内的所得。但可享受减半征收优惠，实际税率为10%。

(3) 符合条件的小型微利企业，适用税率为20%。

(4) 国家重点扶持的高新技术企业，适用税率为15%。

(四) 税收优惠

我国税法规定的企业所得税的税收优惠方式包括免税、减税、加计扣除、加速折旧、减计收入、税额抵免等。

1. 免税收入

企业的下列收入为免税收入：

(1) 国债利息收入。

(2) 符合条件的居民企业之间的股息、红利等权益性投资收益，即居民企业直接投资于其他居民企业所取得的投资收益，但不包括连续持有居民企业公开发行并上市流通的股票不足12个月取得的投资收益。

(3) 在中国境内设立机构、场所的非居民企业从居民企业取得的与该机构、场所有实际联系的股息、红利等权益性投资收益。

(4) 符合条件的非营利组织的收入。其不包括非营利组织从事营利性活动取得的收入，但国务院财政、税务主管部门另有规定的除外。

(5) 其他免税收入，即指纳税人除上述规定的免税收入以外，由国务院授权规定的免税收入，如软件企业即征即退的增值税等。

2. 减计收入

企业以《资源综合利用企业所得税优惠目录》规定的资源为主要原材料，生产国家非限制和禁止并符合国家和行业相关标准的产品取得的收入，减按90%计入收入总额。

3. 加计扣除

加计扣除是指计算应纳税所得额时，在据实扣除的基础上，还可以加扣一定比例的税收优惠。加计扣除项目具体包括：

（1）“三新”研究开发费用加计扣除。

企业为开发新技术、新产品、新工艺（简称“三新”）发生的研究开发费用，未形成无形资产计入当期损益的，在按规定据实扣除的基础上，再按研究开发费用的50%加计扣除；形成无形资产的，按无形资产成本的150%摊销。

（2）工资支出的加计扣除。

企业安置残疾人员就业的，在支付给残疾职工工资据实扣除的基础上，按支付给残疾职工工资的100%加计扣除。企业安置国家鼓励安置的其他就业人员所支付的工资的加计扣除办法，由国务院另行规定。

4. 减免所得额

（1）免税所得。

企业从事下列项目的所得，免征企业所得税：蔬菜、谷物、薯类、油料、豆类、棉花、麻类、糖料、水果、坚果的种植；农作物新品种的选育；中药材的种植；林木的培育和种植；牲畜、家禽的饲养；林产品的采集；灌溉、农产品初加工、兽医、农技推广、农机作业和维修等农、林、牧、渔服务业项目；远洋捕捞。

（2）减税所得。

企业从事下列项目的所得，减半征收企业所得税：花卉、茶以及其他饮料作物和香料作物的种植；海水养殖、内陆养殖。

（3）从事国家重点扶持的公共基础设施项目投资经营的所得。

国家重点扶持的公共基础设施项目是指《公共基础设施项目企业所得税优惠目录》规定的港口码头、机场、铁路、公路、城市公共交通、电力、水利等项目。

企业从事国家重点扶持的公共基础设施项目的投资经营所得，自项目取得第1笔生产经营收入所属纳税年度起，第1年至第3年免征企业所得税，第4年至第6年减半征收企业所得税。上述享受减免税优惠的项目，在减免税期限内转让的，受让方自受让之日起，可以在剩余期限内享受规定的减免税优惠；减免税期限届满后转让的，受让方不得就该项目重复享受减免税优惠。企业承包经营、承包建设和内部自建自用公共基础设施项目，不得享受本税收优惠。

（4）从事符合条件的环境保护、节能节水项目的所得。

符合条件的环境保护、节能节水项目，包括公共污水处理、公共垃圾处理、沼气综合开发利用、节能减排技术改造、海水淡化等。

企业从事符合条件的环境保护、节能节水项目的所得，自项目取得第一笔生产经营收入所属纳税年度起，第1年至第3年免征企业所得税，第4年至第6年减半征收企业所得税。上述享受减免税优惠的项目，在减免税期限内转让的，受让方自受让之日起，可以在剩余期限内享受规定的减免税优惠；减免税期限届满后转让的，受让方不得就该项目重复享受减免税优惠。

（5）符合条件的技术转让所得。

在一个纳税年度内，居民企业技术转让所得不超过500万元的部分，免征企业所得税；超过500万元的部分，减半征收企业所得税。

5. 减免税

（1）符合条件的小型微利企业。

符合条件的小型微利企业减按20%的税率征收企业所得税。小型微利企业是指从事国家非限制和禁止的行业，并符合以下条件的企业：

制造业：年应纳税所得额不超过30万元，从业人数不超过100人，资产总额不超过3 000万元；非制造业：年应纳税所得额不超过30万元，从业人数不超过80人，资产总额不超过1 000万元。

其中：

$$企业全年平均从业人数 = \sum 各月从业人员平均数 \div 12$$

$$资产总额 = (年初资产总额 + 年末资产总额) \div 2$$

自2014年1月1日至2016年12月31日，对年应纳税所得额低于10万元（含10万元）的小型微利企业，其所得按50%计入应纳税所得额，按20%的税率缴纳企业所得税。

（2）国家需要重点扶持的高新技术企业。

国家需要重点扶持的高新技术企业减按15%的税率征收企业所得税。国家需要重点扶持的高新技术企业应符合科技部、财政部和国家税务总局联合颁布的《高新技术企业认定管理办法》、《高新技术企业认定管理工作指引》规定的认定条件和认定程序，并在高新技术企业资格证颁发的3年内有效。

（3）民族自治地方的企业税收优惠。

企业所得税法规定，民族自治地方的自治机关对本民族自治地方的企业应缴纳的企业所得税中属于地方分享的部分，可以减征或免征。

（4）过渡期税收优惠。

自2008年1月1日起，原享受低税率优惠政策的企业（指2007年3月16日以前经工商等登记管理机关登记设立的企业），在新税法施行后5年内逐步过渡到法定税率。其中：原享受15%税率的企业，2008年按18%税率执行，2009年按20%税率执行，2010年按22%税率执行，2011年按24%税率执行，2012年按25%税率执行；原享受24%税率的企业，2008年起按25%税率执行。

自2008年1月1日起，原享受企业所得税“两免三减半”、“五免五减半”等定期减免税优惠的企业，新税法施行后继续按原税收法律、行政法规及相关文件规定的优惠办法及年限享受至期满止，但因未获利而尚未享受税收优惠的，其优惠期限从2008年起计算。

6. 创业投资企业抵扣的应纳税所得额

创业投资企业采取股权投资方式投资于未上市的中小高新技术企业2年以上的，可以按其投资额的70%在股权持有期满2年的当年抵扣该创业投资企业的应纳税所得额；当年不足抵扣的，可以在以后纳税年度结转抵扣。

7. 抵免所得税额

企业购置用于环境保护、节能节水、安全生产专用设备投资额的10%可以从企业当年的应纳税额中抵免；当年不足抵免的，可以在以后5个纳税年度结转抵免。

购置环境保护、节能节水、安全生产设备是指企业购置并实际使用《环境保护专用设备企业所得税优惠目录》、《节能节水专用设备企业所得税优惠目录》和《安全生产专用设备企业所得税优惠目录》规定的专用设备。企业购置的专用设备5年内转让、出租的，应当停止享受企业所得税优惠，并补缴已经抵免的企业所得税税额。

**二、应纳税所得额的确定**

企业每一纳税年度的收入总额，减除不征税收入、免税收入、各项扣除以及允许弥补的以前年度亏损后的余额，为应纳税所得额。亏损是指企业依照《企业所得税法》及其条例的规定，将每一纳税年度的收入总额减除不征税收入、免税收入和各项扣除后小于零的数额。亏损可以向以后年度结转，但结转年度最长不超过5年。应纳税所得额的计算公式为：

$$\text{应纳税所得额}=\text{收入总额}-\text{不征税收入}-\text{免税收入}-\text{准予扣除的项目金额}-\text{允许弥补的以前年度亏损}$$

企业应纳税所得额的计算以权责发生制为原则，属于当期的收入和费用，不论款项是否收付，均作为当期的收入和费用；不属于当期的收入和费用，即使款项已经在当期收付，均不作为当期的收入和费用。国务院财政、税务主管部门另有规定的除外。

（一）收入总额的确定

收入总额是指企业以货币形式和非货币形式从各种来源取得的收入。收入总额是指企业在日常活动中形成的、会导致所有者权益增加的、与所有者投入资本无关的经济利益的总流入。收入只有在经济利益很可能流入，并导致企业资产增加或者负债减少且经济利益的流入额能够可靠计量时才能予以确认。具体包括：

1. 销售货物收入

销售货物收入，指企业销售商品、产品、原材料、包装物、低值易耗品以及其他存货取得的收入。

2. 提供劳务收入

提供劳务收入，指企业从事建筑安装、修理修配、交通运输、仓储租赁、金融保险、邮电通信、咨询经纪、文化体育、科学研究、技术服务、教育培训、餐饮住宿、中介代理、卫生保健、社区服务、旅游、娱乐、加工以及其他劳务服务活动取得的收入。

3. 转让财产收入

转让财产收入，指企业转让固定资产、生物资产、无形资产、股权、债权等财产取得的收入。

4. 股息、红利等权益性投资收益

股息、红利等权益性投资收益，指企业因权益性投资从被投资方取得的收入。股息收入是指企业因投资而定期从被投资企业取得的、以货币形式为主的收入。红利收入是指根据股票持有额，超过按一定利息率而额外获得的货币或其他形式的收入。

5. 利息收入

利息收入，指企业将资金提供他人使用但不构成权益性投资，或者因他人占用本企业资金取得的收入，包括存款利息、贷款利息、债券利息、欠款利息等收入。

6. 租金收入

租金收入，指企业提供固定资产、包装物或者其他有形资产的使用权取得的收入。

7. 特许权使用费收入

特许权使用费收入，指企业提供专利权、非专利技术、商标权、著作权以及其他特许权的使用权取得的收入。特许权使用费收入包括两种情况：一是转让所有权的收入；二是转让使用权的收入。

8. 接受捐赠收入

接受捐赠收入，指企业接受的来自其他企业、组织或者个人无偿给予的货币性资产、非货币性资产。企业接受捐赠的货币性资产，应一次性计入企业当年的应纳税所得额，依法计算缴纳企业所得税。企业接受捐赠的非货币性资产，应按照接受时资产的入账价值确认捐赠收入，并计入企业当期的应纳税所得额，在弥补企业以前年度所发生的亏损后，计算缴纳企业所得税。接受捐赠收入，按照实际收到捐赠资产的日期确认收入的实现。

9. 其他收入

其他收入，指企业取得的上述收入以外的其他收入，包括企业资产溢余收入、逾期未退包装物押金收入、确实无法偿付的应付款项、已作坏账损失处理后又收回的应收款项、债务重组收入、补贴收入、违约金收入、汇兑收益等。

在计算应纳税所得额时，企业财务、会计处理办法与税收法律、行政法规不一致的，应当依照税收法律、行政法规的规定计算。

（二）不征税收入和免税收入的确定

1. 不征税收入的确定

不征税收入是指从性质和根源上不属于企业营利性活动带来的经济利益、不负有纳税义务且不作为应纳税所得额的组成部分的收入。从性质上讲，不征税收入不属于企业经营性活动所带来的经济利益，而属于对一些企业所采取的特殊扶持和特殊优惠照顾措施，具有鼓励性质。具体包括：

（1）财政拨款。

财政拨款是指各级人民政府对纳入预算管理的事业单位、社会团体等组织拨付的财政资金，即按照预算法的规定，国家实行一级政府一级预算，财政拨款包括五级预算所对应的各级政府拨款。但国务院和国务院财政、税务主管部门另有规定的除外。

（2）依法收取并纳入财政管理的行政事业性收费。

依法收取并纳入财政管理的行政事业性收费是指依照法律、法规等有关规定，按照国务院规定程序批准，在实施社会公共管理以及在向公民、法人或者其他组织提供特定公共服务过程中，向特定对象收取并纳入财政管理的费用。国家对行政事业性收费项目实行中央和省两级审批制度。国务院和省级政府及其财政、物价部门按照国家规定权限审批管理收费项目。重要收费项目的收费标准应由国务院价格、财政部门审核后，报请国务院批准。

（3）政府性基金。

政府性基金是指企业依照法律、行政法规等有关规定，代政府收取的具有专项用途的财政资金。它是各级人民政府及其所属部门根据法律、国家行政法规和中央、国务院有关文件的规定，为支持某项事业发展，按照国家规定程序批准，向公民、法人和其他组织征收的具有专项用途的资金，包括各种基金、资金、附加和专项收费以及我国由财政部负责管理有关政府性基金。

（4）国务院规定的其他不征税收入。

国务院规定的其他不征税收入指企业取得的，由国务院财政、税务主管部门规定专项用途并经国务院批准的财政性资金。

2. 免税收入的确定

免税收入是指属于企业的应税所得，但按照税法规定免予征收企业所得税的收入，具体包括：国债利息收入，符合条件的居民企业之间的股息、红利等权益性投资收益；在中国境内设立机构、场所的非居民企业从居民企业取得的与该机构、场所有实际联系的股息、红利等权益性投资收益，符合条件的非营利性组织的收入。

（三）准予扣除项目的确定

准予扣除项目是指企业实际发生的与取得收入有关的、合理的支出，包括成本、费用、损失和其他支出，准予在计算应纳税所得额时扣除。有关的支出是指与取得收入直接相关的支出；合理的支出是指符合生产经营活动常规，应当计入当期损益或者有关资产成本的必要和正常的支出。

1. 成本

成本是指企业在生产经营活动中发生的销售成本、销货成本、业务支出以及其他耗费。

企业使用或者销售存货，按照规定计算的存货成本准予扣除；企业的存货应以取得时的实际成本计价。企业转让资产，该项资产的净值准予扣除。

2. 费用

费用是指企业在生产经营活动中发生的销售费用、管理费用和财务费用，已经计入成本的有关费用除外。

3. 税金

税金是指企业发生的除企业所得税和允许抵扣的增值税以外的各项税金及其附加。即纳税义务人按规定缴纳的消费税、营业税、城市维护建设税、资源税、土地增值税、教育费附加等。

4. 损失

损失是指企业在生产经营活动中发生的固定资产和存货的盘亏、毁损、报废损失，转让财产损失，呆账损失，坏账损失，因自然灾害等不可抗力因素造成的损失以及其他损失。

企业发生的损失，减除责任人赔偿和保险赔款后的余额，依照国务院财政、税务主管部门的规定扣除。

企业已经作为损失处理的资产，在以后纳税年度又全部收回或者部分收回时，应当计入当期收入。

5. 工资薪金支出

企业实际发生的合理的工资薪金支出，准予扣除。工资薪金是指企业每一纳税年度支付给在本企业任职或者受雇的员工的所有现金形式或者非现金形式的劳动报酬，包括基本工资、奖金、津贴、补贴、年终加薪、加班工资以及与员工任职或者受雇有关的其他支出。

企业安置残疾人员的，在按照支付给残疾职工工资据实扣除的基础上，按照支付给残疾职工工资的100%加计扣除。残疾人员的范围适用《中华人民共和国残疾人保障法》的有关规定。

6. 职工福利费、工会经费、职工教育经费

企业发生的职工福利费、工会经费、职工教育经费按标准扣除，未超过标准的按实际数扣除，超过标准的只能按标准扣除。企业发生的职工福利费支出，不超过工资薪金总额14%的部分，准予扣除。企业发生的工会经费，不超过工资薪金总额的2%的部分，准予扣除。除国务院财政、税务主管部门另有规定外，企业发生的职工教育经费支出，不超过工资薪金总额2.5%的部分，准予扣除；超过部分，准予在以后纳税年度结转扣除。

**【例3-1-1】**某工厂全年支付给职工的工资薪金的合理支出为600万元，实际发生的职工福利费为80万元，职工教育经费为18万元。试计算准予扣除的职工福利费和职工教育经费。

【解析】

职工福利费的扣除限额=600×14%=84（万元）

实际发生的职工福利费80万元小于扣除限额84万元，因此，80万元全部准予扣除。

职工教育经费的扣除限额=600×2.5%=15（万元）

职工教育经费的扣除限额小于实际发生的职工教育经费18万元，因此，税前准予扣除的职工教育经费为15万元，超过部分可以结转至以后年度继续扣除。

7. 各项保险费用支出

企业依照国务院有关主管部门或者省级人民政府规定的范围和标准为职工缴纳的基本养老保险费、基本医疗保险费、失业保险费、工伤保险费、生育保险费等社会保险费和住房公积金，准予扣除。

企业为投资者或者职工支付的补充养老保险费、补充医疗保险费，在国务院财政、税务主管部门规定的范围和标准内的部分，准予扣除。

企业依照国家有关规定为特殊工种职工支付的人身安全保险费和国务院财政、税务主管部门规定可以扣除的其他商业保险费，准予扣除。

企业参加财产保险，按照规定缴纳的保险费，准予扣除。

**【例3-1-2】**依据企业所得税的相关规定，允许在税前扣除的保险费用有(　　)。

A. 参加运输保险支付的保险费

B. 按规定上缴劳动保障部门的职工养老保险

C. 为员工个人投保的家庭财产保险

D. 按规定的比例为雇员缴纳的补充养老保险费和补充医疗保险费

【解析】

答案是A、B、D。

根据规定，为员工个人投保的家庭财产保险不能在税前扣除。

8. 借款费用支出

企业在生产经营活动中发生的合理的不需要资本化的借款费用，准予扣除。

企业为购置、建造固定资产、无形资产和经过12个月以上的建造才能达到预定可销售状态的存货而发生借款的，在有关资产购置、建造期间发生的合理的借款费用，应当作为资本性支出计入有关资产的成本，并依照折旧或摊销额的规定分期扣除。

企业在生产经营活动中发生的下列利息支出，准予扣除：

（1）非金融企业向金融企业借款的利息支出、金融企业的各项存款利息支出和同业拆借利息支出、企业经批准发行债券的利息支出；

（2）非金融企业向非金融企业借款的利息支出，不超过按照金融企业同期同类贷款利率计算的数额的部分。

**【例 3-1-3】**某公司 2013 年度“财务费用”账户中的利息支出，含有于 2013 年 1 月 20 日以年利率 8% 向银行借入的 9 个月期的 200 万元流动资金的借款利息，也包括向本企业职工借入的与银行 9 个月期贷款利率相同的 100 万元流动资金的借款利息（年利率为 8%）。该公司 2013 年度可在计算应纳税所得额时扣除的利息费用为(　　)万元。

A. 28　　B. 21　　C. 18　　D. 20

【解析】

正确答案是 C。

根据规定，企业向银行借入借款利息为 12 万元（200×8%×9÷12），企业向本企业职工借入的借款利息支出，不超过按照金融企业同期同类贷款利率计算的数额的部分，可以在计算应纳税所得额时扣除，该部分扣除的利息为 6 万元（100×8%×9÷12）。

9. 汇兑损益

企业在货币交易中以及纳税年度终了时将人民币以外的货币性资产、负债按照期末即期人民币汇率中间价折算为人民币时产生的汇兑损失，除已经计入有关资产成本以及与向所有者进行利润分配相关的部分外，准予扣除。

10. 业务招待费支出

企业发生的与生产经营活动有关的业务招待费支出，按照发生额的 60% 扣除，但最高不得超过当年销售（营业）收入的 5‰。

**【例 3-1-4】**某企业 2013 年度实际发生的与经营活动有关的业务招待费为 62 万元，该公司 2013 年度的不含税产品销售收入为 4 200 万元。试计算该企业 2013 年准予税前扣除的业务招待费。

【解析】

业务招待费的扣除标准 = 62×60% = 37. 2（万元）

业务招待费的扣除限额 = 4 200×5‰ = 21（万元）

因此，准予扣除的业务招待费为 21 万元。

11. 广告费和业务宣传费支出

企业发生的符合条件的广告费和业务宣传费支出，除国务院财政、税务主管部门另有规定外，不超过当年销售（营业）收入 15% 的部分，准予扣除；超过部分，准予在以后纳税年度结转扣除。

**【例 3-1-5】**公司 2013 年度的不含税销售收入为 1 200 万元，实际发生广告支出和业务宣传费支出为 120 万元。试计算该公司 2013 年准予税前扣除的广告费和业务宣传费。

【解析】

扣除限额 = 1 200×15% = 180（万元）

实际发生的广告费和业务宣传费没有超过扣除限额，因此可准予全部税前扣除。

12. 环境保护、生态恢复等方面的专项资金

企业依照法律、行政法规有关规定提取的用于环境保护、生态恢复等方面的专项资金，准予扣除。上述专项资金提取后改变用途的，不得扣除。

13. 租赁费支出

企业根据生产经营活动的需要租入固定资产支付的租赁费，按照以下方法扣除：

（1）以经营租赁方式租入固定资产发生的租赁费支出，按照租赁期限均匀扣除。

（2）以融资租赁方式租入固定资产发生的租赁费支出，按照规定构成融资租入固定资产价值的部分应当提取折旧费用，分期扣除。

14. 劳动保护支出

企业发生的合理的劳动保护支出，准予扣除。

15. 总机构管理费支出

非居民企业在中国境内设立的机构、场所，就其在中国境外总机构发生的与该机构、场所生产经营有关的费用，能够提供总机构出具的费用汇集范围、定额、分配依据和方法等证明文件并合理分摊的，准予扣除。

16. 公益性捐赠支出

公益性捐赠支出是指企业通过公益性社会团体或者县级以上人民政府及其部门，用于《中华人民共和国公益事业捐赠法》规定的公益事业的捐赠，即企业将自己合法的财产自愿、无偿地赠送给合法受赠人，用于与生产经营活动没有直接关系的公益事业的行为。

按税法规定，企业发生的公益、救济性捐赠支出，在年度利润总额12%以内的部分，准予在计算应纳税所得额时扣除。年度利润总额是指企业依照国家统一会计制度规定计算的年度会计利润。

如果纳税人实际捐赠额小于捐赠扣除限额，税前应按实际捐赠额扣除，无需纳税调整；如果实际捐赠额大于或等于捐赠扣除限额时，税前按捐赠扣除限额扣除，超过部分不得扣除，超过部分即为纳税调整额。

**【例3-1-6】**某企业2013年全年实现利润总额286万元，“营业外支出”账户列明：通过救灾委员会向灾区捐赠20万元，直接向农村学校的捐赠20万元。试计算当年捐赠扣除额和应纳所得税额。

【解析】

利润总额=286（万元）

捐赠额扣除限额=286×12%=34.32（万元）

实际捐赠支出总额=20+20=40（万元）

捐赠支出纳税调整额=40-34.32=5.68（万元）

应纳税所得额=286+5.68=291.68（万元）

应纳所得税额=291.68×25%=72.92（万元）

17. 其他支出

其他支出是指除成本、费用、税金、损失外，企业在生产经营活动中发生的与生产经营活动有关的、合理的支出。

（四）不允许扣除的项目

在计算应纳税所得额时，下列支出不得扣除：

①向投资者支付的股息、红利等权益性投资收益。它是指企业依法向投资于本企业的单位或者个人根据有关规定所支付的股息、红利等权益性投资收益款项。

②企业所得税税款。它是指企业依据国家法律、法规等规定所缴纳的所得税税款。

③税收滞纳金。它是指税务机关对未按规定期限缴税的企业或其扣缴义务人按应缴未缴税额的一定比例所处以的规定的滞纳金。

④违章行为所造成的罚金、罚款和被没收财物的损失。它是指企业在生产、经营过程中因违反国家法律、法规和规章，被国家司法机关、有关部门处以的罚金、罚款以及被没收财物的损失。

⑤规定的准予扣除的公益救济性捐赠支出以外的捐赠支出。它是指企业超出税法规定，用于公益性捐赠范围以外的捐赠支出以及超过全年应纳税所得额扣除标准以外的捐赠支出。

⑥赞助支出。它是指企业发生的与生产经营活动无关的各种非广告性支出。

⑦未经核定的准备金支出。它是指不符合国务院财政、税务主管部门规定的各项资产减值准备、风险准备等准备金支出。

⑧企业对外投资期间投资资产的成本。

⑨与取得收入无关的其他支出。它是指除上述支出外的与取得收入无关的其他支出，如因自然灾害或者意外事故损失获得的赔偿等。

（五）亏损弥补

企业纳税年度发生的亏损，准予向以后年度结转，用以后年度的所得弥补，但结转年限最长不得超过5年。

亏损弥补的含义有两个：一是自亏损年度的下一个年度起连续5年不间断地计算；二是连续发生年度亏损，也必须从第一个亏损年度算起，先亏先补，按顺序连续计算亏损弥补期，不得将每个亏损年度的连续弥补期相加，更不得断开计算。

企业在汇总计算缴纳企业所得税时，其境外营业机构的亏损不得抵减境内营业机构的盈利。

如果一个企业既有应税项目，又有免税项目，其应税项目发生亏损时，按照税收法规规定可以结转以后年度弥补的亏损，应该是冲抵免税项目所得后的余额。此外，虽然应税项目有所得，但不足弥补以前年度亏损的，免税项目的所得也应用于弥补以前年度亏损。

**【例3-1-7】**某工业企业2012年应税项目亏损80万元，免税项目所得26万元。2013年应税项目所得30万元，免税项目所得24万元。

【解析】

2013年结转以后年度弥补的亏损额应为0元。

（六）资产的税务处理

1. 财产损失

企业所得税法规定，企业在生产经营活动中发生的固定资产和存货的盘亏、毁损、报废损失，转让财产损失，呆账损失，坏账损失，自然灾害等不可抗力因素造成的损失以及其他损失，减除责任人赔偿和保险赔款后的余额，依照国务院财政、税务主管部门的规定扣除。企业已经作为损失处理的资产，在以后纳税年度又全部或部分收回时，应当计入当期收入。

2. 固定资产折旧

企业所得税法规定，在计算应纳税所得额时，企业应以固定资产计税基础为基数，按税法规定的折旧年限和净残值，选择符合税法规定的折旧方法计算的折旧额，准予扣除。

下列差异将可能导致固定资产税法折旧额（计税基础）与会计折旧额（会计折旧）不一致，应视不同情况进行纳税调整：

（1）固定资产初始成本与计税基础的差异。

一般情况下，按企业会计准则确定的固定转产初始成本与税法规定的计税基础一致，但下列情况可能导致两者存在差异：①超过正常信用条件购入固定资产；②融资租人固定资产。

当固定资产初始成本与计税基础不同时，将直接导致会计折旧与计税折旧之间存在差异，从而产生应纳税所得额与利润总额的不同，进而必须进行纳税调整。

（2）固定资产折旧范围的差异。

企业所得税法规定，除房屋建筑物以外未投入使用的固定资产、已足额提取折旧仍继续使用的固定资产、与经营活动无关的固定资产和单独估价作为固定资产入账的土地不得计提折旧；企业会计准则规定，除已提足折旧继续使用的固定资产和单独估价作为固定资产入账的土地外，所有的固定资产均应计提折旧。当税法规定的折旧范围与会计确定的折旧范围不一致时，必将造成计税折旧与会计折旧之间的差异，进而进行纳税调整。

（3）固定资产折旧方法的差异。

企业所得税法规定，固定资产应采用直线法计提折旧，但特殊原因确需加速折旧的，可采取缩短折旧年限或加速折旧的方法。采取缩短折旧年限方法的，最低折旧年限不得低于企业所得税法规定折旧年限的60%；采取加速折旧方法的，可以采取双倍余额递减法或年数总和法。所谓“特殊原因”是指由于技术进步，产品更新换代较快；常年处于强震动、高腐蚀状态等原因。

企业会计准则规定，企业应根据固定资产所包含的经济利益的预期实现方式，合理选择固定资产折旧方法，如年限平均法、工作量法、双倍余额递减法和年数总和法等。

当企业采用的折旧方法不符合税法规定时，就会造成会计折旧与计税折旧的差异，进而必须进行纳税调整。

（4）固定资产折旧年限的差异。

企业所得税法按不同种类固定资产分别规定了计算折旧的最低年限：房屋、建筑物为20年；飞机、火车、轮船、机器、机械和其他生产设备为10年；与生产经营活动有关的器具、工具、家具等为5年；飞机、火车、轮船以外的运输工具为4年；电子设备为3年。企业会计准则要求企业根据固定资产的性质和使用情况，合理确定固定资产的使用寿命，并按使用寿命分期计提折旧。当税法规定的折旧年限与会计确定的折旧年限不一致时，必将造成计税折旧与会计折旧之间的差异，进而进行纳税调整。

（5）固定资产减值的差异。

企业所得税法规定，不符合国务院财政、税务主管部门规定的各项资产减值准备等准备金支出，不得在计算应纳税所得额时扣除。企业持有各项资产期间资产的增值或减值，除国务院财政、税务主管部门规定可以确认损益外，不得调整该项资产的计税基础。

企业会计准则规定，在会计期末，当固定资产存在减值迹象，经测试可收回金额低于其账面价值的，应确认资产的减值损失，同时计提固定资产减值准备。计提减值准备后的固定资产，应当按照计提减值准备后的账面价值及尚可使用年限重新计算确定折旧率、折旧额。因此，固定资产减值准备的计提，将造成其以后期间计税折旧和会计折旧之间的差异，进而必须进行纳税调整。

3. 生产性生物资产折旧

企业所得税法规定，生产性生物资产应按以下方法确定计税基础：外购的生产性生物资产，以购买价款和支付的相关税费为计税基础；通过捐赠、投资、非货币性资产交换、债务重组等方式取得的生产性生物资产，以该资产的公允价值和支付的相关税费为计税基础。生产性生物资产按直线法计算的折旧，准予扣除。生产性生物资产计算折旧的最低年限如下：林木类生产性生物资产为 10 年；畜类生产性生物资产为 3 年。

生物性生物资产会计折旧与计税折旧的差异原因与固定资产基本相似，其调整方法也相似，此处不重复。

4. 长期待摊费用的摊销

企业所得税法规定，在计算应纳税所得额时，企业发生的长期待摊费用，按规定摊销。

所谓按规定摊销是指：已足额提取折旧的固定资产的改建支出按固定资产预计尚可使用年限分期摊销；租入固定资产的改建支出按合同约定的剩余租赁期限分期摊销；固定资产的大修理支出按固定资产尚可使用年限分期摊销；其他应当作为长期待摊费用应自支出发生月份的次月起分期摊销，摊销年限不得低于 3 年。

长期待摊费用会计摊销额与计税摊销额不一致时，其纳税调整方法与固定资产相似，此处不重复。

5. 无形资产摊销

企业所得税法规定，企业按规定计算的无形资产摊销费用准予扣除。即税法可扣除的无形资产摊销额必须以计税金额为基数，符合税法规定的摊销范围、摊销年限和摊销方法。以下差异可能导致无形资产摊销额在税法与会计上不一致：

（1）无形资产摊销范围的差异。

企业会计准则按无形资产的使用寿命能否确定，分为使用寿命确定的无形资产和使用寿命不确定的无形资产。对使用寿命确定的无形资产，其价值应在有效期内逐渐摊销，计入当期损益；对使用寿命不确定的无形资产不进行摊销，应于期末进行减值测试，确认减值损失。税法未将无形资产进行类似区分，只规定自创商誉和与经营活动无关的无形资产不得摊销。

（2）摊销期限、摊销方法的差异。

企业所得税法规定，无形资产的摊销年限不得低于 10 年，采用直线法摊销；会计准则规定企业可以根据无形资产的法定寿命和经济寿命合理确定摊销年限，且企业可根据无形资产的消耗方式确定摊销方法，无法可靠确定消耗方式的，采用直线法摊销。

（3）税收优惠政策的差异。

企业所得税法规定，企业研究开发新技术、新工艺、新产品发生的研究开发支出，符合资本化条件形成无形资产的，可以按照该无形资产成本的150%加计摊销在税前扣除。

（4）无形资产减值的差异。

企业会计准则规定，对使用寿命不确定的无形资产，应在每一会计期末进行减值测试，如果测试无形资产的可收回金额低于其账面价值的，应确认资产减值损失并计提相应的资产减值准备。对计提减值后的无形资产，在未来期间的摊销费用应作相应调整。

6. 投资转让、处置所得

企业所得税法规定，当本年度实际发生的股权投资损失金额小于本年度实现的股权投资收益、投资转让所得额时，可将以前年度发生还没有结转的股权投资转让（处置）损失额在本年度结转，但结转后不得超过本年度扣除限额。

7. 准备金调整项目计算

税法规定，不符合国务院财政、税务主管部门规定的各项资产减值准备、风险准备等准备金支出，不得在计算应纳税所得额时扣除。企业持有资产期间资产的增值或减值，除国务院财政、税务主管部门规定可以确认损益外，不得调整资产的计税基础。

（七）房地产企业预计利润计算

我国企业所得税法对房地产预售款的企业所得税处理采用收付实现制与权责发生制相结合的原则，即采取对预售房款核定一定利润率预征企业所得税，以后再进行清算的做法。

根据国税函［2008］299号文规定，房地产开发企业按当年实际利润据实分季（或月）预缴企业所得税的，对开发、建造的住宅、商业用房以及其他建筑物、附着物、配套设施等开发产品，在未完工前采取预售方式销售取得的预售收入，按预计利润率分季（或月）计算出预计利润额，计入利润总额预缴，开发产品完工、结算计税成本后按实际利润再进行调整。

在具体计税处理上，应将“预收账款——预售房款”账户的分季（或月）贷方累计发生额确认为本期的预售开发产品收入，计入当季（或月）的利润总额预缴企业所得税。

如果在年度终了时预售开发产品尚未完工，则该预售房款同样要按规定方法调增年度应纳税所得额。以后年度将预售房款转为开发产品销售收入时，结转的预售房款已按税法规定的预计利润率计算的预计利润额应予转回，进行纳税调减。

（八）特别纳税调整应税所得计算

企业所得税法规定，企业与其关联方之间的业务往来，不符合独立交易原则而减少企业或其关联方应纳税收入或所得额的，税务机关有权按照合理方法调整。企业可能发生的特别纳税调整事项主要有以下几种：

（1）税务机关对不公允的关联交易价格进行特别纳税调整。

如果企业与其关联方之间的商品购销、劳务接受与提供、资金融通、让渡资产使用权等方面的交易价格不符合独立交易原则，没有以标的物的公允价值为基础，则税务机关可按合理的方法对其会计收入、成本费用进行特别纳税调整。所谓的合理的方法，包括可比非受控价格法、再销售价格法、成本加成法、交易净利润法、利润分割法及其他符合独立交易原则的方法。

（2）不符合独立交易原则的费用分摊协议。

企业所得税法规定，企业与其关联方共同开发、受让无形资产，或共同提供、接受劳务发生的成本，在计算应纳税所得额时应当按照独立交易原则进行分摊。企业与其关联方分摊成本时，应当按照成本与预期收益相配比的原则进行分摊，并在税务机关规定的期限内，按税务机关的要求报送有关资料。因此，企业实际列支的费用分摊额与税务机关核准扣除额之间的差额构成特别纳税调整。

（3）税务机关依法核定调整的应纳税所得额。

企业所得税法规定，企业向税务机关报送年度企业所得税纳税申报表时，应当就其与关联方之间的业务往来，附送年度关联业务往来报告表。税务机关在进行关联业务调查时，企业及其关联方，以及与关联业务调查有关的其他企业，应当按照规定提供相关资料。企业不提供与其关联方之间业务往来资料，或提供虚假、不完整资料，未能真实反映其关联业务往来情况的，税务机关有权依法核定其应纳税所得额。因此，税务机关依法核定的应纳税所得额与纳税人自行申报的应纳税所得额不符的部分，构成特别纳税调整金额。

（4）对境外受控公司未分配利润的特别纳税调整。

企业所得税法规定，由居民企业或由居民企业和中国居民控制的设立在实际税负明显低于25%税率水平的国家（地区）的企业，并非由于合理的经营需要而对利润不作分配或减少分配的，上述利润中应归属于该居民企业的部分，应当计入该居民企业的当期收入。因此，税务机关要求居民企业受控境外公司未分配利润中应归属于该居民企业的部分，应当计入该居民企业当期收入的，构成特别纳税调整。

（5）关联企业间债权性投资超过权益性投资规定比例的部分。

企业所得税法规定，企业从其关联方接受的债权性投资与权益性投资的比例超过规定标准而发生的利息支出，不得在计算应纳税所得额时扣除。前述债权性投资与权益性投资的规定比例为：金融企业5∶1；其他企业为2∶1。

**三、应纳税额的计算**

（一）居民企业应纳税额的计算

企业所得税实行按年计征、分月（季）预缴、年终清缴、多退少补的办法。

1. 分月（季）预缴所得税额的计算

实行查账征收方式申报企业所得税的居民纳税人及在中国境内设立机构的非居民纳税人，分月（季）预缴企业所得税时，应当按照月度或季度的实际利润额预缴；按月度或季度的实际利润预缴有困难的，可以按上一纳税年度应纳税所得额的月度或季度平均额预缴，或按照经税务机关认可的其他方法预缴。预缴方法一经确定，该纳税年度内不得随意变更。

（1）据实预缴。

其计算公式如下：

本月（季）应缴所得税额=实际利润累计额×税率-减免所得税额-已累计预缴的所得税额

实际利润累计额是指纳税人按会计制度核算的利润总额。平时预缴时，先统一按利润总额的25%税率计算，暂不作纳税调整，待年度终了汇算清缴时再作纳税调整。

减免所得税额是指纳税人当期实际享受减免所得税优惠，包括小型微利企业税率优惠、高新技术企业税率优惠、民族自治地方企业所得税减征优惠、过渡期税收优惠等。

（2）按照上一纳税年度应纳税所得额的平均额预缴。

其计算公式如下：

本月（季）应缴纳所得税额=上一纳税年度应纳税所得额÷12（或4）×税率

上一纳税年度所得额中不包括纳税人的境外所得，税率统一按25%计算。

2. 核定征收纳税人预缴所得税额的计算。

核定征收方式包括定额征收和核定应税所得率征收两种方法。

（1）定额征收。

定额核收，是税务机关按照一定的标准、程序和方法，直接核定纳税人年度应纳所得税额，由纳税人按规定申报缴纳的办法。主管税务机关应对纳税人的有关情况进行调查研究、分类排队、认真测算，按年从高直接核定纳税人的应纳所得税额。

（2）核定应税所得率征收。

核定应税所得率征收，是税务机关按照一定的标准、程序和方法，预先核定纳税人的应税所得率，由纳税人根据纳税年度内的收入总额或成本费用等项目的实际发生额，按预先核定的应税所得率计算缴纳企业所得税的办法。

应税所得额计算公式如下：

应税所得额=收入总额×应税所得率

=成本费用支出额÷（1-应税所得率）×应税所得率

应纳所得税额=应税所得额×适用税率

应税所得率统一执行标准见表3-1-3。

表3-1-3 **应税所得率**

| 行业 | 应税所得率（%） |
|---|---|
| 农林牧渔业 | 3～10 |
| 制造业 | 5～15 |
| 批发和零售贸易业 | 4～15 |
| 交通运输业 | 7～15 |
| 建筑业 | 8～20 |
| 饮食业 | 8～25 |
| 娱乐业 | 15～30 |
| 其他行业 | 10～30 |

企业经营多种业务时，不论其经营项目是否单独核算，均由主管税务机关根据其主营项目，核定其适用某一行业的应税所得率。

**知识链接3-1-1**

根据《税收征收管理法》的有关规定，具有下列情形之一的纳税人，应采取核定征收方式征收企业所得税：

①依照税法规定可以不设账或应设账而未设账的。②只能准确核算收入总额或收入总额能够查实，但其成本费用支出不能准确核算。③只能准确核算成本费用支出或成本费用支出能够查实，但其收入总额不能准确核算。④收入总额、成本费用支出虽能正确核算，但未按规定保存有关凭证、账簿及纳税资料。⑤虽然能够按规定设置账簿并进行核算，但未按规定保存有关凭证、账簿及纳税资料。⑥未按规定期限办理纳税申报，经税务机关责令限期申报，逾期仍不申报的。

3. 年终汇算清缴所得税额的计算

居民企业年终汇算清缴所得税额的计算公式如下：

应纳税额=应纳税所得额×税率-减免所得税额-抵免所得税额+境外所得应补税额

本年应补（退）的所得税额=应纳税额-本年累计实际已预缴的所得税额

公式中的税率统一按25%计算，减免所得税额和抵免所得税额分别指税收优惠中的减免税和抵免所得税额，境外所得应补税额是指境外所得应纳所得税额与境外所得抵免所得税额的差额。

4. 境外所得应补税额的计算

境外所得应补税额的计算公式如下：

境外所得应补税额=境外所得应纳所得税额-境外所得抵免所得税额

（1）境外所得应纳所得税额的计算。

境外所得是指纳税人来源于境外的收入总额（包括生产经营所得和其他所得），扣除按税法规定允许扣除的境外发生的成本费用后的金额。

境外所得应纳税所得额的计算步骤与公式如下：

$$\text{境外所得换算成含税收入的所得}=\text{适用所在国家地区所得税税率的境外所得}\div\left(1-\text{适用所在国家地区所得税税率}\right)+\text{适用所在国家预提所得税税率的境外所得}\div\left(1-\text{适用所在国家预提所得税税率}\right)$$

$$\text{境外所得应纳所得税额}=\left(\text{境外所得换算成含税收入的所得}-\text{弥补以前年度境外亏损}-\text{境外免税所得}-\text{境外所得弥补境内亏损}\right)\times\text{税率}$$

（2）境外所得抵免所得税额的计算。

企业所得税法规定，企业取得的下列所得已在境外缴纳的所得税税额，可以从其当期应纳税额中抵免，抵免限额为该项所得依照我国税法规定计算的应纳税额；超过抵免限额的部分，可以在以后5个年度内，用每年度抵免限额抵免当年应抵税额后的余额进行抵补：一是居民企业来源于中国境外的应税所得；二是非居民企业在中国境内设立机构、场所，取得发生在中国境外但与该机构、场所有实际联系的应税所得。

在具体应用上述政策进行境外所得税抵免计算时应注意以下问题：

① 可以抵免的税款必须是已在境外实际缴纳的所得税性质的税款。

② 抵免限额是指来源于中国境内的所得依照我国税法规定计算的应纳税额。其计算公式为：

$$\text{抵免限额}=\text{中国境内、境外所得按企业所得税法计算的应纳税额}\times\text{来源于某国（地区）的应纳税所得额}\div\text{中国境内、境外应纳税所得总额}$$

在计算境外所得按税法应纳税额时，使用的税率必须为法定基本税率25%，不适用其他任何优惠税率。

③“5个纳税年度”是指从企业取得的来源于中国境外的所得，已经在中国境外缴纳企业所得税性质的税款超过抵免限额的次年起连续5个纳税年度。

（二）非居民企业应纳税额的计算

非居民企业在中国境内未设立机构、场所，或虽设立机构、场所但取得的所得与其所设机构、场所没有实际联系的，应就其来源于中国境内的所得缴纳企业所得税。其应纳税额由扣缴义务人在每次向非居民企业支付或到期应支付所得时扣缴。其计算公式如下：

扣缴企业所得税应纳税额=应纳税所得额×实际征收率（10%）

应纳税所得额按下列方法确定：

（1）股息、红利等权益性投资收益和利息、租金、特许权使用费所得，以收入全额为应纳税所得额。

（2）转让财产所得，以收入全额减除财产净值后的余额为应纳税所得额。

（3）其他所得，参照前两项规定的方法计算应纳税所得额。

**【例3-1-8】**境外某公司在中国境内未设立机构、场所，2013年取得境内甲公司支付的贷款利息90万元；取得境内乙公司支付的财产转让收入40万元，该项财产净值为22万元。请计算该境外公司2013年在我国境内应缴纳的企业所得税税额。

【解析】

应纳税额=［90+（40-22）］×10%=10.8（万元）

**四、企业所得税的申报与缴纳**

（一）征收方式的确定

企业在每年第一季度应填列《企业所得税征收方式鉴定表》一式三份，报主管税务机关审核，见表3-1-4。①~⑤项均合格的，实行纳税人自行申报、税务机关查账方式征收；若①、④、⑤项中有一项不合格或②、③项均不合格，实行定额征收；若②、③项中有一项合格、一项不合格的，实行核定应税所得率办法征收。征收方式确定后，在一个纳税年度内一般不得变更。

（二）纳税期限

企业所得税实行按年计算，按月或季预缴，年终汇算清缴，多退少补的征收办法。纳税年度一般为公历年度，即公历1月1日至12月31日为一个纳税年度；纳税人在一个纳税年度的中间开业，或由于合并、关闭等原因使该纳税年度的实际经营期不足12个月的，以其实际经营期为一个纳税年度；纳税人破产清算时，以清算期为一个纳税年度。

纳税人应当在月份或季度终了后15日内，向其所在地主管税务机关报送预缴所得税申报表，预缴税款。企业应当自年度终了之日起5个月内，无论盈利或亏损，均应向税务机关报送年度企业所得税纳税申报表、财务会计报告和其他有关资料并汇算清缴，结清应缴应退税款。少缴的所得税额，应在下一年度内补缴；多缴的所得税额，在下一年度内抵缴；抵缴后仍有结余，或下一年度发生亏损的，应及时办理退库。

表 3-1-4　　　　　　　　企业所得税征收方式鉴定表

<table>
<tr><td>纳税人电脑编码</td><td colspan="3"></td></tr>
<tr><td>纳税人税务登记号</td><td colspan="3"></td></tr>
<tr><td>纳税人名称</td><td colspan="3"></td></tr>
<tr><td>纳税人地址</td><td colspan="3"></td></tr>
<tr><td>经济类型</td><td></td><td>所属行业</td><td></td></tr>
<tr><td>开户银行</td><td></td><td>账号</td><td></td></tr>
<tr><td>邮政编码</td><td></td><td>联系电话</td><td></td></tr>
<tr><td>上年收入总额</td><td></td><td>上年成本费用总额</td><td></td></tr>
<tr><td>上年所得税额</td><td></td><td>上年征收方式</td><td></td></tr>
<tr><td>行次</td><td>项目</td><td>纳税人自报情况</td><td>主管税务分局审核意见</td></tr>
<tr><td>①</td><td>账簿设置情况</td><td></td><td></td></tr>
<tr><td>②</td><td>收入总额核算情况</td><td></td><td></td></tr>
<tr><td>③</td><td>成本费用核算情况</td><td></td><td></td></tr>
<tr><td>④</td><td>账簿、凭证保存情况</td><td></td><td></td></tr>
<tr><td>⑤</td><td>纳税义务履行情况</td><td></td><td></td></tr>
<tr><td colspan="4">征收方式</td></tr>
<tr><td colspan="2">纳税人意见：<br>经办人签章：（公章）<br>年　月　日</td><td colspan="2">主管税务分局意见：<br>经办人签章：（公章）<br>年　月　日</td></tr>
<tr><td colspan="4">税务审批机关意见：（公章）<br>经办人签章：年　月　日</td></tr>
</table>

企业在年度中间终止经营活动的，应当自实际经营终止之日起 60 日内，向税务机关办理当期企业所得税汇算清缴。

扣缴义务人每次代扣的税款，应当自代扣之日起 7 日内缴入国库，并向所在地的税务机关报送扣缴企业所得税报告表。

企业进行清算时，应当在办理注销工商登记之前，办理所得税申报。企业若在年度中间合并、分立、终止的，应当在停止生产经营之日起 60 日内，向当地税务机关办理当期所得税汇算清缴。

（三）纳税地点

企业所得税由纳税人向其所在地主管税务机关缴纳。居民企业以企业登记注册地为纳税地点；但登记注册地在境外的，以其实际管理机构所在地为纳税地点；居民企业在中国境内设立不具有法人资格的营业机构的，应当汇总计算并缴纳企业所得税。

非居民企业在中国境内设立机构、场所取得的所得以及发生在中国境外但与其所设机构、场所有实际联系的所得，应当以机构、场所所在地为纳税地点；非居民企业在中国境内未设立机构、场所，或者虽设立机构、场所但取得的所得与其所设机构、场所没有实际联系的所得，以扣缴义务人所在地为纳税地点；非居民企业在中国境内设立两个或者两个以上机构、场所的，经税务机关审核批准，可以选择由其主要机构、场所汇总缴纳企业所得税。

除国务院另有规定外，企业之间不得合并缴纳企业所得税。

（四）企业所得税预缴纳税申报表填制

查账征收企业所得税的居民纳税人及在中国境内设立机构的非居民纳税人在月（季）度预缴企业所得税时应填制《中华人民共和国企业所得税月（季）度预缴纳税申报表（A类)》(见表3-1-5)；实行核定征收办法缴纳企业所得税的纳税人在月（季）度申报缴纳企业所得税时应填制《中华人民共和国企业所得税月（季）度预缴纳税申报表（B类)》。

表3-1-5　　**中华人民共和国企业所得税月（季）度预缴纳税申报表（A类）**

税款所属期间：　　年　　月　　日至　　年　　月　　日

纳税人识别号：□□□□□□□□□□□□□□□□□□□□

纳税人名称：　　　　　　　　　　　　　　　　金额单位：人民币元（列至角分）

<table>
<tr><th>行次</th><th colspan="2">项目</th><th>本期金额</th><th>累计金额</th></tr>
<tr><td>1</td><td colspan="4">一、据实预缴</td></tr>
<tr><td>2</td><td colspan="2">营业收入</td><td></td><td></td></tr>
<tr><td>3</td><td colspan="2">营业成本</td><td></td><td></td></tr>
<tr><td>4</td><td colspan="2">利润总额</td><td></td><td></td></tr>
<tr><td>5</td><td colspan="2">税率（25%）</td><td></td><td></td></tr>
<tr><td>6</td><td colspan="2">应纳所得税额（4行×5行）</td><td></td><td></td></tr>
<tr><td>7</td><td colspan="2">减免所得税额</td><td></td><td></td></tr>
<tr><td>8</td><td colspan="2">实际已缴所得税额</td><td>—</td><td></td></tr>
<tr><td>9</td><td colspan="2">应补（退）的所得税额（6行-7行-8行）</td><td>—</td><td></td></tr>
<tr><td>10</td><td colspan="4">二、按照上一纳税年度应纳税所得额的平均额预缴</td></tr>
<tr><td>11</td><td colspan="2">上一纳税年度应纳税所得额</td><td>—</td><td></td></tr>
<tr><td>12</td><td colspan="2">本月（季）应纳税所得额（11行÷12或11行÷4）</td><td></td><td></td></tr>
<tr><td>13</td><td colspan="2">税率（25%）</td><td>—</td><td>—</td></tr>
<tr><td>14</td><td colspan="2">本月（季）应纳所得税额（12行×13行）</td><td></td><td></td></tr>
<tr><td>15</td><td colspan="4">三、按照税务机关确定的其他方法预缴</td></tr>
<tr><td>16</td><td colspan="2">本月（季）确定预缴的所得税额</td><td></td><td></td></tr>
<tr><td>17</td><td colspan="4">总分机构纳税人</td></tr>
<tr><td>18</td><td rowspan="3">总机构</td><td>总机构应分摊的所得税额（9行或14行或16行×25%）</td><td></td><td></td></tr>
<tr><td>19</td><td>中央财政集中分配的所得税额（9行或14行或16行×25%）</td><td></td><td></td></tr>
<tr><td>20</td><td>分支机构分摊的所得税额（9行或14行或16行×50%）</td><td></td><td></td></tr>
</table>

续表

<table>
<tr><td>21</td><td rowspan="2">分支机构</td><td>分配比例</td><td></td><td></td></tr>
<tr><td>22</td><td>分配的所得税额（20 行×21 行）</td><td></td><td></td></tr>
<tr><td colspan="5">谨声明：此纳税申报表是根据《中华人民共和国企业所得税法》、《中华人民共和国企业所得税法实施条例》和国家有关税收规定填报的，是真实的、可靠的、完整的。<br>法定代表人（签字）：<br>年　月　日</td></tr>
</table>

| 纳税人公章：<br>会计主管：<br>填表日期：　年　月　日 | 代理申报中介机构公章：<br>经办人：<br>经办人执业证件号码：<br>代理申报日期：　年　月　日 | 主管税务机关受理专用章：<br>受理人：<br>受理日期：　年　月　日 |
|---|---|---|

（五）企业所得税年度纳税申报表的填制

纳税人办理纳税申报时，应当如实填写纳税申报表，并根据不同情况相应报送下列有关证件、资料：

（1）财务、会计报表及说明材料；

（2）与纳税有关的合同、协议书；

（3）税控装置的电子报税资料和异地完税凭证；

（4）外出经营活动税收管理证明；

（5）境内或境外公证机构出具的有关证明文件；

（6）税务机关规定应当报送的其他有关证件、资料。

实行查账征收的居民纳税人，填报企业所得税年度纳税申报表（A 类）及相关附表。

## 任务实施

根据任务描述，实施填表方案，拟定步骤如下：

**一、填写附表一收入明细表**

收入明细表根据《中华人民共和国企业所得税法》及其实施条例以及企业会计制度、企业会计准则等核算的“主营业务收入”、“其他业务收入”和“营业外收入”，以及根据税收规定应在当期确认收入的“视同销售收入”，根据本任务，填写收入明细表见表3-1-6。

**二、填写附表二成本费用明细表**

成本费用明细表根据《中华人民共和国企业所得税法》及其实施条例以及会计制度核算的“主营业务成本”、“其他业务支出”和“营业外支出”，以及根据税收规定应在当期确认收入对应的“视同销售成本”，根据本任务，填写成本费用明细表见表3-1-7。

表 3-1-6

**附表一　收入明细表**

填报时间：2013 年 3 月 15 日　　　　金额单位：元（列至角分）

| 行次 | 项目 | 金额 |
| --- | --- | --- |
| 1 | 一、销售（营业）收入合计（2+13） | 4 244 442. 16 |
| 2 | （一）营业收入合计（3+8） | 4 244 442. 16 |
| 3 | 1. 主营业务收入（4+5+6+7） | 3 820 922. 25 |
| 4 | （1）销售货物 | 3 820 922. 25 |
| 5 | （2）提供劳务 | |
| 6 | （3）让渡资产使用权 | |
| 7 | （4）建造合同 | |
| 8 | 2. 其他业务收入（9+10+11+12） | 423 519. 91 |
| 9 | （1）材料销售收入 | |
| 10 | （2）代购代销手续费收入 | |
| 11 | （3）包装物出租收入 | |
| 12 | （4）其他 | 423 519. 91 |
| 13 | （二）视同销售收入（14+15+16） | |
| 14 | （1）非货币性交易视同销售收入 | |
| 15 | （2）货物、财产、劳务视同销售收入 | |
| 16 | （3）其他视同销售收入 | |
| 17 | 二、营业外收入（18+19+20+21+22+23+24+25+26） | 322 165. 11 |
| 18 | 1. 固定资产盘盈 | |
| 19 | 2. 处置固定资产净收益 | 322 165. 11 |
| 20 | 3. 非货币性资产交易收益 | |
| 21 | 4. 出售无形资产收益 | |
| 22 | 5. 罚款净收入 | |
| 23 | 6. 债务重组收益 | |
| 24 | 7. 政府补助收入 | |
| 25 | 8. 捐赠收入 | |
| 26 | 9. 其他 | |

经办人（签章）：　　　　法定代表人（签章）：

表 3-1-7

**附表二 成本费用明细表**

填报时间：2013 年 3 月 15 日　　　　金额单位：元（列至角分）

| 行次 | 项目 | 金额 |
| --- | --- | --- |
| 1 | 一、销售（营业）成本合计（2+7+12） | 1 902 947. 76 |
| 2 | （一）主营业务成本（3+4+5+6） | 1 672 296. 23 |
| 3 | （1）销售货物成本 | 1 672 296. 23 |
| 4 | （2）提供劳务成本 | |
| 5 | （3）让渡资产使用权成本 | |
| 6 | （4）建造合同成本 | |
| 7 | （二）其他业务成本（8+9+10+11） | 230 651. 53 |
| 8 | （1）材料销售成本 | |
| 9 | （2）代购代销费用 | |
| 10 | （3）包装物出租成本 | |
| 11 | （4）其他 | 230 651. 53 |
| 12 | （三）视同销售成本（13+14+15） | |
| 13 | （1）非货币性交易视同销售成本 | |
| 14 | （2）货物、财产、劳务视同销售成本 | |
| 15 | （3）其他视同销售成本 | |
| 16 | 二、营业外支出（17+18+⋯+24） | 600 |
| 17 | 1. 固定资产盘亏 | |
| 18 | 2. 处置固定资产净损失 | |
| 19 | 3. 出售无形资产损失 | |
| 20 | 4. 债务重组损失 | |
| 21 | 5. 罚款支出 | 600 |
| 22 | 6. 非常损失 | |
| 23 | 7. 捐赠支出 | |
| 24 | 8. 其他 | |
| 25 | 三、期间费用（26+27+28） | 528 357. 92 |
| 26 | 1. 销售（营业）费用 | 28 021. 90 |
| 27 | 2. 管理费用 | 498 835. 23 |
| 28 | 3. 财务费用 | 1 500. 79 |

经办人（签章）：　　　　法定代表人（签章）：

## 三、填写附表三纳税调整项目明细表（见表3-1-8）

表3-1-8　　　　　　　　　　**附表三　纳税调整项目明细表**

填报时间：2013年3月15日　　　　　金额单位：元（列至角分）

| | 行次 | 项目 | 账载金额 | 税收金额 | 调增金额 | 调减金额 |
|---|---|---|---|---|---|---|
| | | | 1 | 2 | 3 | 4 |
| | 1 | 一、收入类调整项目 | * | * | | 1 400 000 |
| | 2 | 1. 视同销售收入（填写附表一） | * | * | | * |
| # | 3 | 2. 接受捐赠收入 | * | | | * |
| | 4 | 3. 不符合税收规定的销售折扣和折让 | | | | * |
| * | 5 | 4. 未按权责发生制原则确认的收入 | | | | |
| * | 6 | 5. 按权益法核算长期股权投资对初始投资成本调整确认收益 | * | * | * | |
| | 7 | 6. 按权益法核算的长期股权投资持有期间的投资损益 | * | * | | |
| * | 8 | 7. 特殊重组 | | | | |
| * | 9 | 8. 一般重组 | | | | |
| * | 10 | 9. 公允价值变动净收益（填写附表七） | * | * | | |
| | 11 | 10. 确认为递延收益的政府补助 | | | | |
| | 12 | 11. 境外应税所得（填写附表六） | * | * | * | 1 100 000 |
| | 13 | 12. 不允许扣除的境外投资损失 | * | * | | * |
| | 14 | 13. 不征税收入（填写附表一［3］） | * | * | * | |
| | 15 | 14. 免税收入（填写附表五） | * | * | * | 300 000 |
| | 16 | 15. 减计收入（填写附表五） | * | * | * | |
| | 17 | 16. 减、免税项目所得（填写附表五） | * | * | * | |
| | 18 | 17. 抵扣应纳税所得额（填写附表五） | * | * | * | |
| | 19 | 18. 其他 | | | | |
| | 20 | 二、扣除类调整项目 | * | * | | |
| | 21 | 1. 视同销售成本（填写附表二） | * | * | * | |
| | 22 | 2. 工资薪金支出 | 1 800 000 | 1 800 000 | 0 | |
| | 23 | 3. 职工福利费支出 | 240 000 | 240 000 | 0 | |
| | 24 | 4. 职工教育经费支出 | 80 000 | 45 000 | 35 000 | |
| | 25 | 5. 工会经费支出 | 40 000 | 36 000 | 4 000 | |
| | 26 | 6. 业务招待费支出 | 185 800 | 111 480 | 74 320 | * |
| | 27 | 7. 广告费和业务宣传费支出（填写附表八） | * | * | | |
| | 28 | 8. 捐赠支出 | | | | * |
| | 29 | 9. 利息支出 | | | | |
| | 30 | 10. 住房公积金 | | | | * |
| | 31 | 11. 罚金、罚款和被没收财物的损失 | | * | | * |

续表

| 行次 | 项目 | 账载金额<br>1 | 税收金额<br>2 | 调增金额<br>3 | 调减金额<br>4 |
|---|---|---|---|---|---|
| 32 | 12. 税收滞纳金 | | * | | * |
| 33 | 13. 赞助支出 | | * | | * |
| 34 | 14. 各类基本社会保障性缴款 | | | | |
| 35 | 15. 补充养老保险、补充医疗保险 | | | | |
| 36 | 16. 与未实现融资收益相关在当期确认的财务费用 | | | | |
| 37 | 17. 与取得收入无关的支出 | | * | | * |
| 38 | 18. 不征税收入用于支出所形成的费用 | | * | | * |
| 39 | 19. 加计扣除（填写附表五） | * | * | * | 50 000 |
| 40 | 20. 其他 | | | | |
| 41 | 三、资产类调整项目 | * | * | | |
| 42 | 1. 财产损失 | | | | |
| 43 | 2. 固定资产折旧（填写附表九） | * | * | | |
| 44 | 3. 生产性生物资产折旧（填写附表九） | * | * | | |
| 45 | 4. 长期待摊费用的摊销（填写附表九） | * | * | | |
| 46 | 5. 无形资产摊销（填写附表九） | * | * | | |
| 47 | 6. 投资转让、处置所得（填写附表十一） | * | * | | |
| 48 | 7. 油气勘探投资（填写附表九） | | | | |
| 49 | 8. 油气开发投资（填写附表九） | | | | |
| 50 | 9. 其他 | | | | |
| 51 | 四、准备金调整项目（填写附表十） | * | * | | |
| 52 | 五、房地产企业预售收入计算的预计利润 | * | * | | |
| 53 | 六、特别纳税调整应税所得 | * | * | | * |
| 54 | 七、其他 | * | * | | |
| 55 | 合计 | * | * | 113 320 | 1 450 000 |

注：

1. 标有*的行次为执行新会计准则的企业填列，标有#的行次为除执行新会计准则以外的企业填列。

2. 没有标注的行次，无论执行何种会计核算办法，有差异就填报相应行次，填*号的不可填写。

3. 有二级附表的项目只填调增、调减金额，账载金额、税收金额不再填写。

经办人（签章）： 法定代表人（签章）：

根据《中华人民共和国企业所得税法》第二十一条规定："在计算应纳税所得额时，企业财务、会计处理办法与税收法律、行政法规的规定不一致的，应当依照税收法律、行政法规的规定计算。"填报纳税人按照会计制度核算与税收规定不一致的，应进行纳税调整增加、减少项目的金额。

根据本任务描述，本表涉及的纳税调整项目计算如下：

A 国境外应税所得＝490 000÷（1－30%）＝700 000

B 国境外应税所得＝320 000÷（1－20%）＝400 000

境外应税所得合计＝700 000+400 000＝1 100 000

免税收入为国债利息＝300 000

招待费的扣除标准是销售（营业）收入的5‰，且不超过实际发生招待费的60%，因此：

招待费应调增应纳税所得额＝185 800×60%＝111 480

新技术研发费应加计扣除50 000，职工福利费在工资薪金14%内据实扣除，无需调整。

职工教育经费在工资薪金2. 5%内据实扣除，应调增：

80 000－1 800 000×2. 5%＝35 000

工会经费在工资薪金2%内据实扣除，应调增：

40 000－1 800 000×2%＝4 000

广告费在当年销售（营业）收入的15%内扣除，无需调整。

## 四、填写附表四企业所得税弥补亏损明细表（见表3－1－9）

表3－1－9　　附表四　企业所得税弥补亏损明细表

填报时间：2013年3月15日　　金额单位：元（列至角分）

| 行次 | 项目 | 年度 | 盈利额或亏损额 | 合并分立企业转入可弥补亏损 | 当年可弥补的所得额 | 以前年度亏损弥补额 | | | | | 本年度实际弥补的以前年度亏损 | 可结转以后年度弥补的亏损 |
|---|---|---|---|---|---|---|---|---|---|---|---|---|
| | | | | | | 前四年度 | 前三年度 | 前二年度 | 前一年度 | 合计 | | |
| | | 1 | 2 | 3 | 4 | 5 | 6 | 7 | 8 | 9 | 10 | 11 |
| 1 | 第一年 | | | | | | | | | | | * |
| 2 | 第二年 | | | | | * | | | | | | |
| 3 | 第三年 | | | | | * | * | | | | | |
| 4 | 第四年 | | | | | * | * | * | | | | |
| 5 | 第五年 | 2010 | －120 000 | | －120 000 | * | * | * | * | 0 | －120 000 | 0 |
| 6 | 本年 | 2011 | 709 901. 22 | | 709 901. 22 | * | * | * | * | * | 120 000 | |
| 7 | 可结转以后年度弥补的亏损额合计 | | | | | | | | | | | |

经办人（签章）：　　法定代表人（签章）：

## 五、填写附表五税收优惠明细表（见表3-1-10）

表3-1-10　　附表五　税收优惠明细表

填报时间：2013年3月15日　　金额单位：元（列至角分）

| 行次 | 项目 | 金额 |
|---|---|---|
| 1 | 一、免税收入（2+3+4+5） | 300 000 |
| 2 | 1. 国债利息收入 | 300 000 |
| 3 | 2. 符合条件的居民企业之间的股息、红利等权益性投资收益 | |
| 4 | 3. 符合条件的非营利组织的收入 | |
| 5 | 4. 其他 | |
| 6 | 二、减计收入（7+8） | |
| 7 | 1. 企业综合利用资源，生产符合国家产业政策规定的产品所取得的收入 | |
| 8 | 2. 其他 | |
| 9 | 三、加计扣除额合计（10+11+12+13） | 50 000 |
| 10 | 1. 开发新技术、新产品、新工艺发生的研究开发费用 | 50 000 |
| 11 | 2. 安置残疾人员所支付的工资 | |
| 12 | 3. 国家鼓励安置的其他就业人员支付的工资 | |
| 13 | 4. 其他 | |
| 14 | 四、减免所得额合计（15+25+29+30+31+32） | |
| 15 | （一）免税所得（16+17+…+24） | |
| 16 | 1. 蔬菜、谷物、薯类、油料、豆类、棉花、麻类、糖料、水果、坚果的种植 | |
| 17 | 2. 农作物新品种的选育 | |
| 18 | 3. 中药材的种植 | |
| 19 | 4. 林木的培育和种植 | |
| 20 | 5. 牲畜、家禽的饲养 | |
| 21 | 6. 林产品的采集 | |
| 22 | 7. 灌溉、农产品初加工、兽医、农技推广、农机作业和维修等农、林、牧、渔服务业项目 | |
| 23 | 8. 远洋捕捞 | |
| 24 | 9. 其他 | |
| 25 | （二）减税所得（26+27+28） | |
| 26 | 1. 花卉、茶以及其他饮料作物和香料作物的种植 | |
| 27 | 2. 海水养殖、内陆养殖 | |
| 28 | 3. 其他 | |
| 29 | （三）从事国家重点扶持的公共基础设施项目投资经营的所得 | |
| 30 | （四）从事符合条件的环境保护、节能节水项目的所得 | |
| 31 | （五）符合条件的技术转让所得 | |
| 32 | （六）其他 | |
| 33 | 五、减免税合计（34+35+36+37+38） | |

续表

| 行次 | 项目 | 金额 |
|---|---|---|
| 34 | （一）符合条件的小型微利企业 | |
| 35 | （二）国家需要重点扶持的高新技术企业 | |
| 36 | （三）民族自治地方的企业应缴纳的企业所得税中属于地方分享的部分 | |
| 37 | （四）过渡期税收优惠 | |
| 38 | （五）其他 | |
| 39 | 六、创业投资企业抵扣的应纳税所得额 | |
| 40 | 七、抵免所得税额合计（41+42+43+44） | |
| 41 | （一）企业购置用于环境保护专用设备的投资额抵免的税额 | |
| 42 | （二）企业购置用于节能节水专用设备的投资额抵免的税额 | |
| 43 | （三）企业购置用于安全生产专用设备的投资额抵免的税额 | |
| 44 | （四）其他 | |
| 45 | 企业从业人数（全年平均人数） | |
| 46 | 资产总额（全年平均数） | |
| 47 | 所属行业（工业企业　　其他企业　　） | |

经办人（签章）：　　　　　　　　　　　法定代表人（签章）：

## 六、填写附表六境外所得税抵免计算明细表（见表 3-1-11）

表 3-1-11　　　　　　　　**附表六　境外所得税抵免计算明细表**

填报时间：2013 年 3 月 15 日　　　　金额单位：元（列至角分）

| 抵免方式 | 国家或地区 | 境外所得 | 境外所得换算含税所得 | 弥补以前年度亏损 | 免税所得 | 弥补亏损前境外应税所得额 | 可弥补境内亏损 | 境外应纳税所得额 | 税率 | 境外所得应纳税额 | 境外所得可抵免税额 | 境外所得税款抵免限额 | 本年可抵免的境外所得税款 | 未超过境外所得税款抵免限额的余额 | 本年可抵免以前年度所得税额 | 前五年境外所得已缴税款未抵免余额 | 定率抵免 |
|---|---|---|---|---|---|---|---|---|---|---|---|---|---|---|---|---|---|
| | 1 | 2 | 3 | 4 | 5 | 6(3-4-5) | 7 | 8(6-7) | 9 | 10(8×9) | 11 | 12 | 13 | 14(12-13) | 15 | 16 | 17 |
| 直接抵免 | A | 490 000 | 700 000 | | | 700 000 | | 700 000 | 25% | 175 000 | 210 000 | 175 000 | 175 000 | | | | |
| | B | 320 000 | 400 000 | | | 400 000 | | 400 000 | 25% | 100 000 | 80 000 | 100 000 | 80 000 | 20 000 | | | |
| | | | | | | | | | | | | | | | | | |
| | | | | | | | | | | | | | | | | | |
| 间接抵免 | | | | * | * | | | | | | | | | * | * | * | |
| | | | | * | * | | | | | | | | | * | * | * | |
| | | | | * | * | | | | | | | | | * | * | * | |
| | | | | * | * | | | | | | | | | * | * | * | |
| | 合计 | 810 000 | 1 100 000 | | | 1 100 000 | | 1 100 000 | | 275 000 | 290 000 | 275 000 | 255 000 | 20 000 | | | |

经办人（签章）：　　　　　　　　　　　法定代表人（签章）：

## 七、填写附表七以公允价值计量资产纳税调整表（见表 3-1-12）

表 3-1-12　　　　附表七　以公允价值计量资产纳税调整表

填报时间：2013 年 3 月 15 日　　　　金额单位：元（列至角分）

<table>
<tr><td rowspan="3">行次</td><td rowspan="3">资产种类</td><td colspan="2">期初金额</td><td colspan="2">期末金额</td><td rowspan="2">纳税调整额（纳税调减以"-"表示）</td></tr>
<tr><td>账载金额（公允价值）</td><td>计税基础</td><td>账载金额（公允价值）</td><td>计税基础</td></tr>
<tr><td>1</td><td>2</td><td>3</td><td>4</td><td>5</td></tr>
<tr><td>1</td><td>一、公允价值计量且其变动计入当期损益的金融资产</td><td></td><td></td><td></td><td></td><td></td></tr>
<tr><td>2</td><td>1. 交易性金融资产</td><td></td><td></td><td></td><td></td><td></td></tr>
<tr><td>3</td><td>2. 衍生金融工具</td><td></td><td></td><td></td><td></td><td></td></tr>
<tr><td>4</td><td>3. 其他以公允价值计量的金融资产</td><td></td><td></td><td></td><td></td><td></td></tr>
<tr><td>5</td><td>二、公允价值计量且其变动计入当期损益的金融负债</td><td></td><td></td><td></td><td></td><td></td></tr>
<tr><td>6</td><td>1. 交易性金融负债</td><td></td><td></td><td></td><td></td><td></td></tr>
<tr><td>7</td><td>2. 衍生金融工具</td><td></td><td></td><td></td><td></td><td></td></tr>
<tr><td>8</td><td>3. 其他以公允价值计量的金融负债</td><td></td><td></td><td></td><td></td><td></td></tr>
<tr><td>9</td><td>三、投资性房地产</td><td></td><td></td><td></td><td></td><td></td></tr>
<tr><td>10</td><td>合计</td><td></td><td></td><td></td><td></td><td></td></tr>
</table>

经办人（签章）：　　　　法定代表人（签章）：

## 八、填写附表八广告费和业务宣传费跨年度纳税调整表（见表 3-1-13）

表 3-1-13　　　　附表八　广告费和业务宣传费跨年度纳税调整表

填报时间：2013 年 3 月 15 日　　　　金额单位：元（列至角分）

| 行次 | 项目 | 金额 |
|---|---|---|
| 1 | 本年度广告费和业务宣传费支出 | 20 000 |
| 2 | 其中：不允许扣除的广告费和业务宣传费支出 | |
| 3 | 本年度符合条件的广告费和业务宣传费支出（1-2） | 20 000 |
| 4 | 本年计算广告费和业务宣传费扣除限额的销售（营业）收入 | 4 244 442. 16 |
| 5 | 税收规定的扣除率 | 15% |
| 6 | 本年广告费和业务宣传费扣除限额（4×5） | 636 666. 32 |
| 7 | 本年广告费和业务宣传费支出纳税调整额（3≤6 时，本行=2；3>6 时，本行=1-6） | 20 000 |
| 8 | 本年结转以后年度扣除额（3≤6 时，本行=0；3>6 时，本行=3-6） | 0 |
| 9 | 加：以前年度累计结转扣除额 | |
| 10 | 减：本年扣除的以前年度结转额 | |
| 11 | 累计结转以后年度扣除额（8+9-10） | |

经办人（签章）：　　　　法定代表人（签章）：

## 九、填写附表九资产折旧、摊销纳税调整明细表（见表3-1-14）

表3-1-14　　　　附表九　资产折旧、摊销纳税调整明细表

填报日期：2013年3月15日　　　　金额单位：元（列至角分）

| 行次 | 资产类别 | 资产原值 | | 折旧、摊销年限 | | 本期折旧、摊销额 | | 纳税调整额 |
|---|---|---|---|---|---|---|---|---|
| | | 账载金额 | 计税基础 | 会计 | 税收 | 会计 | 税收 | |
| | | 1 | 2 | 3 | 4 | 5 | 6 | 7 |
| 1 | 一、固定资产 | | | * | * | | | |
| 2 | 1. 房屋建筑物 | | | | | | | |
| 3 | 2. 飞机、火车、轮船、机器、机械和其他生产设备 | | | | | | | |
| 4 | 3. 与生产经营有关的器具工具家具 | | | | | | | |
| 5 | 4. 飞机、火车、轮船以外的运输工具 | | | | | | | |
| 6 | 5. 电子设备 | | | | | | | |
| 7 | 二、生产性生物资产 | | | * | * | | | |
| 8 | 1. 林木类 | | | | | | | |
| 9 | 2. 畜类 | | | | | | | |
| 10 | 三、长期待摊费用 | | | * | * | | | |
| 11 | 1. 已足额提取折旧的固定资产的改建支出 | | | | | | | |
| 12 | 2. 租入固定资产的改建支出 | | | | | | | |
| 13 | 3. 固定资产大修理支出 | | | | | | | |
| 14 | 4. 其他长期待摊费用 | | | | | | | |
| 15 | 四、无形资产 | | | | | | | |
| 16 | 五、油气勘探投资 | | | | | | | |
| 17 | 六、油气开发投资 | | | | | | | |
| 18 | 合计 | | | * | * | | | |

经办人（签章）：　　　　　　法定代表人（签章）：

## 十、填写附表十资产减值准备项目调整明细表（见表3-1-15）

表3-1-15　　附表十　资产减值准备项目调整明细表

填报日期：2013年3月15日　　金额单位：元（列至角分）

| 行次 | 准备金类别 | 期初余额 | 本期转回额 | 本期计提额 | 期末余额 | 纳税调整额 |
|---|---|---|---|---|---|---|
| | | 1 | 2 | 3 | 4 | 5 |
| 1 | 坏（呆）账准备 | | | | | |
| 2 | 存货跌价准备 | | | | | |
| 3 | *其中：消耗性生物资产减值准备 | | | | | |
| 4 | *持有至到期投资减值准备 | | | | | |
| 5 | *可供出售金融资产减值准备 | | — | | | |
| 6 | #短期投资跌价准备 | | | | | |
| 7 | 长期股权投资减值准备 | | | | | |
| 8 | *投资性房地产减值准备 | | | | | |
| 9 | 固定资产减值准备 | | | | | |
| 10 | 在建工程（工程物资）减值准备 | | | | | |
| 11 | *生产性生物资产减值准备 | | | | | |
| 12 | 无形资产减值准备 | | | | | |
| 13 | 商誉减值准备 | | | | | |
| 14 | 贷款损失准备 | | | | | |
| 15 | 矿区权益减值 | | | | | |
| 16 | 其他 | | | | | |
| 17 | 合计 | | | | | |

注：表中*项目为执行新会计准则企业专用；表中加#项目为执行企业会计制度、小企业会计制度的企业专用。

经办人（签章）：　　法定代表人（签章）：

## 十一、填写纳税申报表（见表3-1-16）

表3-1-16　　中华人民共和国企业所得税年度纳税申报表（A类）

税款所属期间：2013年1月1日至2013年12月31日

纳税人名称：宏远公司

纳税人识别号：□□□□□□□□□□□□□□□□□　　金额单位：元（列至角分）

| 类别 | 行次 | 项目 | 金额 |
| --- | --- | --- | --- |
| 利润总额计算 | 1 | 一、营业收入（填附表一） | 4 244 442.16 |
| | 2 | 减：营业成本（填附表二） | 1 902 947.76 |
| | 3 | 营业税金及附加 | 10 120.37 |
| | 4 | 销售费用（填附表二） | 28 021.90 |
| | 5 | 管理费用（填附表二） | 498 835.23 |
| | 6 | 财务费用（填附表二） | 1 500.79 |
| | 7 | 资产减值损失 | |
| | 8 | 加：公允价值变动收益 | |
| | 9 | 投资收益 | |
| | 10 | 二、营业利润 | 1 803 016.11 |
| | 11 | 加：营业外收入（填附表一） | 322 165.11 |
| | 12 | 减：营业外支出（填附表二） | 600 |
| | 13 | 三、利润总额（10+11-12） | 2 124 581.22 |
| 应纳税所得额计算 | 14 | 加：纳税调整增加额（填附表三） | 35 320 |
| | 15 | 减：纳税调整减少额（填附表三） | 1 450 000 |
| | 16 | 其中：不征税收入 | |
| | 17 | 免税收入 | 300 000 |
| | 18 | 减计收入 | |
| | 19 | 减、免税项目所得 | |
| | 20 | 加计扣除 | 50 000 |
| | 21 | 抵扣应纳税所得额 | |
| | 22 | 加：境外应税所得弥补境内亏损 | |
| | 23 | 纳税调整后所得（13+14-15+22） | 709 901.22 |
| | 24 | 减：弥补以前年度亏损（填附表四） | 120 000 |
| | 25 | 应纳税所得额（23-24） | 589 901.22 |

续表

| 类别 | 行次 | 项目 | 金额 |
| --- | --- | --- | --- |
| 应纳税额计算 | 26 | 税率（25%） | 25% |
| | 27 | 应纳所得税额（25×26） | 147 475. 31 |
| | 28 | 减：减免所得税额（填写附表五） | |
| | 29 | 减：抵免所得税额（填写附表五） | |
| | 30 | 应纳税额（27-28-29） | 147 475. 31 |
| | 31 | 加：境外所得应纳所得税额（填写附表六） | 275 000 |
| | 32 | 减：境外所得抵免所得税额（填写附表六） | 255 000 |
| | 33 | 实际应纳所得税额（30+31-32） | 167 475. 31 |
| | 34 | 减：本年累计实际已预缴的所得税额 | |
| | 35 | 其中：汇总纳税的总机构分摊预缴的税额 | |
| | 36 | 汇总纳税的总机构财政调库预缴的税额 | |
| | 37 | 汇总纳税的总机构所属分支机构分摊的预缴税额 | |
| | 38 | 合并纳税（母子体制）成员企业就地预缴比例 | |
| | 39 | 合并纳税企业就地预缴的所得税额 | |
| | 40 | 本年应补（退）的所得税额（33-34） | |
| 附列资料 | 41 | 以前年度多缴的所得税额在本年抵减额 | |
| | 42 | 以前年度应缴未缴在本年入库所得税额 | |

| 纳税人公章： | 代理申报中介机构公章： | 主管税务机关受理专用章： |
| --- | --- | --- |
| 经办人：<br>申报日期： 年 月 日 | 经办人及执业证件号码：<br>代理申报日期： 年 月 日 | 受理人：<br>受理日期： 年 月 日 |

**注意事项**

1. 本表适用于实行查账征收的企业所得税居民纳税人填报。

2. 根据《中华人民共和国企业所得税法》及其实施条例的规定计算填报，并依据企业会计制度、企业会计准则等企业利润表以及纳税申报表相关附表的数据填报。

## 任务评价

根据前面任务下达的要求，实施并完成任务后，进行任务实施评价，填写任务实施情况表，如表 3-1-17 所示：

表 3-1-17 企业所得税业务训练评价表

| 考评内容标准 | 实施评价 | | |
|---|---|---|---|
| | 自我评价 | 同学互评 | 教师评价 |
| 企业所得税的计算（40 分） | | | |
| 填写企业所得税申报表（50 分） | | | |
| 说明如何申报缴纳（10 分） | | | |
| 合计 | | | |

# 任务 2 处理个人所得税业务

## 任务描述

汪某是某企业一名技术人员，2013 年取得以下收入：

(1) 12 月应得的工资收入及其他收入共计 9 002. 50 元，其中：工资 3 100 元；季度奖金 900 元；独生子女补贴 2. 50 元；企业代付的由省政府颁发的科技奖金 5 000 元。

(2) 汪某 2013 年年初与所在学校签订承包合同经营招待所，承包期限为三年。徐某 2013 年每月领取固定工资 750 元。年末按合同约定的分成比例分得该招待所税后利润 50 000元（已征收企业所得税）。

(3) 汪某一次性取得为外单位进行设计的收入 25 000 元，又取得专著出版稿酬 15 000元。假定上述收入均未扣除个人所得税。

(4) 汪某为大连服装节开幕式提供技术支持，一次性取得劳务报酬 10 万元。

(5) 汪某将一栋自有闲置房屋转让给某公司，经协商转让价格为 360 000 元，该房屋的原值为 250 000 元，居住期间发生修缮费用 4 600 元，转让过程中发生转让税费 5 400元。

请计算汪某 2013 年应缴的个人所得税，并填写申报表。

## 相关知识

### 一、个人所得税的征税对象和税率

个人所得税是对个人（自然人）取得的各项应税所得征收的一种税。它最早于 1799 年在英国创立，目前已有 140 多个国家开征了这种税。

个人所得税的纳税人包括中国公民、个体工商户（包括个人独资企业、合伙企业）以及在中国有所得的外籍人员（包括无国籍人员）和香港、澳门、台湾同胞。纳税义务人根据住所和时间两个标准，分为居民纳税义务人和非居民纳税义务人，居民纳税义务人承担无限纳税义务，非居民纳税义务人承担有限纳税义务。

(一) 居民纳税人

居民纳税义务人是指在中国境内有住所，或者无住所而在境内居住满一年的个人。居民纳税义务人负有全面或无限纳税义务，其来源于中国境内、境外的应税所得额都要在中国缴纳个人所得税。

所谓在中国境内有住所的个人，是指因户籍、家庭、经济利益关系，而在中国境内习惯性居住的个人。这里所说的习惯性居住，是指个人因学习、工作、探亲等原因消除之后，没有理由在其他地方继续居留时，所要回到的地方。

所谓“在中国境内居住满1年”，是指在一个纳税年度内，即从公历1月1日起至12月31日止在中国境内居住满365天。现行税法中的“中国境内”，是指中国内地地区，目前还不包括香港、澳门和台湾地区。对于一次离境累计不超过30天，或多次离境累计不超过90天的临时离境仍视为在中国境内居住。

上述规定说明，我国税法规定的住所标准和居住时间标准，是判定居民身份的两个并列标准，只要符合或达到其中任何一个标准，就可以被认定为居民纳税义务人。居民纳税义务人包括在中国境内定居的中国公民和外国侨民，但不包括虽具有中国国籍，却并没有在中国内地定居，而是侨居海外的华侨和居住在香港、澳门、台湾的同胞。

（二）非居民纳税人

非居民纳税义务人是指不符合居民纳税义务人判定标准的纳税人。即在中国境内无住所又不居住，或者无住所而在境内居住不满一年的个人。非居民纳税义务人实际上就是在一个纳税年度中没有在中国境内居住，或者在中国境内居住不满1年的外籍人员、华侨或香港、澳门、台湾同胞。

**知识链接3-2-1**

《个人所得税法实施条例》规定：“在中国境内无住所，但是居住1年以上5年以下的个人，其来源于中国境外的所得，经主管税务机关批准，可以只就由中国境内公司、企业以及其他经济组织或者个人支付的部分缴纳个人所得税；居住超过5年的个人，从第6年起，应当就其来源于中国境内外的全部所得缴纳个人所得税。”

个人在中国境内居住满5年，是指个人在中国境内连续居住满5年，即在连续5年中的每一纳税年度内均居住满1年。个人在中国境内居住满5年后，从第6年起的以后年度中，凡在境内居住满1年的应当就其来源于境内、境外的所得申报纳税；凡在境内居住不满1年的，则仅就该年内来源于境内的所得申报纳税。

（三）个人所得税的征税对象

个人所得税的征税对象是个人取得的各项应税所得。我国现行个人所得税法中列举征税的个人所得共有11项：工资、薪金所得；个体工商户的生产、经营所得；对企事业单位的承包经营、承租经营所得；劳务报酬所得；稿酬所得；特许权使用费所得；利息、股息、红利所得；财产租赁所得；财产转让所得；偶然所得；经国务院财政部门确定征税的其他所得。

由于居民纳税义务人和非居民纳税义务人承担不同的纳税义务，居民纳税义务人就其来源于中国境内、境外的所得缴纳个人所得税，负有全面纳税义务；非居民纳税义务人仅就其来源于中国境内的所得缴纳个人所得税，负有有限纳税义务。因此，应注意区分来源于中国境内的所得和来源于中国境外的所得。

税法所指来源于中国境内的所得是指纳税义务人在中国境内期间取得的所得。税法所指来源于中国境外的所得是指纳税义务人在中国境外期间取得的所得。

对于下列所得，不论支付地点是否在中国境内，均视为来源于中国境内的所得：

①在中国境内任职、受雇而取得的工资、薪金所得；

②在中国境内从事生产、经营活动而取得的生产经营所得；

③因任职、受雇、履约等而在中国境内提供劳务取得的劳务报酬所得；

④将财产出租给承租人在中国境内使用而取得的所得；

⑤转让中国境内的建筑物、土地使用权等财产，或者在中国境内转让其他财产取得的所得；

⑥提供的专利权、非专利技术、商标权、著作权或者其他特许权在中国境得的所得；

⑦从中国境内的公司、企业或者其他经济组织或者个人取得的利息、股息、红利所得。

所得的来源地和所得的支付地并不是一个概念，有时两者是一致的，有时却不相同。根据上述原则和方法，来源于中国境内的所得有：

①在中国境内的公司、企事业单位、机关、社会团体、部队、学校等单位或经济组织中任职、受雇而取得的工资、薪金所得；

②在中国境内提供各种劳务而取得的劳务报酬所得；

③在中国境内从事生产经营活动而取得的所得；

④个人出租财产，被承租人在中国境内使用而取得的财产租赁所得；

⑤转让在中国境内的房屋、建筑物、土地使用权以及在中国境内转让其他财产而取得的财产转让所得；

⑥提供在中国境内使用的专利权、专有技术、商标权、著作权以及其他各种特许权利而取得的特许权使用费所得；

⑦因持有中国的企业债券、股票、股权而从中国境内的公司、企业或其他经济组织以及个人取得的利息、股息、红利所得；

⑧在中国境内参加各种竞赛活动取得名次的奖金所得；参加在中国境内的有关部门和单位组织的有奖活动而取得的中奖所得；购买在中国境内的有关部门和单位发行的彩票取得的中彩所得；

⑨在中国境内以图书、报刊方式出版、发表作品取得的稿酬所得。

（四）个人所得税的税率

个人所得税按不同的个人所得项目，有超额累进税率和比例税率两种形式。

1. 工资、薪金所得适用税率

工资、薪金所得适用3% ~45%的七级超额累进税率，具体税率见表3-2-1：

表3-2-1所称全月应纳税所得额是指依照《中华人民共和国个人所得税法》第6条的规定，以每月收入额减除费用3 500元后的余额或者减除附加减除费用后的余额。

2. 个体工商户的生产、经营所得和对企事业单位的承包经营、承租经营所得适用税率

个体工商户的生产、经营所得和对企事业单位的承包经营、承租经营所得，适用五级超额累进税率，税率以年应纳税所得额不同确定为5% ~35%，具体税率见表3-2-2。

表 3-2-1　　工资、薪金所得适用税率表

| 级数 | 本月应纳税所得额 | 税率（%） | 速算扣除率（元） |
| --- | --- | --- | --- |
| 1 | 不超过 1 500 元 | 3 | 0 |
| 2 | 超过 1 500 元至 4 500 元的部分 | 10 | 105 |
| 3 | 超过 4 500 元至 9 000 元的部分 | 20 | 555 |
| 4 | 超过 9 000 元至 35 000 元的部分 | 25 | 1 005 |
| 5 | 超过 35 000 元至 55 000 元的部分 | 30 | 2 755 |
| 6 | 超过 55 000 元至 80 000 元的部分 | 35 | 5 505 |
| 7 | 超过 80 000 元的部分 | 45 | 13 505 |

表 3-2-2　　个体工商户、承包户的生产、经营所得适用税率表

| 级数 | 全年应纳税所得额 | 税率（%） | 速算扣除数（元） |
| --- | --- | --- | --- |
| 1 | 不超过 15 000 元的 | 5 | 0 |
| 2 | 超过 15 000 元至 30 000 元的部分 | 10 | 750 |
| 3 | 超过 30 000 元至 60 000 元的部分 | 20 | 3 750 |
| 4 | 超过 60 000 元至 100 000 元的部分 | 30 | 9 750 |
| 5 | 超过 100 000 元的部分 | 35 | 14 750 |

表 3-2-2 所称全年应纳税所得额，对个体工商户的生产、经营所得来说，是指以每一纳税年度的收入总额，减除成本、费用以及损失后的余额；对企事业单位的承包经营、承租经营所得来说，是指以每一纳税年度的收入总额，减除必要费用后的余额。

由于目前实行承包、承租经营的具体形式较多，分配方式也不相同同，所以，根据国家税务总局《关于个人对企事业单位实行承包经营、承租经营取得所得征税问题的通知》规定，其适用税率分为以下两种情况：

（1）承包、承租人对企业经营成果不拥有所有权，仅是按合同（协议）规定取得一定所得的，其所得按工资、薪金所得项目征税，适用 3% ~45% 的七级超额累进税率。

（2）承包、承租人按合同（协议）规定只向发包、出租方缴纳一定费用后，企业经营成果归其所有的，承包、承租人取得的所得，按对企事业单位的承包、承租经营所得项目征税，适用 5% ~35% 的五级超额累进税率。

3. 稿酬所得适用税率

稿酬所得适用比率税率，税率为 20%。并按应纳税额减征 30%，故实际税率为 14%。

4. 劳务报酬所得适用税率

劳务报酬所得适用比例税，税率为 20%。对劳务报酬所得一次收入畸高的，可以实行加成征收，具体税率见表 3-2-3。

表 3-2-3　　劳务报酬所得适用税率表

| 级数 | 每次应纳税所得 | 税率（%） | 速算扣除数（元） |
|---|---|---|---|
| 1 | 不超过 20 000 元的部分 | 20 | 0 |
| 2 | 超过 20 000 元至 50 000 元的部分 | 30 | 2 000 |
| 3 | 超过 50 000 元的部分 | 40 | 7 000 |

表 3-2-3 所称每次应纳税所得额，是指每次收入额减除费用 800 元（每次收入额不超过 4 000 元时）或者减除 20% 的费用（每次超过 4 000 元时）后的余额。

5. 特许权使用费所得、利息、股息、红利所得，财产租赁所得，财产转让所得，偶然所得和其他所得适用税率

特许权使用费所得，利息、股息、红利所得，财产租赁所得，财产转让所得，偶然所得和其他所得，适用比例税率，税率为 20%。

自 2001 年 1 月 1 日起个人按市价出租的居民住房，暂减按 10% 的税率征收个人所得税。

从 2007 年 8 月 15 日起，居民储蓄利息税率调为 5%，自 2008 年 10 月 9 日起，暂免征收储蓄存款利息的个人所得税。

**二、个人所得税的计算**

（一）工资、薪金所得的计算

1. 工资、薪金所得应纳税所得额的计算

工资、薪金所得是指个人因任职或受雇而取得的工资、薪金、奖金、年终加薪、劳动分红、津贴、补贴以及与任职或受雇有关的其他所得。工资、薪金所得以纳税人任职、受雇的公司、企事业单位、机关、团体、部队、学校等单位的所在地为所得来源地。

工资、薪金所得按月计征，以每月工资性收入额减去费用扣除标准后的余额为应纳税所得额。计算公式如下：

应纳税所得额=每月工资性收入-费用扣除标准

与“月工资性收入”确定相关的税收规定有：

（1）工资、薪金所得按月计征，其应纳税所得额为月应纳税所得额。

（2）工资、薪金所得的具体内容包括：工资、薪金、年终加薪、劳动分红、奖金、津贴、补贴以及与任职或受雇有关的其他所得。其中：工资、薪金、年终加薪、劳动分红一律为应税收入；其他项目应视具体情况确定是否征税。

（3）关于“奖金”的免税规定。符合下列条件的奖金免征个人所得税：省级人民政府、国务院部委和中国人民解放军军以上单位，以及外国组织颁发的科学、教育、技术、文化、卫生、体育、环境保护等方面的奖金；乡、镇（含乡、镇）以上人民政府或经县（含县）以上人民政府主管部门批准成立的有机构、有章程的见义勇为基金或类似性质组织，经主管税务机关核准，奖励给见义勇为者的奖金或奖品；个人举报、协查各种违法、犯罪行为而获得的奖金；第二届、第三届高等学校教学名师奖奖金；第二届全国职工技术创新成果获奖者所得奖金。

(4) 关于“补贴、津贴”的免税规定。下列补贴、津贴免征个人所得税：个人取得的独生子女补贴、托儿补助费、差旅费津贴、误餐补助，以及执行公务员工资制度未纳入基本工资总额的补贴、津贴差额和家属成员的副食品补贴；个人取得的按国务院规定发给的政府特殊津贴、院士津贴、资深院士津贴，以及国务院规定免征个人所得税的其他补贴、津贴。

(5) 关于“三险一金”的免税规定。企业和个人按省级以上人民政府规定的比例提取并缴付的住房公积金、医疗保险金、养老保险金、失业保险金免征个人所得税，但超过规定比例缴付的部分应计征个人所得税。个人领取原提存的住房公积金、医疗保险金、养老保险金，免征个人所得税。

(6) 关于延长离（退）休年龄的高级专家所得的免税规定。对延长离（退）休年龄的高级专家从其劳动人事关系所在单位取得的，单位按国家有关规定向职工统一发放的工资、薪金、奖金、津贴、补贴等收入，视同离（退）休工资，免征个人所得税。但从其劳动人事关系所在单位之外的其他地方取得的培训费、讲课费、顾问费、稿酬等各种收入，应计征个人所得税。

(7) 外籍个人免征个人所得税的规定。外籍人员的下列所得免征个人所得税：以非现金形式或实报实销形式取得的住房补贴、伙食补贴、搬迁费、洗衣费；按合理标准取得的境内、外出差补贴；取得的探亲费、语言训练费、子女教育费等，经当地税务机关审核批准为合理的部分。从外商投资企业取得的股息、红利所得，以及符合下列条件之一的外籍专家取得的工资、薪金所得免征个人所得税：根据世界银行专项贷款协议由世界银行直接派往我国工作的外国专家、联合国组织直接派往我国工作的专家、为联合国援助项目来华工作的专家、援助国派往我国专为该国无偿援助项目工作的专家、根据两国政府签订文化交流项目来华工作 2 年以内的文教专家，其工资、薪金所得由该国负担的；根据我国大专院校国际交流项目来华工作 2 年以内的文教专家，其工资、薪金所得由该国负担的；通过民间科研协定来华工作的专家，其工资、薪金所得由该国政府机构负担的。

(8) 其他规定。按照国家规定发给干部（职工）的安家费、退职费、退休工资、离休工资、离休生活补助费，以及福利费、抚恤金、救济金；保险赔款；军人的转业费和复员费、生育妇女按县级以上人民政府根据国家有关规定制定的生育保险办法取得的生育津贴、生育医疗费或其他属于生育保险性质的津贴、补贴，免征个人所得税。

关于“费用扣除标准”的确定。工资、薪金所得的费用扣除标准有两种：基本扣除费用和附加扣除费用。自 2008 年 3 月 1 日起至 2011 年 8 月 31 日，基本扣除费用标准为2 000元/月，附加扣除费用标准为 2 800 元/月；自 2011 年 9 月 1 日起，基本扣除费用标准为 3 500 元/月；附加扣除费用标准为 1 300 元/月。下列人员可享受附加扣除费用优惠：

①在中国境内的外商投资企业和外国企业工作的外籍人员。

②应聘在中国境内企事业单位、社会团体、国家机关工作的外籍专家。

③在中国境内有住所而在中国境外任职或受雇取得工资、薪金的个人。

④华侨和香港、澳门、台湾同胞。

⑤国务院财政、税务主管部门规定的其他人员。

2. 工资、薪金所得个人所得税应纳税额的计算

（1）一般情况工资、薪金所得个人所得税的计算。

应纳税额=应纳税所得额×适用税率-速算扣除数

**【例 3-2-1】**2013 年 10 月在某外商投资企业工作的中国公民张某取得工资收入 3 800 元；外国专家取得工资收入 10 000 元。请分别计算上述两人 10 月份应缴纳的个人所得税税额。

【解析】

张某应纳税额=（3 800-3 500）×3% =90（元）

外国专家应纳税额=（10 000-4 800）×20% -555=485（元）

（2）个人取得全年一次性奖金个人所得税的计算。

全年一次性奖金是指行政机关、企事业单位等根据其全年经济效益和对雇员全年工作业绩的综合考核情况向雇员发放的一次性奖金。一次性奖金包括年终加薪、实行年薪制和绩效工资办法的单位根据考核情况兑现的年薪和绩效工资。

个人取得的全年一次性奖金应单独作为一个月工资、薪金所得计算个人所得税，具体分两种情况两个步骤进行：

①当月工资薪金所得高于（或等于）税法规定的费用扣除额时，按下列步骤计算：

步骤一，确定税率。将雇员当月内取得的全年一次性奖金除以 12，按其商数确定适用税率和速算扣除数。

步骤二，计算税额。其计算公式如下：

应纳税额=当月取得全年一次性奖金×适用税率-速算扣除数

**【例 3-2-2】**王刚 2012 年 12 月取得工资收入 4 000 元，因其一项发明技术提高了单位工作效率，年终一次性获得奖金 12 000 元。请计算王刚 12 月份应缴纳的个人所得税税额。

【解析】

王刚的工资薪金所得与年终奖应分别计税。

工资薪金个人所得税应纳税额=（4 000-3 500）×3% =15（元）

年终奖应纳个人所得税：

确定税率：1 000 元（12 000÷12）适用税率为 3%，速算扣除数为 0。

计算税额：应纳税额=12 000×3% =360（元）

王刚 12 月份合计应缴纳个人所得税=15+360=375（元）

②当月工资薪金所得低于税法规定的费用扣除额时，按下列步骤计算：

步骤一，确定税率。将全年一次性奖金减除“雇员当月工资薪金所得与费用扣除额的差额”后的余额除以 12，按其商数确定全年一次性奖金的适用税率和速算扣除数。

步骤二，计算税额。其计算公式如下：

应纳税额=（当月取得全年一次性奖金-雇员当月工资薪金所得与费用扣除额的差额）×适用税率-速算扣除数

**【例 3-2-3】**如果王刚月工资为 1 700 元，同时取得年终一次性奖金 120 000 元，计算王刚 12 月份应缴纳的个人所得税税额。

【解析】

计算月工资薪金个人所得税：月工资不足3 500元，不需纳税。

年终奖应纳个人所得税：

确定税率：［12 000－（3 500－1 700）］÷12＝850（元），适用税率为3%，速算扣除数为0。

计算税额：应纳税额＝（12 000－1 800）×3%＝306（元）

在一个纳税年度内，对每一个纳税人全年一次性奖金的计税办法只允许采用一次，纳税人取得全年一次性奖金以外的其他各种奖金，如半年奖、季度奖、加班奖、先进奖、考勤奖等，一律与当月工资、奖金收入合并按税法规定缴纳个人所得税。

3. 既领取派遣单位工资、薪金，又领取雇佣单位工资的计算

对既领取派遣单位工资、薪金，又领取雇佣单位工资的，所得工资、薪金都应纳税。但在计算时只在雇佣单位扣除费用，派遣单位不再扣除费用。上述纳税义务人应持两处支付单位提供的原始明细工资、薪金单和完税凭证原件，选择并固定到一地税务机关申报每月工资、薪金所得，汇算清缴其工资、薪金所得的个人所得税，多退少补。具体申报期限由各省、自治区、直辖市税务机关确定。

**【例3-2-4】**李刚为一外商投资企业雇用的中方人员，2012年4月，该外企单位支付给李刚薪金6 000元，同月，他所在的派遣单位发给工资2 200元。试计算该外商投资企业、派遣单位分别应如何扣缴个人所得税。李刚实际应缴的个人所得税为多少？

【解析】

（1）外商投资企业应为李刚扣缴的个人所得税为：

应纳税额＝（6 000－3 500）×10%－105＝145（元）

（2）派遣单位应为李刚扣缴的个人所得税为：

应纳税额＝2 200×10%－105＝115（元）

（3）李刚实际应缴的个人所得税为：

应纳税额＝（6 000+2 200－3 500）×20%－555＝385（元）

李刚到税务机关申报时，还应补缴税金125元（385－145－115）。

4. 企业减员增效和行政、事业单位，社会团体在机构改革过程中实行内部退养办法的个人取得收入

其个人所得税按下列规定执行：

（1）实行内部退养的个人在其办理内部退养手续后至法定离退休年龄之间从原任职单位取得的工资、薪金不属于离退休工资，应按“工资、薪金所得”项目计征个人所得税。

（2）个人在办理内部退养手续后从原任职单位取得的一次性收入，应按办理内部退养手续后至法定离退休年龄之间的所属月份进行平均，并与领取当月的“工资、薪金所得”合并后减除当月费用扣除标准，以余额为基数确定适用税率；再将当月工资、薪金加上取得的一次性收入，减去费用扣除标准，按适用税率计征个人所得税。

（3）个人在办理内部退养手续后至法定离退休年龄之间重新就业取得的工资、薪金，应与其从原任职单位取得的同一月份的工资、薪金合并，依法自行向主管税务机关申报缴

纳个人所得税。

**【例 3-2-5】** 马某 2013 年 10 月提前 3 年（36 个月）办理了内部退养手续，并从原单位一次取得收入 90 000 元，办理内部退养后马某月工资为 2 100 元。马某 10 月份应缴纳多少个人所得税？若马某当年的 11 月与其他单位签订聘用合同，合同规定月工资为 1 500 元，马某 11 月份应缴纳多少个人所得税？

【解析】

10 月确定税率：1 100 元（90 000÷36+2 100−3 500），适用税率为 3%。

计算税额：应纳税额 =（90 000+2 100−3 500）×3% =2 658（元）

11 月应纳税额 =（2 100+1 500−3 500）×3% =3（元）

5. 因解除劳动合同（或买断工龄）而取得的补偿金个人所得税的计算

除破产企业的职工从破产企业取得的一次性安置费收入免征个人所得税外，个人因与用人单位解除劳动关系而取得的一次性补偿收入，应按“工资、薪金所得”计征个人所得税，具体规定如下：

（1）允许扣除项目的确定。个人领取一次性补偿收入时按国家和地方政府规定的比例实际缴纳的“三险一金”，以及当地上年职工平均工资 3 倍数额的部分，可在计征其一次性补偿收入个人所得税时予以扣除。

（2）超额部分的计税。一次性补偿收入超过上述的部分，可视为一次取得数月的工资、薪金收入，允许在一定期限内平均计算。计算方法：以超过部分的一次性补偿收入，除以个人在本企业的工作年限数（超过 12 年的按 12 年计算），以其商数作为个人的月工资、薪金收入，按照税法规定计算缴纳个人所得税。

（3）个人在解除劳动合同后又再次任职、受雇的，已纳税的一次性补偿收入不再与再次任职、受雇的工资薪金所得合并计算补缴个人所得税。

**【例 3-2-6】** 马某在某企业工作 16 年，现因企业不景气于 2011 年 10 月份被买断工龄，该企业向马某支付一次性补偿金 16 万元，同时，从 16 万元中拿出 1 万元为马某缴纳“三险一金”。已知当地上年职工平均工资为 1.8 万元。请计算马某应缴纳的个人所得税税额。

【解析】

允许扣除项目金额 =18 000×3+10 000=64 000（元）

应纳税所得额 =160 000−64 000=96 000（元）

将马某应纳个人所得税的部分进行分摊，马某虽然在该企业工作 16 年，但最多只能按 12 年分摊，每年 4 500 元（96 000÷12−3 500）适用税率为 10%，速算扣除数为 105 元。

应纳税额 =（4 500×10%−105）×12=4 140（元）

6. 特定行业职工工资、薪金所得个人所得税的计算

采掘业、远洋运输业、远洋捕捞业因季节、产量等因素的影响，职工的工资收入会呈现较大幅度的波动。对这三个行业，国家规定职工取得的工资、薪金所得，可按月预缴，年度终了后 30 日内，合计其全年工资、薪金所得，再按 12 个月平均并计算实际应纳的税款，多退少补，计算公式如下：

$$\text{应纳税额}=\left[\left(\text{全年工资、薪金收入}\div 12-\text{费用扣除标准}\right)\times\text{税率}-\text{速算扣除数}\right]\times 12$$

应补（退）税额=应纳税额-以前按月预缴的税款合计

（二）个体工商户生产、经营的计算

1. 个体工商户

个体工商户的生产、经营所得适用五级超额累进税率，以其应纳税所得额按适用税率计算应纳税额。其计算公式为：

应纳税额=应纳税所得额×适用税率-速算扣除数

目前，对个体工商户生产、经营所得的应纳税额实行按年计算、分月或分季预缴、年终汇算清缴、多退少补的征管方法，因此，需要分别计算按月预缴税额和年终汇算清缴税额。

其计算公式为：

本月应预缴税额=本月累计应纳税所得额×适用税率-速算扣除数-上月累计已预缴税额

其中，适用税率是指与计算应纳税额的月份累计应纳税所得额相对应的税率，由于个体工商户个人所得税税率表中的税率都是全年应纳税所得额的税率，因此，必须按换算后的税率，即五级超额累进税率换算表中的对应税率来计算，即：

全年应纳税额=全年应纳税所得额×适用税率-速算扣除数

汇算清缴税额=全年应纳税额-全年累计已预缴税额

2. 个人独资企业和合伙企业

个人独资企业和合伙企业的生产经营所得，其个人所得税应纳税额的计算有以下两种办法：

第一种：查账征税。

凡查账征税办法的，生产经营所得按照《个体工商户个人所得税计税办法（试行）》的规定确定，但下列项目的扣除依照以下规定执行：

（1）投资者的扣除标准由各省、自治区、直辖市地方税务局参照个人所得税法“工资、薪金所得”项目的费用扣除标准确定。

（2）企业从业人员的工资支出按标准在税前扣除，具体标准由各省、自治区、直辖市地方税务局参照企业所得税计税工资标准确定。

（3）投资者及其家庭发生的生活费用不允许在税前扣除。投资者及其家庭发生的生活费用与企业生产经营费用混在一起，并且难以划分的，全部视为投资者个人及其家庭发生的生活费用，不允许在税前扣除。

（4）企业生产经营和投资者及其家庭生活共用的固定资产，难以划分的，由主管税务机关根据企业的生产经营类型、规模等具体情况，核定准予在税前扣除的折旧费用数额或比例。

（5）企业实际发生的工会费、职工福利费、职工教育经费分别在其计税工资总额的2%、14%、2.5%的标准内据实扣除。

（6）企业每一纳税年度发生的广告和业务宣传费用不超过当年销售（营业）收入15%的部分，可据实扣除；超过部分可无限期向以后的纳税年度结转。

（7）个体工商户每一纳税年度发生的与其生产经营业务直接相关的业务招待费支出，

按照发生额的60%扣除，但最高不得超过当年销售（营业）收入的5‰。

（8）企业计提的各种准备金不得扣除。

（9）投资者兴办两个或两个以上企业，并且企业性质全部是独资的，年度终了后，汇算清缴时，应纳税款的计算按以下方法进行：汇总其投资兴办的所有企业的经营所得作为应纳税所得额，以此确定适用税率，计算出全年经营所得的应纳税额，再根据每个企业的经营所得占所有企业经营所得的比例，分别计算出每个企业的应纳税额和应补缴税额。其计算公式为：

应纳税所得额 = $\sum$ 各个企业的经营所得

应纳税额 = 应纳税所得额 × 适用税率 − 速算扣除数

本企业应纳税额 = 应纳税额 × 本企业的经营所得 ÷ $\sum$ 各个企业的经营所得

本企业应补缴的税额 = 本企业应纳税额 − 本企业预缴税额

第二种：核定征税。

有下列情形之一，采用核定征税方式：

（1）企业依照国家的有关规定应当设置但未设置账簿的；

（2）企业虽设置账簿，但账目混乱或者成本资料、收入凭证、费用凭证残缺不全，难以查账的；

（3）纳税人发生纳税义务，未按照规定期限办理纳税申报的，经税务机关责令限期申报，逾期仍不申报的。

核定征税方式包括定额征收、核定应税所得率征收以及其他合理的征收方式。实行核定应税所得率征收方式的，应纳所得税税额的计算公式为：

应纳所得税税额=应纳税所得额×适用税率

应纳税所得额=收入总额×应税所得率

应纳税所得额=成本费用支出额÷（1−应税所得率）×应税所得率

应税所得率应按表3-2-4规定的标准执行。

表3-2-4　**个人所得税应税所得率表**

| 行业 | 应税所得率（%） |
| --- | --- |
| 工业、交通运输业、商业 | 5～20 |
| 建筑业、房地产开发业 | 7～20 |
| 饮食服务业 | 7～25 |
| 娱乐业 | 20～30 |
| 其他行业 | 10～30 |

企业经营多种业务的，无论其经营项目是否单独核算，均应根据其主营项目确定其适用的应税所得率。

实行查账征税方式的个人独资企业和合伙企业改为核定征税方式后，在查账征税方式下认定的年度经营亏损未弥补完的部分，不再继续弥补。

实行核定征税的投资者，不能享受个人所得税的优惠政策。

（三）对企事业单位的承包承租经营所得的计算

对企事业单位的承包经营、承租经营所得适用五级超额累进税率。以其应纳税所得额按适用税率计算应纳税额。其计算公式为：

应纳税所得额＝该年度承包、承租经营收入额－3 500×12

应纳税额＝应纳税所得额×适用税率－速算扣除数

实际工作中，纳税义务人可能会在一年内分次取得承包经营、承租经营所得。在这种情况下，应在每次分得承包经营、承租经营所得后，先预缴税款，到年终再汇算清缴，多退少补。另外，如果纳税义务人的承包、承租期不足一年的，或者在一个纳税年度内，承包、承租经营不足12个月的，以其实际承包经营、承租经营的期限为一个纳税年度计算纳税。其计算公式为：

应纳税所得额＝该年度承包经营、承租经营收入额－3 500×该年度实际承包经营、承租经营月份数

应纳税额＝应纳税所得额×适用税率－速算扣除数

**【例 3-2-7】**张某2013年承包某旅店半年，合同规定，年底一次性取得承包经营收入。2013年年底张某取得承包经营收入30 000元。另外，张某还按月从旅店领取工资，每月1 700元。试计算张某的应纳税额。

【解析】

对企事业单位的承包经营、承租经营所得的应纳税所得额，应包括纳税义务人按照承包经营、承租经营合同规定分得的经营利润和工资、薪金性质的所得。

应纳税所得额＝（30 000+6×1 700）－6×3 500＝19 200（元）

应纳税额＝19 200×10%－750＝1 170（元）

（四）劳务报酬所得的计算

1. 劳务报酬所得应纳税所得额的计算

劳务报酬所得是指个人独立从事各种非雇佣的劳务活动所取得的所得。这里的劳务活动 包括设计、装潢、安装、制图、化验、测试、医疗、法律、会计、咨询、讲学、新闻、广播、翻译、审稿、书画、雕刻、影视、录音、录像、演出、表演、广告、展览、技术服务、介绍服务、经纪服务、代办服务及其他劳务。劳务报酬所得以纳税人实际提供劳务地为所得来源地。

劳务报酬所得按次征税，以每次取得的收入减除费用扣除标准后的余额为应纳税所得额。其费用扣除标准为：每次收入不超过4 000元的，减除费用为800元；每次收入超过4 000元的，减除费用为收入额的20%。具体计算公式如下：

应纳税所得额＝每次收入额－800

或　　　　＝每次收入额×（1－20%）

劳务报酬所得按次征税，其“每次收入”的确定原则为：只有一次性收入的，以取得该项收入为一次；属于同一事项连续取得收入的，以一个月内取得的收入为一次。劳务报酬所得应注意以下事项：

（1）“劳务报酬所得”与“工资、薪金所得”的区别：劳务报酬所得是个人独立从事自由职业或独立提供某种劳务所取得的报酬，不存在雇佣与被雇佣关系；而工资、薪金所得是个人从事非独立劳务活动，从所在单位领取的报酬，个人与所在单位存在着雇佣与被雇佣关系。

（2）个人兼职和退休人员再任职所得的区别：个人兼职取得的收入应按照“劳务报

酬所得”项目征税；退休人员再任职取得的收入按“工资、薪金所得”项目征税。

（3）个人不在公司任职、受雇，仅在公司担任董事、监事而取得的董事费、监事费按“劳务报酬所得”项目征税；个人在公司任职、受雇同时兼任董事、监事的，应将取得的董事费、监事费与个人工资收入合并，按“工资、薪金所得”项目征税。

（4）自2004年1月2日起，对商品营销活动中，企业和单位对营销成绩突出的非雇员以培训班、研讨会、工作考察等名义组织的旅游活动，通过免收差旅费、旅游费等对个人实行的营销业绩奖励，应根据所发生的费用全额作为该营销人员当期的劳务收入，按“劳务报酬所得”项目征税。

（5）自2006年6月1日起，对保险营销员佣金中的展业成本，免征个人所得税；对佣金中的劳务报酬部分，扣除实际缴纳的营业税金及附加后，依照税法有关规定计算征收个人所得税。根据目前保险营销员展业的实际情况，佣金中展业成本的比例暂定为保费收入的40%。

2. 一般情况劳务报酬所得个人所得税的计算

应纳税额＝应纳税所得额×适用税率－速算扣除数

＝（每次收入额－800）×适用税率－速算扣除数

或　　＝每次收入额×（1－20%）×适用税率－速算扣除数

**【例3-2-8】**某大学教授王某于2012年5月份应邀到A公司进行3天的员工培训，取得收入9 000元。请问王教授讲学所得应缴纳多少个人所得税？

【解析】

王教授讲学报酬应按“劳务报酬所得”税目计征个人所得税，并以一个月收入为一次。

应纳税额＝9 000×（1－20%）×20%＝1 440（元）

**【例3-2-9】**王教授为某企业的员工培训分别在5月份、6月份、7月份分三批完成，分别取得报酬2 500元、2 000元、4 500元。王教授讲学所得应缴纳多少个人所得税？

【解析】

王教授的上述所得属于同一事项连续取得收入，应以1个月内取得的收入为一次计算纳税。

5月份：应纳税额＝（2 500－800）×20%＝340（元）

6月份：应纳税额＝（2 000－800）×20%＝240（元）

7月份：应纳税额＝4 500×（1－20%）×20%＝720（元）

3. 两个或两个以上的纳税人共同取得同一项所得个人所得税的计算

两个或两个以上的纳税人共同取得同一项所得的，应采取“先分后税”的办法计征个人所得税，即可以对每个人分得的收入分别减除费用，并计算各自应纳税款。

**【例3-2-10】**张某和李某作为一个组合共同参加演出，双方协议约定演出费所得按4∶6分配，演出完成共获得演出费5 000元，其中，张某分得2 000元，李某分得3 000元。请分析计算上述所得应纳个人所得税。

【解析】

同一项所得由两个或两个以上纳税人共同取得的应先分配，再按各自所得计算个人所得税。

张某应纳个人所得税=（2 000-800）×20%=240（元）

李某应纳个人所得税=（3 000-800）×20%=440（元）

（五）稿酬、特许权使用费所得的计算

1. 稿酬所得应纳税所得额的计算

稿酬所得是指个人因其作品以图书、报刊形式出版、发表而取得的所得。稿酬所得按次征税，以每次取得的收入减除费用扣除标准后的余额为应纳税所得额。

其费用扣除标准为：每次收入不超过4 000元的，减除费用为800元；每次收入超过4 000元的，减除费用为收入额的20%。具体计算公式如下：

应纳税所得额=每次收入额-800

或　　　　　=每次收入额×（1-20%）

稿酬所得以每次收入来确定应纳税所得额。在实际生活中，稿酬的支付或取得的形式是种多样的，情况比较复杂。根据国家规定，对于每次取得的收入的确定应按以下原则理解：

（1）同一作品再版取得的所得，视为另一次稿酬所得计税。

（2）同一作品先在报刊上连载，然后再出版，或先出版，再在报刊上连载的，视为两次稿酬所得计税。

（3）同一作品在报刊上连载，以连载完后取得的所有收入合并为一次计税。

（4）同一作品出版、发表时以预付稿酬或分次支付稿酬形式取得收入的应合并一次计税。

（5）同一作品出版、发表后，因添加印数而追加稿酬的，应与以前出版、发表时取得的稿酬合并为一次计税。

2. 稿酬所得个人所得税的计算

稿酬所得可享受按应纳税额减征30%的税收优惠。其计算公式如下：

应纳税额=应纳税所得额×适用税率×（1-30%）=应纳税所得额×14%

**【例3-2-11】**某作家取得书稿收入50 000元。请计算其应缴纳的个人所得税税额。

【解析】

应纳税额=50 000×（1-20%）×20%×（1-30%）=5 600（元）

3. 特许权使用费所得的计算

特许权使用费所得是指个人提供专利权、商标权、著作权、非专利技术以及其他特许权的使用权取得的所得。特许权使用费所得以特许权的使用地为所得来源地。

特许权使用费按次计税，以每次取得的收入减除费用扣除标准后的余额为应纳税所得额。特许权使用费所得适用20%的比例税率，其应纳税额的计算公式为：

应纳税额=应纳税所得额×适用税率

这里同样应注意，特许权使用费所得的应纳税所得额为每次取得的收入减除规定费用后的余额。每次收入是指一项特许权的一次许可使用所得的收入。费用扣除计算方法与劳务报酬扣除相同，每次收入不超过4 000元的，定额减除费用800元；每次收入在4 000元以上的，定率减除其20%的费用。

对个人从事技术转让所支付的中介费，若能提供有效合法的凭证，也允许从其所得中扣除。两个或两个以上纳税义务人共同确定同一项所得的，可以对每个人的收入分别减除费用，并计算各自的应纳税额。

**【例 3-2-12】** 某工程师将自己发明的一项专利转让给乙企业，取得收入为 85 000 元。计算该工程师应缴纳的个人所得税。

【解析】

应纳税额＝85 000×（1-20%）×20%＝13 600（元）

（六）财产租赁的计算

财产租赁所得是指个人出租建筑物、土地使用权、机器设备、车船以及其他财产取得的所得。财产租赁所得以被租赁财产的使用地为所得来源地。

财产租赁所得按次计税，以一个月取得的收入为一次，以每次取得的收入减除规定费用后的余额为应纳税所得额。

1. 关于减除费用的规定

计算财产租赁所得个人所得税应纳税所得额时允许扣除的费用有如下四项内容，按顺序依次扣除：

（1）财产租赁过程中缴纳的税费，包括营业税、城市维护建设税、教育费附加、房产税。

（2）向出租方支付的租金（适用于转租业务）。

（3）由纳税人负担的为该出租财产实际开支的修缮费用，以每次 800 元为限分次扣除。

（4）税法规定的费用扣除标准。即每次收入不超过 4 000 元的，减除费用为 800 元；每次收入超过 4 000 元的，减除费用为收入额的 20%。

综合上述分析，应纳税所得额的计算分为以下几种。

每次（月）收入不超过 4 000 元的：

应纳税所得额＝每次（月）收入-准予扣除项目-修缮费用（800 元为限）-800

每次（月）收入超过 4 000 元的：

应纳税所得额＝［每次（月）收入-准予扣除项目-修缮费用（800 元为限）］×（1-20%）

2. 与财产租赁所得相关的其他规定

（1）个人取得的财产转租收入，按“财产租赁所得”项目由财产转租人缴纳个人所得税。取得转租收入的个人向房屋出租方支付的租金，凭房屋租赁合同和合法支付凭据在计算个人所得税时允许扣除。

（2）纳税人的确定应以产权凭证为依据，对无产权凭证的，由主管税务机关根据实际情况确定；产权所有人死亡，在未办理产权继承手续期间，该财产出租而有租金收入的，以领取租金的个人为纳税人。

3. 财产租赁所得个人所得税的计算

应纳税额＝应纳税所得额×适用税率

特别提醒：上述适用税率有两档：基本税率为 20%；对个人按市场价格出租的居民住房取得的所得减按 10% 的税率征收个人所得税。

【例 3-2-13】居民刘某于2009年第1季度将其自有房屋出租给他人居住。每月取得租金1 000元，1月份房屋水管破裂，支付维修费100元。试计算刘某租赁财产每月应缴纳的个人所得税。

【解析】

财产租赁所得的应纳税额应按月分次计算。因每次收入不超过4 000元，所以定额减除费用800元，维修费用可以扣除。自2001年1月1日起，个人按市价出租的居民住房，暂减按10%的税率征收个人所得税。

1月份应纳税额=（1 000-800-100）×10%=10（元）

2月份应纳税额=（1 000-800）×10%=20（元）

3月份应纳税额=（1 000-800）×10%=20（元）

（七）财产转让所得的计算

1. 财产转让所得应纳税所得额的计算

财产转让所得是指个人转让有价证券、股票、建筑物、土地使用权、机器设备、车船以及其他财产取得的所得。

财产转让所得以转让财产的收入额减除财产原值和合理费用后的余额为应纳税所得额。具体计算公式如下：

应纳税所得额=每次收入额-财产原值-合理税费

关于“财产原值”的确定：对于有价证券，为买入价以及买入时按照规定缴纳的有关费用；对于建筑物，为建造费用或购进价格以及其他有关费用；对于土地使用权，为取得土地使用权所支付的金额、开发土地的费用以及其他有关费用；对于机器设备、车船，为购进价格、运输费、安装费以及其他有关费用；对于其他财产，参照上述方法确定。

纳税人未提供完整、准确的财产原值凭证，不能正确计算财产原值的，由主管税务机关核定其财产原值。

关于“合理税费”的确定：合理税费是指卖出财产时支付的经税务机关认可的有关税费，包括营业税、城市维护建设税及教育费附加、土地增值税、印花税、手续费等。

与财产转让所得相关的其他规定。

（1）股票转让所得。股票转让所得暂不征收个人所得税。

（2）换购住房。为鼓励个人换购住房，对出售自有住房并拟在现住房出售后1年内按市场价重新购房的纳税人，其出售现住房缴纳的个人所得税，视其重新购房的价值可全部或部分予以免税。

（3）企事业单位将自建住房以低于购置或建造成本价销售给职工的个人所得税的征税按下列规定执行：在住房制度改革期间，按照所在地县级以上人民政府规定的房改成本价格向职工出售公有住房，职工因支付的房改成本价格低于房屋建造成本价格或市场价格而取得的差价收益，免征个人所得税；除前述情形外，单位按低于购置或建造成本价格出售住房给职工，职工因此而少支出的差价部分，属于个人所得税应税所得，应按照“工资、薪金所得”项目，比照全年一次性奖金的征税办法计算缴纳个人所得税。

2. 财产转让所得个人所得税的计算

应纳税额=应纳税所得额×适用税率（20%）

【例 3-2-14】中国居民李某于 2014 年 4 月将 2011 年购入的企业债券 500 份以每份 218 元的价格全部转让，发生相关税费 870 元。该债券申购价每份 200 元，申购时共支付相关税费 350 元。请计算李某转让有价证券应缴纳的个人所得税。

【解析】

应纳税额 =［218×500-（200×500+350）-870］×20% =1 556（元）

（八）利息、股息、红利所得和其他偶然所得

1. 利息、股息、红利所得，偶然所得与其他所得应纳税所得额的计算

利息、股息、红利所得是指个人拥有债权、股权而取得的利息、股息、红利所得。偶然所得是指个人得奖、中奖、中彩以及其他偶然性质的所得。其他所得是指个人取得的由国务院财政部门确定征税的其他所得。

利息、股息、红利所得，偶然所得与其他所得按次计税，以每次收入额为应纳税所得额。

2. 关于减免税的规定

（1）个人取得的下列利息、股息、红利所得免征个人所得税：国债利息收入；国家发行金融债券利息收入；个人取得的教育储蓄存款利息所得以及国务院财政部门确定的其他专项储蓄存款或储蓄性专项基金存款的利息所得；个人按规定缴付的“三险一金”而存入银行取得的利息收入。

（2）个人投资者从上市公司（指在上海证券交易所、深圳证券交易所挂牌交易的上市公司）取得的股息、红利所得，以及对证券投资基金从上市公司分配取得的股息、红利所得，暂减按 50% 计入个人应纳税所得额。

（3）个人取得单张有奖发票奖金所得不超过 800 元（含 800 元）的，暂免征收个人所得税；个人取得单张有奖发票奖金所得超过 800 元的，应全额按照“偶然所得”项目征收个人所得税。

（4）个人购买社会福利彩票、体育彩票等，一次中奖收入不超过 1 万元的，暂免征收个人所得税；超过 1 万元的，应全额按照“偶然所得”项目征收个人所得税。

3. 与利息、股息、红利所得和偶然所得相关的其他规定

（1）纳税年度内个人投资者从其投资企业（个人独资企业、合伙企业除外）借款，在该纳税年度终了后既不归还又未用于企业生产经营的，其未归还的借款可视为企业对个人投资者的红利分配，依照“利息、股息、红利所得”项目计征个人所得税。

（2）个人在个人银行结算账户的存款自 2003 年 9 月 1 日起孳生的利息，应按“利息、股息、红利所得”项目计征个人所得税，税款由办理个人银行结算账户业务的储蓄机构在结付利息时代扣代缴。

（3）企业为股东购买车辆并将车辆所有权办到股东个人名下，其实质为企业对股东进行了红利性质的实物分配，应按照“利息、股息、红利所得”项目计征个人所得税。

4. 利息、股息、红利所得和偶然所得个人所得税的计算

应纳税额 = 每次收入额×适用税率（20%）

【例 3-2-15】2013 年王先生购买福利彩票中奖 3 000 元；参加某商场举办的有奖销售活动中奖 15 000 元现金。王先生的上述所得是否应缴纳个人所得税？

【解析】

王先生购买福利彩票中奖所得不超过 1 万元，暂免征收个人所得税；

参加商场有奖销售活动所得应按“偶然所得”项目计征个人所得税。

应纳税额 = 15 000×20% = 3 000（元）

（九）个人所得税应纳税额计算的特殊问题

1. 公益、救济性捐赠的扣除

根据个人所得税法规定，个人将其所得通过中国境内的社会团体、国家机关向教育和其他社会公益事业以及遭受严重自然灾害地区、贫困地区捐赠，捐赠额未超过纳税人申报的应纳税所得额 30% 的部分，可以从其应纳税所得额中扣除。其计算公式如下：

捐赠扣除限额 = 应纳税所得额×30%

实际捐赠额小于捐赠扣除限额时，允许扣除的捐赠额等于实际捐赠额；实际捐赠额大于捐赠扣除限额时，只能按捐赠限额扣除。

应纳税额 = 应纳税所得额×适用税率－速算扣除数

**【例 3-2-16】** 中国公民王某 2012 年 5 月 1 日购买福利彩票，中奖 200 000 元。王某领奖时拿出 20 000 元捐赠给希望工程。请计算王某应缴纳的个人所得税税额。

【解析】

捐赠扣除限额 = 200 000×30% = 60 000（元）

纳税人实际捐赠额 20 000 元<捐赠扣除限额 60 000 元，则：

允许扣除的捐赠额 = 20 000（元）

应纳税所得额 = 200 000－20 000 = 180 000（元）

应纳税额 = 180 000×20% = 36 000（元）

2. 境外所得已纳税额的抵免

根据个人所得税法规定，居民纳税人负无限纳税义务，应就其来源于中国境内、境外的所得征税。但纳税人从中国境外取得的所得，已在境外缴纳的个人所得税，准予在应纳税额中扣除，但扣除额不得超过该纳税人境外所得依照我国个人所得税法计算的应纳税额。

上述“已在境外缴纳的个人所得税”是指纳税人从中国境外取得的所得，依照该所得来源国或地区的法律应当并且实际已缴纳的税额。“境外所得依照我国个人所得税法计算的应纳税额”是指纳税人从中国境外取得的所得，区别不同国家（或地区）和不同应税项目，依照我国税法规定的费用减除标准和适用税率计算的应纳税额。同一国家（或地区）内不同应税项目，依照我国税法计算的应纳税额之和，则为该国（或地区）的扣除限额。

纳税人从中国境外一国（或地区）实际已缴纳的个人所得税税额，低于依照上述办法计算的该国（或地区）扣除限额的，须在我国缴纳差额部分的税款；超过该国（或地区）扣除限额的，其超过部分不能在本纳税年度的应纳税额中扣除，但可在以后纳税年度该国（或地区）扣除限额的余额中补扣，补扣期最长不得超过 5 年。

境外所得应纳税额可按下列步骤计算：

（1）计算来自某国（或地区）的抵免限额。

$$\text{来自某国(或地区)的抵免限额} = \sum \left[ \text{来自某国(或地区)的某一应税项目的所得} - \text{费用减除标准} \right] \times \text{适用税率} - \text{速算扣除数}$$

（2）判断允许抵免额。

当在境外实际缴纳税额<抵免限额时：允许抵免额=境外实际缴纳税额

当在境外实际缴纳税额>抵免限额时：允许抵免额=抵免限额

（3）计算应纳税额。

$$\text{应纳税额} = \sum \left[ \text{来自某国(或地区)的某一应税项目的所得} - \text{费用减除标准} \right] \times \text{适用税率} - \text{速算扣除数} - \text{允许抵免额}$$

**【例 3-2-17】**中国公民王某在境外工作，2012 年在 A 国取得工资、薪金收入 240 000 元，转让一项专利取得特许权使用费收入 80 000 元，两项所得在 A 国已缴纳个人所得税 10 000 元。2012 年王某应向我国税务机关缴纳多少个人所得税？

【解析】

①计算来自 A 国的抵免额。

工薪、薪金收入应纳税额=［（240 000÷12-6 300）×25%-1 005］×12

=29 040（元）

特许权使用费收入应纳税额=80 000×（1-20%）×20%=12 800（元）

A 国抵免限额=29 040+12 800=41 840（元）

②判断允许抵免额。

王某已在 A 国缴纳税款 10 000 元，小于抵免限额 41 840 元，则允许抵免额为10 000 元。

③计算王某应向我国税务机关缴纳的个人所得税。

应纳税额=41 840-10 000=31 840（元）

## 三、个人所得税的申报与缴纳

### （一）个人所得税自行申报纳税

1. 自行申报纳税的纳税人

依据个人所得税法规定纳税人有下列情形之一的，应按规定办理自行纳税申报：

（1）年所得 12 万元以上的（但不包括在中国境内无住所，且在一个纳税年度中在中国境内居住不满一年的个人）。

（2）从中国境内两处或两处以上取得工资、薪金所得的。

（3）从中国境外取得所得的（仅指在中国境内有住所，或无住所而在一个纳税年度中在中国境内居住满一年的个人）。

（4）取得应纳税所得，没有扣缴义务人的。

（5）国务院规定的其他情形。

2. 自行申报纳税的申报期限

（1）年所得 12 万元以上的纳税人，在纳税年度终了后 3 个月内向主管税务机关办理纳税申报。

（2）个体工商户和个人独资、合伙企业投资者取得的生产、经营所得应纳税款，分月（季）预缴的，纳税人在每月（季）终了后 7 日内办理纳税申报；纳税年度终了后 3 个月内进行汇算清缴。

（3）纳税人年终一次取得对企事业单位承包、承租经营所得的，自取得所得之日起30日内办理纳税申报；在一个纳税年度内分次取得承包、承租经营所得的，在每次取得所得后的次月7日内申报预缴；年度终了后的3个月内汇算清缴。

（4）从中国境外取得所得的纳税人，在纳税年度终了后30日内向中国境内主管税务机关办理纳税申报。

（5）除以上规定的情形外，纳税人取得其他各项所得须申报纳税的，在取得所得的次月7日内向主管税务机关办理纳税申报。

3. 自行申报纳税的申报地点

（1）年所得12万元以上的纳税人，纳税申报地点分别为：

①在中国境内有任职、受雇单位的，向任职、受雇单位所在地主管税务机关申报。

②在中国境内有两处或两处以上任职、受雇单位的，选择并固定向其中一处单位所在地主管税务机关申报。

③在中国境内无任职、受雇单位，年所得项目中有个体工商户生产、经营所得或对企事业单位的承包、承租经营所得（以下统称生产、经营所得）的，向其中一处实际经营所在地主管税务机关申报。

④在中国境内无任职、受雇单位，年所得项目中无生产、经营所得的，向户籍所在地主管税务机关申报。在中国境内有户籍，但户籍所在地与中国境内经常居住地不一致的，选择并固定向其中一地主管税务机关申报。在中国境内没有户籍的，向中国境内经常居住地主管税务机关申报。

（2）从两处或两处以上取得工资、薪金所得的，选择并固定向其中一处单位所在地主管税务机关申报。

（3）从中国境外取得所得的，向中国境内户籍所在地主管税务机关申报。在中国境内有户籍，但户籍所在地与中国境内经常居住地不一致的，选择并固定向其中一地主管税务机关申报。在中国境内没有户籍的，向中国境内经常居住地主管税务机关申报。

（4）个体工商户向实际经营所在地主管税务机关申报。

（5）个人独资、合伙企业投资者兴办两个或两个以上企业的，区分不同情形确定纳税申报地点：

①兴办的企业全部是个人独资性质的，分别向各企业的实际经营管理所在地主管税务机关申报。

②兴办的企业中含有合伙性质的，向经常居住地主管税务机关申报。

③兴办的企业中含有合伙性质的，个人投资者经常居住地与其兴办企业的经营管理所在地不一致的，选择并固定向其参与兴办的某一合伙企业的经营管理所在地主管税务机关申报。

除以上情形外，纳税人应当向取得所得所在地主管税务机关申报。

纳税人不得随意变更纳税申报地点，因特殊情况变更纳税申报地点的，须报原主管税务机关备案。

4. 纳税申报表的种类及编制

我国个人所得税的纳税方式包括自行申报纳税和代扣代缴两种，纳税义务人的申报对应的纳税申报表有六类。

（1）年所得12万元以上的纳税人的纳税申报表（见表3-2-5）。

表3-2-5　　　　　　　　　　**个人所得税申报表**

税款所属期：　　年　月　日至　　年　月　日

扣缴义务人名称：　　　　　　　　　　　　扣缴义务人所属行业：□一般行业　□特定行业月份申报

扣缴义务人编码：□□□□□□□□□□□□□□□□□□□□　　　　金额单位：人民币元（列至角分）

| 序号 | 姓名 | 身份证件类型 | 身份证件号码 | 所得项目 | 所得期间 | 收入额 | 免税所得 | 税前扣除项目 | | | | | | | | 减除费用 | 准予扣除的捐赠额 | 应纳税所得额 | 税率（%） | 速算扣除数 | 应纳税额 | 减免税额 | 应扣缴税额 | 已扣缴税额 | 应补（退）税额 | 备注 |
|---|---|---|---|---|---|---|---|---|---|---|---|---|---|---|---|---|---|---|---|---|---|---|---|---|---|---|
| | | | | | | | | 基本养老保险费 | 基本医疗保险费 | 失业保险费 | 住房公积金 | 财产原值 | 允许扣除的税费 | 其他 | 合计 | | | | | | | | | | | |
| 1 | 2 | 3 | 4 | 5 | 6 | 7 | 8 | 9 | 10 | 11 | 12 | 13 | 14 | 15 | 16 | 17 | 18 | 19 | 20 | 21 | 22 | 23 | 24 | 25 | 26 | 27 |
| | | | | | | | | | | | | | | | | | | | | | | | | | | |
| | | | | | | | | | | | | | | | | | | | | | | | | | | |
| | | | | | | | | | | | | | | | | | | | | | | | | | | |
| | | | | | | | | | | | | | | | | | | | | | | | | | | |
| | | | | | | | | | | | | | | | | | | | | | | | | | | |
| | | | | | | | | | | | | | | | | | | | | | | | | | | |
| | | | | | | | | | | | | | | | | | | | | | | | | | | |
| | | | | | | | | | | | | | | | | | | | | | | | | | | |
| | | | | | | | | | | | | | | | | | | | | | | | | | | |
| | | | | | | | | | | | | | | | | | | | | | | | | | | |
| | 合计 | | | | | | | | | | | | | | | | | | | | | | | | | |

| 谨声明：此扣缴报告表是根据《中华人民共和国个人所得税法》及其实施条例和国家有关税收法律法规规定填写的，是真实的、完整的、可靠的。<br>法定代表人（负责人）签字：　　　　年　月　日 | | |
|---|---|---|
| 扣缴义务人公章：<br>经办人： | 代理机构（人）签章：<br>经办人：<br>经办人执业证件号码： | 主管税务机关受理专用章：<br>受理人： |
| 填表日期：　　年　月　日 | 代理申报日期：　　年　月　日 | 受理日期：　　年　月　日 |

国家税务总局监制

（2）个人所得税月份申报表。

个人所得税月份申报表适用于个人取得的工资、薪金，劳务报酬，稿酬，特许权使用费，利息、股息、红利，财产租赁，财产转让，偶然等各项所得，而支付单位未按规定代扣代缴税款，或从中国境内两处或两处以上取得工资、薪金所得，或分笔取得属于一次劳务报酬、稿酬、特许权使用费、财产租赁所得的纳税人的月份自行申报。凡已由扣缴义务人扣缴所得税款的，不填报此表。

（3）有中国境外所得的纳税人年度申报表（见表3-2-6）。

有中国境外所得的纳税人年度申报表适用于在中国境内有住所，或无住所而在境内居住满1年的个人取得中国境内所得的年度申报。

表 3-2-6　　　　**境外个人所得税申报表**

税款所属期：　　年　月　日至　　年　月　日　　　　　　金额单位：人民币元（列至角分）

| 姓名 | | 身份证件类型 | |
|---|---|---|---|
| 国籍（地区） | | 身份证件号码 | |

| 所得来源国（地区） | 所得项目 | 收入额 | 税前扣除项目 | | | | | | | | 减除费用 | 准予扣除的捐赠额 | 应纳税所得额 | 工资薪金所得项目月应纳税所得额 | 税率（%） | 速算扣除数 | 应纳税额 |
|---|---|---|---|---|---|---|---|---|---|---|---|---|---|---|---|---|---|
| | | | 基本养老保险费 | 基本医疗保险费 | 失业保险费 | 住房公积金 | 财产原值 | 允许扣除的税费 | 其他 | 合计 | | | | | | | |
| 1 | 2 | 3 | 4 | 5 | 6 | 7 | 8 | 9 | 10 | 11 | 12 | 13 | 14 | 15 | 16 | 17 | 18 |
| | | | | | | | | | | | | | | | | | |
| | | | | | | | | | | | | | | | | | |
| | | | | | | | | | | | | | | | | | |
| | | | | | | | | | | | | | | | | | |
| | | | | | | | | | | | | | | | | | |
| | | | | | | | | | | | | | | | | | |

| 本期应缴税额计算 | 国别（地区） | 扣除限额 | 境外已纳税额 | 五年内超过扣除限额未补扣余额 | 本期应补缴税额 | 未扣除余额 |
|---|---|---|---|---|---|---|
| | 19 | 20 | 21 | 22 | 23 | 24 |
| | | | | | | |
| | | | | | | |
| | | | | | | |
| | | | | | | |

谨声明：此表是根据《中华人民共和国个人所得税法》及其实施条例和国家相关法律法规规定填写的，是真实的、完整的、可靠的。

纳税人签字：　　　　年　月　日

| 代理机构（人）签章：<br>经办人：<br>经办人执业证件号码： | 主管税务机关受理专用章：<br>受理人： |
|---|---|
| 代理申报日期：　　年　月　日 | 受理日期：　　年　月　日 |

（4）个体工商户所得税月份申报表（见表 3-2-7）。

个体工商户所得税月份申报表适用于个体工商户月份预缴所得税的申报。

表 3-2-7　　　　**生产、经营所得个人所得税纳税申报表（月份）**

税款所属期：　年　月　日至　年　月　日　　　　金额单位：人民币元（列至角分）

<table>
<tr><td rowspan="2">投资者信息</td><td>姓名</td><td></td><td>身份证件类型</td><td></td><td>身份证件号码</td><td></td></tr>
<tr><td>国籍（地区）</td><td colspan="3"></td><td>纳税人识别号</td><td></td></tr>
<tr><td rowspan="2">被投资单位信息</td><td>名称</td><td colspan="3"></td><td>纳税人识别号</td><td></td></tr>
<tr><td>征收方式</td><td>□查账征收</td><td colspan="2">□核定征收</td><td>类型</td><td>□个体工商户　□承包、承租经营者<br>□个人独资企业　□合伙企业</td></tr>
<tr><td colspan="5">项目</td><td>行次</td><td>金额</td></tr>
<tr><td colspan="5">一、本期收入总额</td><td>1</td><td></td></tr>
<tr><td colspan="5">二、本期成本费用总额</td><td>2</td><td></td></tr>
<tr><td colspan="5">三、本期利润总额</td><td>3</td><td></td></tr>
<tr><td colspan="5">四、分配比例（%）</td><td>4</td><td></td></tr>
<tr><td colspan="5">五、应纳税所得额</td><td>5</td><td></td></tr>
<tr><td rowspan="2">查账征收</td><td colspan="4">1. 按本期实际计算的应纳税所得额</td><td>6</td><td></td></tr>
<tr><td colspan="4">2. 上年度应纳税所得额的1/12或1/4</td><td>7</td><td></td></tr>
<tr><td rowspan="2">核定征收</td><td colspan="4">1. 税务机关核定的应税所得率（%）</td><td>8</td><td></td></tr>
<tr><td colspan="4">2. 税务机关认可的其他方法确定的应纳税所得额</td><td>9</td><td></td></tr>
<tr><td colspan="5">六、按上述内容换算出的全年应纳税所得额</td><td>10</td><td></td></tr>
<tr><td colspan="5">七、税率（%）</td><td>11</td><td></td></tr>
<tr><td colspan="5">八、速算扣除数</td><td>12</td><td></td></tr>
<tr><td colspan="5">九、本期预缴税额</td><td>13</td><td></td></tr>
<tr><td colspan="5">十、减免税额</td><td>14</td><td></td></tr>
<tr><td colspan="5">十一、本期实际应缴税额</td><td>15</td><td></td></tr>
<tr><td colspan="7">谨声明：此表是根据《中华人民共和国个人所得税法》及其实施条例和国家相关法律法规规定填写的，是真实的、完整的、可靠的。<br>纳税人签字：　　　　年　月　日</td></tr>
<tr><td colspan="5">代理申报机构（人）公章：<br>经办人：<br>经办人执业证件号码：</td><td colspan="2">主管税务机关受理专用章：<br>受理人：</td></tr>
<tr><td colspan="5">代理申报日期：　年　月　日</td><td colspan="2">受理日期：　年　月　日</td></tr>
</table>

（5）个体工商户所得税年度申报表（见表3-2-8）。

个体工商户所得税年度申报表适用于个体工商户所得税的年度申报。

表3-2-8　　生产、经营所得个人所得税纳税申报表（年度）

税款所属期：　年　月　日至　年　月　日　　　　金额单位：人民币元（列至角分）

| | | | | | | |
|---|---|---|---|---|---|---|
| 投资者信息 | 姓名 | | 身份证件类型 | | 身份证件号码 | |
| | 国籍（地区） | | | | 纳税人识别号 | |
| 被投资者单位信息 | 名称 | | | | 纳税人识别号 | |
| | 类型 | □个体工商户　□承包、承租经营者　□个人独资企业　□合伙企业 | | | | |

| 项目 | 行次 | 金额 | 补充资料 |
|---|---|---|---|
| 一、收入总额 | 1 | | 1. 年平均职工人数：____人 |
| 减：成本 | 2 | | 2. 工资总额：____元 |
| 营业费用 | 3 | | 3. 投资者人数：____人 |
| 管理费用 | 4 | | |
| 财务费用 | 5 | | |
| 营业税金及附加 | 6 | | |
| 营业外支出 | 7 | | |
| 二、利润总额 | 8 | | |
| 三、纳税调整增加额 | 9 | | |
| 1、超过规定标准扣除的项目 | 10 | | |
| （1）职工福利费 | 11 | | |
| （2）职工教育经费 | 12 | | |
| （3）工会经费 | 13 | | |
| （4）利息支出 | 14 | | |
| （5）业务招待费 | 15 | | |
| （6）广告费和业务宣传费 | 16 | | |
| （7）教育和公益事业捐赠 | 17 | | |
| （8）住房公积金 | 18 | | |
| （9）社会保险费 | 19 | | |
| （10）折旧费用 | 20 | | |
| （11）无形资产摊销 | 21 | | |
| （12）资产损失 | 22 | | |

续表

| | | | |
|---|---|---|---|
| (13) 其他 | 23 | | |
| 2. 不允许扣除的项目 | 24 | | |
| (1) 资本性支出 | 25 | | |
| (2) 无形资产受让、开发支出 | 26 | | |
| (3) 税收滞纳金、罚金、罚款 | 27 | | |
| (4) 赞助支出、非教育和公益事业捐赠 | 28 | | |
| (5) 灾害事故损失赔偿 | 29 | | |
| (6) 计提的各种准备金 | 30 | | |
| (7) 投资者工资薪金 | 31 | | |
| (8) 与收入无关的支出 | 32 | | |
| 其中：投资者家庭费用 | 33 | | |
| 四、纳税调整减少额 | 34 | | |
| 1. 国债利息收入 | 35 | | |
| 2. 其他 | 36 | | |
| 五、以前年度损益调整 | 37 | | |
| 六、经纳税调整后的生产经营所得 | 38 | | |
| 减：弥补以前年度亏损 | 39 | | |
| 乘：分配比例% | 40 | | |
| 七、允许扣除的其他费用 | 41 | | |
| 八、投资者减除费用 | 42 | | |
| 九、应纳税所得额 | 43 | | |
| 十、税率（%） | 44 | | |
| 十一、速算扣除数 | 45 | | |
| 十二、应纳税额 | 46 | | |
| 减：减免税额 | 47 | | |
| 十三、全年应缴税额 | 48 | | |
| 加：期初未缴税额 | 49 | | |
| 减：全年已预缴税额 | 50 | | |
| 十四、应补（退）税额 | 51 | | |

谨声明：此表是根据《中华人民共和国个人所得税法》及其实施条例和国家相关法律法规规定填写的，是真实的、完整的、可靠的。

纳税人签字：　　　　　　　　年　月　日

| | |
|---|---|
| 代理申报机构（人）公章：<br>经办人：<br>经办人执业证件号码： | 主管税务机关受理专用章：<br>受理人： |
| 代理申报日期：　　年　月　日 | 受理日期：　　年　月　日 |

（6）个人承包经营、承租经营年度所得税申报表。

个人承包经营、承租经营年度所得税申报表适用于个人对企事业单位承包经营、承租经营年度所得的申报。

（二）个人所得税代扣代缴

1. 全员全额扣缴申报

税法规定，凡是支付个人应纳税所得的企业（公司）、事业单位、机关单位、社团组织、军队、驻华机构、个体户等单位或个人，都是个人所得税的扣缴义务人。从2006年1月1日起，扣缴义务人必须依法履行个人所得税全员全额扣缴申报义务。全员全额扣缴申报是指扣缴义务人向个人支付应税所得时，不论其是否属于本单位人员，支付的应税所得是否达到纳税标准，扣缴义务人应当在代扣税款的当月内，向主管税务机关报送其支付应税所得个人的基本信息、支付所得项目和数额、扣缴税款数额以及其他相关涉税信息。扣缴义务人每月所扣的税款，均应当在次月7日内缴入国库。

2. 代扣代缴的应税所得项目

扣缴义务人向个人支付下列所得时，应代扣代缴个人所得税：工资、薪金所得；对企（事）业单位承包、承租经营所得；劳务报酬所得；稿酬所得；特许权使用费所得；利息、股息、红利所得；财产租赁所得；财产转让所得；偶然所得；经国务院财政部门确定征税的其他所得。

3. 扣缴个人所得税报告表的编制

（1）报送个人基础信息。

扣缴义务人在进行初次申报时，应报送个人基础信息。个人基础信息发生变化的，扣缴义务人应在次月扣缴申报时，将变更信息报送主管税务机关。应报送的个人基础信息主要包括：姓名、身份证照类型及号码、职务、户籍所在地、有效联系电话、有效通信地址及邮编等。

（2）填制报送扣缴个人所得税报告表。

扣缴义务人在扣缴税款时，应按每个人逐栏逐项填写《扣缴个人所得税报告表》和《支付个人收入明细表》。前者适用于扣缴义务人申报扣缴的所得税额；后者适用于扣缴义务人向个人支付应税所得未达到纳税标准、没有扣缴税款的情况。已实行扣缴申报信息化管理的，可合并两者的信息。

## 任务实施

根据任务描述，实施填表方案，拟定步骤如下：

**一、计算汪某2013年应纳个人所得税额**

1. 12月应纳个人所得税税额=（3 100+900−3 500）×3%＝15（元）

2013年应纳个人所得税税额＝15×12＝180（元）

2. 2013年承包个人所得税应税所得＝50 000+750×12−3 500×12＝17 000（元）

应纳税额＝17 000×10%−750＝950（元）

3. 劳务报酬应纳个人所得税＝25 000×（1−20%）×20%＝4 000（元）

稿酬应纳个人所得税＝15 000×（1−20%）×20%×（1−30%）＝1 680（元）

4. 稿酬所得应纳个人所得税＝100 000×（1−20%）×40%−7 000＝25 000（元）

5. 财产租赁个人所得税＝（360 000−250 000−5 400）×20%＝20 920（元）

## 二、填写申报表（见表3-2-9）

表3-2-9　　个人所得税纳税申报表

（适用于年所得12万元以上的纳税人申报）

所得年份：2013年　　填表日期：2014年1月5日　　金额单位：人民币元（列至角分）

| 纳税人姓名 | 汪某 | 国籍（地区） | 中国 | 身份证照类型 | | 身份证照号码 | |
|---|---|---|---|---|---|---|---|
| 任职、受雇单位 | | 任职受雇单位税务代码 | | 任职受雇单位所属行业 | | 职务 | | 职业 | |
| 在华天数 | | 境内有效联系地址 | | | | 境内有效联系地址邮编 | | 联系电话 | |
| 此行由取得经营所得的纳税人填写 | 经营单位纳税人识别号 | | | | | | 经营单位纳税人名称 | |

| 所得项目 | 年所得额 | | | 应纳税所得额 | 应纳税额 | 已缴（扣）税额 | 抵扣税额 | 减免税额 | 应补税额 | 应退税额 | 备注 |
|---|---|---|---|---|---|---|---|---|---|---|---|
| | 境内 | 境外 | 合计 | | | | | | | | |
| 1. 工资、薪金所得 | 48 000 | | 48 000 | 6 000 | 180 | | | | | | |
| 2. 个体工商户的生产、经营所得 | | | | | | | | | | | |
| 3. 对企事业单位的承包经营、承租经营所得 | 50 000 | | 50 000 | 17 000 | 950 | | | | | | |
| 4. 劳务报酬所得 | 25 000 | | 25 000 | 20 000 | 4 000 | | | | | | |
| 5. 稿酬所得 | 115 000 | | 115 000 | 92 000 | 26 680 | | | | | | |
| 6. 特许权使用费所得 | | | | | | | | | | | |
| 7. 利息、股息、红利所得 | | | | | | | | | | | |
| 8. 财产租赁所得 | | | | | | | | | | | |
| 9. 财产转让所得 | 360 000 | | 360 000 | 104 600 | 20 920 | | | | | | |
| 其中：股票转让所得 | | | | — | — | — | — | — | — | — | |
| 个人房屋转让所得 | 360 000 | | 360 000 | 104 600 | 20 920 | | | | | | |
| 10. 偶然所得 | | | | | | | | | | | |
| 11. 其他所得 | | | | | | | | | | | |
| 合计 | 598 000 | | 598 000 | 239 600 | 52 730 | | | | | | |

我声明，此纳税申报表是根据《中华人民共和国个人所得税法》及有关法律、法规的规定填报的，我保证它是真实的、可靠的、完整的。

纳税人（签字）

代理人（签章）：　　联系电话：

税务机关受理人（签字）：　　税务机关受理时间：　　年　月　日　　受理申报税务机关名称（盖章）：

**注意事项**

1. 我国个人所得税的纳税方式包括自行申报纳税和代扣代缴两种，一类是纳税义务人的申报；另一类是扣缴义务人的申报表。对应的纳税申报表有六类九种。

2. 负有纳税义务的个人，可以由本人或者委托他人于纳税年度终了后3个月以内向主管税务机关报送本表。不能按照规定期限报送本表时，应当在规定的报送期限内提出申请，经当地税务机关批准，可以适当延期。

## 任务评价

根据前面任务下达的要求，实施并完成任务后，进行任务实施评价，填写任务实施情况表，如表3-2-10所示：

表3-2-10　　个人所得税业务训练评价表

| 考评内容标准 | 实施评价 | | |
| --- | --- | --- | --- |
| | 自我评价 | 同学互评 | 教师评价 |
| 个人所得税的计算（40分） | | | |
| 填写个人所得税申报表（50分） | | | |
| 说明如何申报缴纳（10分） | | | |
| 合　计 | | | |

## 学习情境四

# 财产税类纳税实务

本学习情境主要介绍财产税的计算、申报与缴纳。财产税是以纳税人所有或属其支配的财产为课税对象的一类税收。它以财产为课税对象，向财产的所有者征收。本学习情境下包含四个任务：处理房产税业务；处理土地增值税业务；处理车船税业务；处理契税业务。

**知识目标**

1. 了解：房产税、土地增值税、车船税、契税的概念、纳税人、征税范围、税目、税率、纳税地点和纳税期限；
2. 熟悉：企业房产税、土地增值税、车船税、契税纳税申报和缴纳业务；
3. 掌握：企业房产税、土地增值税、车船税、契税的计算。

**技能目标**

1. 会处理房产税、土地增值税、车船税、契税的相关业务；
2. 会判断房产税、土地增值税、车船税、契税税目、税率。

**案例导引**

上海大同企业欲兴建一座花园式工厂，除厂房办公室外，还包括厂区围墙、水塔、变电塔、停车场、游泳池、喷泉设施等建筑物，总计造价1亿元，其中，停车场、游泳池、围墙等工程造价约为1 000万元。

**请分析**：该企业应如何进行纳税筹划？

**分析提示**：

如果1亿元都作为房产原值的话，该企业自建成的次月起每年应缴纳房产税（扣除比例为30%）84万元（10 000×（1-30%）×1.2%）。

如果把该企业除厂房、办公用房以外的建筑物，如停车场、游泳池等建成露天的，并且把这些独立建筑物的造价同厂房、办公用房的造价分开，在会计核算中单独记载，那么这部分露天建筑物的造价不计入房产原值，就不用缴纳房产税。通过这种方式，使得该房产原值减少1 000万元。应纳税房产余值为6 300万元（9 000×（1-30%）），应纳房产税75.6万元（6 300×1.2%），每年节税8.4万元（84-75.6）。

# 任务1 处理房产税业务

## 任务描述

北京爱曼奇公司，纳税编码110108767541612，房产所属税务机关为北京海淀区地方税务局，主要经营范围为木器加工与销售，在职职工120人。2013年12月，市地税稽查分局对该企业进行纳税稽查，通过对该企业2013年度纳税资料和有关的凭证、账簿的审查发现：

（1）该企业账面四通大厦房产原值180.50881万元，减除比例为30%，2013年上半年缴纳房产税7 581.37元。2013年下半年未计提申报房产税。

（2）该企业营业用房两间，出租给公司职工经营，每月上交1 200元，公司不负担任何费用，1996年全年收入为1.44万元，公司财务账上借记“银行存款”科目，贷记“其他业务收入”科目，但未作为出租房屋收入申报缴纳营业税和房产税。

请计算该企业应就其自用房产和出租房产计缴房产税，并填写纳税申报表。

## 相关知识

**一、房产税的纳税义务人、征税对象和税率**

1. 房产税的纳税义务人

房产税以在征税范围内的房屋产权所有人为纳税人。

（1）产权属国家所有的，有经营管理单位纳税。

（2）产权出典的，由承典人纳税。

（3）产权所有人、承典人不在房屋所在地的，由房产代管人或使用人纳税。

（4）无租使用其他房产的问题。纳税单位和个人无租使用房产管理部门、免税单位及纳税单位的房产，应由使用人代为缴纳房产税。

2. 征税对象

房产税的征税对象是房产。所谓房产，是指有屋面和围护结构，能够遮风避雨，可供人们在其中生产、学习、工作、娱乐、居住或储藏物资的场所。独立于房屋的建筑物如围墙、暖房、水塔、烟囱、室外游泳池等不属于房产，室内游泳池属于房产。

3. 税率

企业拥有的房产，自己经营用的按房产余值计征，年税率为1.2%；企业用来出租的房产，一年按房产出租的租金收入计征的，税率为12%。从2001年1月1日起，对个人按市场价格出租的居民住房，用于居住的，可暂减按4%的税率征收房产税。

**二、房产税的计税依据**

1. 从价计征

按照房产余值征税的，称为从价计征。房产税依照房产原值一次减除10%~30%后的余值计算缴纳。扣除比例由省、自治区、直辖市人民政府在税法规定的减除幅度内自行确定。这样规定，既有利于各地区根据本地情况，因地制宜地确定计税余值，又有利于平衡各地税收负担，简化计算手续，提高征管效率。

房产原值应包括与房屋不可分割的各种附属设备或一般不单独计算价值的配套设施，主要有：暖气，卫生，通风等，纳税人对原有房屋进行改建、扩建的，要相应增加房屋的原值。

2. 从租计征

按照房产租金收入计征的，称为从租计征，房产出租的，以房产租金收入为房产税的计税依据。所谓房产的租金收入是指房产所有人在出租房产使用权时所获得的总收入，包括货币收入、实物收入、劳务收入以及其他形式的收入。

**三、应纳税额的计算**

应纳税额的计算有两种方法：

1. 从价计算应纳税额

计算公式为：

应纳税额＝房产原值×（1–减除比率）×1.2%

2. 从租计算应纳税额

计算公式为：

应纳税额＝房产租金收入×12%

**四、房产税的申报与缴纳**

1. 申报时间

（1）纳税人将原有房产用于生产经营，从生产经营之月起，缴纳房产税。

（2）纳税人自行新建房屋用于生产经营，从建成之次月起，缴纳房产税。

（3）纳税人委托施工企业建设的房屋，从办理验收手续之次月起，缴纳房产税。

（4）纳税人购置新建商品房，自房屋交付使用之次月起，缴纳房产税。

（5）纳税人购置存量房，自办理房屋权属转移、变更登记手续，房地产权属登记机关签发房屋权属证书之次月起，缴纳房产税。

（6）纳税人出租、出借房产，自交付出租、出借房产之次月起，缴纳房产税。

（7）房地产开发企业自用、出租、出借该企业建造的商品房，自房屋使用或交付之次月起，缴纳房产税。

2. 纳税期限

房产税实行按年计算、分期缴纳的征收方法，具体纳税期限由省、自治区、直辖市人民政府确定。

3. 纳税地点

房产税在房产所在地缴纳。房产不在同一地方的纳税人，应按房产的坐落地点分别向房产所在地的税务机关纳税。

## 任务实施

根据任务描述，实施填表方案，拟定步骤如下：

**一、计算应纳税所得额**

该企业应补缴的房产税：

7 581. 37+14 400×12% = 9 309. 37（元）

其中，7 581. 37 元为按房产计税价值计征的 2013 年下半年的房产税（180. 50881×（1−30%）×1. 2%×50%），1 728 元（14 400×12%）为按房产租金收入计征的 2013 年全年的房产税。

**二、填写申报表（见表 4−1−1）**

表 4−1−1　　**房产税纳税申报表**

税款所属时期：2013 年 1 月 1 日至 2013 年 12 月 31 日　　计算单位：元/平方米

| 纳税人名称 | 北京爱曼公司 | 纳税编码 | 11010876754xxxx | | 身份证号码（个人） | | | | | 电话 |
|---|---|---|---|---|---|---|---|---|---|---|
| | | 房产所属税务机关 | 北京海淀区地方税务局 | | 组织机构代码（单位） | | | | | |
| 房产登记编号 | 房产地址 | 房屋名称（楼名、栋号、房号） | 房产用途 | 房产原值 | 计税余值 | 适用税率 | 年应缴纳税额 | 本期应缴税额 | 本期减免税额 | 本期实缴税额 |
| | 北京市海淀区 | 四通大厦 | | 1 805 088. 1 | 1 263 561. 67 | 1. 2% | 15 162. 74 | 7 581. 37 | | |
| | | | | | 144 00 | 12% | 1 728 | 1 728 | | |
| | | | | | | | | | | |
| | | 合计 | | | | | | 9 309. 37 | | |

| 申报人声明 | 本人对所提交的文件、证件以及填写内容的真实性、有效性和合法性承担责任，如有虚假内容，申报人依法承担相关责任。<br>法定代表人（自然人申报人）<br>签名（盖章）：<br>年　月　日 | 授权人声明 | 现授权　　为本申报人本次申报事项的代理人，若采取邮寄方式送达申报有关往来文件，请寄给下列收件人：<br>□申报人 □代理人<br>委托代理合同编号：<br>授权人（法定代表、自然人申报人）签名（盖章）：<br>年　月　日 | 代理人声明 | 本申报事项根据国家税收法律法规及国家、税务机关的有关规定填报，如有虚假内容，代理人依法承担相关责任。<br>代理人（法定代表、自然人申报人）签名（盖章）：<br>年　月　日 | 特别声明 | 本人同意按照税务机关登记的本申报人的房地产信息申报纳税。<br>法定代表人（自然人申报人）<br>签名（盖章）：<br>年　月　日 |
|---|---|---|---|---|---|---|---|
| 受理税务机关（章）： | | | 受理录入日期： | | 受理录入人： | | |

## 任务评价

根据前面任务下达的要求，实施并完成任务后，进行任务实施评价，填写任务实施情况表，如表 4−1−2 所示：

表 4−1−2　　**房产税业务训练评价表**

| 考评内容标准 | 实施评价 | | |
|---|---|---|---|
| | 自我评价 | 同学互评 | 教师评价 |
| 房产税的计算（40 分） | | | |
| 填写房产税申报表（50 分） | | | |
| 说明如何申报缴纳（10 分） | | | |
| 合　计 | | | |

# 任务2　处理土地增值税业务

## 任务描述

三原木房地产有限公司，纳税人代码11010270879××××，公司住址北京市西城区地安大街12号，2013年公司开发宝闽花园别墅100栋，其中80栋出售，10栋出租，10栋待售。每栋地价14.8万元，登记、过户手续费0.2万元，开发成本包括土地征用及拆迁补偿费、前期工程费、建筑安装工程费等合计50万元，贷款支付利息0.5万元（能提供银行证明）。每栋售价180万元，营业税率5%，城建税税率7%，教育费附加征收率3%。

问该公司应缴纳多少土地增值税？并请填写纳税申报表。

## 相关知识

**一、土地增值税的纳税义务人、征税对象和税率**

1. 土地增值税征纳税义务人

土地增值税征纳税义务人是转让国有土地使用权及地上建筑物和其他附着物产权、并取得收入的单位和个人。

2. 征税对象

土地增值税征税对象是指有偿转让国有土地使用权及地上建筑物和其他附着物产权所取得的增值额。土地价格增值额是指转让房地产取得的收入减除规定的房地产开发成本、费用等支出后的余额。土地增值税实行四级超率累进税率。

3. 税率

土地增值税是以转让房地产取得的收入，减除法定扣除项目金额后的增值额作为计税依据，并按照四级超率累进税率进行征收，具体见表4-2-1：

表4-2-1　**土地增值税四级超率累进税率表**

| 级数 | 增值额与扣除项目金额的比率 | 税率（%） | 速算扣除系数 |
|---|---|---|---|
| 1 | 不超过50%的部分 | 30 | 0 |
| 2 | 超过50%至100%的部分 | 40 | 5 |
| 3 | 超过100%至200%的部分 | 50 | 15 |
| 4 | 超过200%的部分 | 60 | 35 |

注：房地产企业建设普通标准住宅出售的，增值额未超过扣除项目金额20%的，免征土地增值税。

**二、土地增值税的计税依据**

土地增值税是以纳税人转让房地产取得的增值额为计税依据。

增值额为纳税人转让房地产取得的收入减除规定扣除项目金额之后的余额。其中，纳税人取得的收入包括转让房地产的全部价款和相关经济收益，形式上包括货币收入、实物收入和其他收入。

确定增值额的扣除项目包括：

（1）纳税人为取得土地使用权所支付的地价款和按照国家统一规定交纳的有关费用。

（2）开发土地和新建房及配套设施的成本，包括纳税人房地产开发项目实际发生的土地征用及拆迁补偿费、前期工程费、建筑安装工程费、基础设施费、公共配套设施费和开发间接费用。

（3）开发土地和新建房及配套设施的费用，包括与房地产开发项目有关的销售费用、管理费用和财务费用。此项费用扣除有一定的比例限制，具体比例由各省市、自治区、直辖市人民政府规定。

（4）经过当地税务机关确认的旧房和建筑物的评估价格（指在转让已使用的房屋和建筑物的时候，由政府批准设立的房地产评估机构评定的重置成本价乘以成新度折旧率后的价格）。

（5）与转让房地产有关的税金，包括纳税人在转让房地产的时候缴纳的营业税、城市维护建设税和印花税。纳税人转让房地产的时候交纳的教育费附加可以视同税金扣除。

（6）从事房地产开发的纳税人可以按照上述第（1）、（2）项金额之和加计20%的扣除额。

**三、土地增值税的计算**

计算土地增值税的公式为：

应纳土地增值税＝增值额×税率

公式中，“增值额”为纳税人转让房地产所取得的收入减除扣除项目金额后的余额；纳税人转让房地产所取得的收入，包括货币收入、实物收入和其他收入；扣除项目包括取得土地使用权所支付的金额，开发土地的成本、费用，新建房及配套设施的成本、费用，或者旧房及建筑物的评估价格，与转让房地产有关的税金，财政部规定的其他扣除项目。

土地增值税实行四级超率累进税率：增值额未超过扣除项目金额50%的部分，税率为30%；增值额超过扣除项目金额50%、未超过扣除项目金额100%的部分，税率为40%；增值额超过扣除项目金额100%、未超过扣除项目金额200%的部分，税率为50%；增值额超过扣除项目金额200%的部分，税率为60%。

上面所列四级超率累进税率，每级“增值额未超过扣除项目金额”的比例，均包括本比例数。

**四、土地增值税的申报与缴纳**

1. 纳税地点

土地增值税的纳税人应向房地产所在地主管税务机关办理纳税申报，并在税务机关核定的期限内缴纳。“房地产所在地”，是指房地产的坐落地。纳税人转让的房地产坐落在两个或以上地区的，应按房地产所在地分别申报纳税。

2. 纳税申报

土地增值税的纳税人应在转让房地产合同签订后的7日内，到房地产所在地主管税务机关办理纳税申报，并向税务机关提交房屋及建筑物产权、土地使用权证书，土地转让、房产买卖合同，房地产评估报告及其他与转让房地产有关的资料。

## 任务实施

根据任务描述，实施填表方案，拟定步骤如下：

## 一、计算应纳税所得额

计算过程如下：

转让收入：180×80＝14 400（万元）

取得土地使用权所支付的金额与房地产开发成本合计：

（14.8+0.2+50）×80＝5 200（万元）

房地产开发费用扣除：0.5×80+5 200×5%＝300（万元）

转让税金支出：14 400×5%×（1+7%+3%）＝792（万元）

加计扣除金额：5 200×20%＝1 040（万元）

扣除项目合计：5 200+300+792+1 040＝7 332（万元）

增值额＝14 400−7 332＝7 068（万元）

增值额与扣除项目金额比率＝7 068÷7 332×100%＝96.40%

应纳增值税税额＝7 068×40%−7 332×5%＝2 460.6（万元）

## 二、填写申报表（见表4-2-2）

表4-2-2

**土地增值税纳税申报表**

（从事房地产开发的纳税人适用）

税款所属时间：2013 年 1 月 1 日至 2013 年 12 月 31 日

填表日期：2014 年 3 月 17 日　　金额单位：元（列至角分）　　面积单位：平方米

<table>
<tr><td>纳税人代码</td><td colspan="3">11010270879××××</td><td colspan="2">纳税人名称</td><td colspan="3">三原木房地产有限公司</td></tr>
<tr><td>项目名称</td><td colspan="3">宝闽花园别墅</td><td colspan="2">项目地址</td><td colspan="3">北京市宣武区马莲道路271号</td></tr>
<tr><td>业别</td><td>房地产业</td><td>登记注册类型</td><td colspan="2">私营</td><td>纳税人地址</td><td>北京市西城区地安大街12号</td><td>邮政编码</td><td>100009</td></tr>
<tr><td>开户银行</td><td>中国农业银行北京西城支行</td><td>银行账号</td><td colspan="2">10310000226××××</td><td>主管部门</td><td>北京市西城区地方税务局</td><td>电话</td><td>010-6406××××</td></tr>
<tr><td colspan="7">项目</td><td>行次</td><td>金额</td></tr>
<tr><td colspan="7">一、转让房地产收入总额 1＝2+3</td><td>1</td><td>144 000 000</td></tr>
<tr><td rowspan="2">其中</td><td colspan="6">货币收入</td><td>2</td><td>144 000 000</td></tr>
<tr><td colspan="6">实物收入及其他收入</td><td>3</td><td></td></tr>
<tr><td colspan="7">二、扣除项目金额合计 4＝5+6+13+16+20</td><td>4</td><td>73 320 000</td></tr>
<tr><td colspan="7">1. 取得土地使用权所支付的金额</td><td>5</td><td>52 000 000</td></tr>
<tr><td colspan="7">2. 房地产开发成本 6＝7+8+9+10+11+12</td><td>6</td><td></td></tr>
<tr><td rowspan="6">其中</td><td colspan="6">土地征用及拆迁补偿费</td><td>7</td><td></td></tr>
<tr><td colspan="6">前期工程费</td><td>8</td><td></td></tr>
<tr><td colspan="6">建筑安装工程费</td><td>9</td><td></td></tr>
<tr><td colspan="6">基础设施费</td><td>10</td><td></td></tr>
<tr><td colspan="6">公共配套设施费</td><td>11</td><td></td></tr>
<tr><td colspan="6">开发间接费用</td><td>12</td><td></td></tr>
</table>

续表

| 项目 | | 行次 | 金额 |
|---|---|---|---|
| 3. 房地产开发费用 13＝14+15 | | 13 | 3 000 000 |
| 其中 | 利息支出 | 14 | 400 000 |
| | 其他房地产开发费用 | 15 | 2 600 000 |
| 4. 与转让房地产有关的税金等 16＝17+18+19 | | 16 | 7 920 000 |
| 其中 | 营业税 | 17 | 7 200 000 |
| | 城市维护建设税 | 18 | 504 000 |
| | 教育费附加 | 19 | 216 000 |
| 5. 财政部规定的其他扣除项目 | | 20 | 10 400 000 |
| 三、增值额 21＝1－4 | | 21 | 70 680 000 |
| 四、增值额与扣除项目金额之比（%）22＝21÷4 | | 22 | 96.40 |
| 五、适用税率（%） | | 23 | 40% |
| 六、速算扣除系数（%） | | 24 | 5% |
| 七、应缴土地增值税税额 25＝21×23－4×24 | | 25 | 24 606 000 |
| 八、已缴土地增值税税额 | | 26 | |
| 九、应补（退）土地增值税税额 27＝25－26 | | 27 | 24 606 000 |
| 十、累计欠税余额 | | 28 | |
| 十一、欠缴滞纳金 | | 29 | |

| 纳税人声明 | 我单位所申报的各种税（费）款真实、准确，如有虚假内容，愿承担法律责任。<br>办税员：<br>法定代表人（负责人）：（签章）<br>年 月 日 | 授权人声明 | 现委托＿＿＿＿为我单位纳税申报代理人。<br>委托合同号码：<br>授权人（法定代表人）：<br>年 月 日 | 代理人声明 | 本纳税申报是按照国家税法和税务机关规定填报的，我确信其真实、合法。<br>代理人：<br>代理机构（公章）<br>年 月 日 |
|---|---|---|---|---|---|
| 以下由税务机关填写 | | | | | |
| 受理人：<br>（征税专用章）<br>受理日期： 年 月 日 | | | 稽核人员：<br>稽核日期：<br>年 月 日 | | |

## 任务评价

根据前面任务下达的要求，实施并完成任务后，进行任务实施评价，填写任务实施情况表（见表4-2-3）。

表4-2-3 土地增值税业务训练评价表

| 考评内容标准 | 实施评价 | | |
|---|---|---|---|
| | 自我评价 | 同学互评 | 教师评价 |
| 土地增值税的计算（40分） | | | |
| 填写土地增值税申报表（50分） | | | |
| 说明如何申报缴纳（10分） | | | |
| 合　计 | | | |

# 任务3 处理车船税业务

## 任务描述

某交通运输企业拥有5吨载重汽车20辆，4吨挂车10辆，2.5吨客货两用车6辆，其中有1辆归企业自办托儿所专用。此企业所在地载货汽车年税额20元/吨，乘人汽车年税额200元/辆。

此企业当年应缴多少车船税？并请填写纳税申报表。

## 相关知识

**一、车船税的纳税义务人、征税对象和税率**

1. 纳税义务人

在中华人民共和国境内属于车船税法所附《车船税税目税额表》规定的车辆、船舶的所有人或者管理人为车船税的纳税人，应当依照规定缴纳车船税。管理人是指对车船具有管理使用权，不具有所有权的单位。

2. 征税对象及范围

车船税的征税范围是指在中华人民共和国境内属于车船税法所附《车船税税目税额表》规定的车辆、船舶。车辆、船舶是指：

①依法应当在车船管理部门登记的机动车辆和船舶；

②依法不需要在车船管理部门登记、在单位内部场所行驶或者作业的机动车辆或船舶。

3. 税目、税率

车船税的适用税额，依照车船税法所附《车船税税目税额表》执行。

省、自治区、直辖市人民政府根据车船税法所附《车船税税目税额表》确定车辆具体适用税额，应当遵循以下原则：

①综合考虑本地区车辆保有情况和税负状况；

②乘用车依排气量从小到大递增税额；

③客车应依照大型和中型分别确定税额；

④根据本地区情况变化适时调整。

车船税的适用税额由省、自治区、直辖市人民政府根据《车船税税目税额表》规定的税额幅度和国务院的规定确定。

车船税采用定额税率，即对征税的车船规定上下税额标准。车船税确定税额总的原则是：排气量低的车辆税负轻于排气量高的车辆；小吨位船舶的税负轻于大吨位船舶。由于车辆与船舶的行驶情况不同，车船税的税额也有所不同。

具体税目税率见表4-3-1：

表4-3-1 **车船税税目税额表**

| 项目 | | 计税单位 | 税额标准 | 备注 |
| --- | --- | --- | --- | --- |
| 乘用车（按发动机汽缸容量（排气量）分档） | 1.0升（含）以下的 | 每辆 | 60元至360元 | 核定载客人数9人（含）以下 |
| | 1.0升以上至1.6升（含）的 | | 300元至540元 | |
| | 1.6升以上至2.0升（含）的 | | 360元至660元 | |
| | 2.0升以上至2.5升（含）的 | | 660元至1 200元 | |
| | 2.5升以上至3.0升（含）的 | | 1 200元至2 400元 | |
| | 3.0升以上至4.0升（含）的 | | 2 400元至3 600元 | |
| | 4.0升以上的 | | 3 600元至5 400元 | |
| 商用车 | 客车 | 每辆 | 480元至1 440元 | 核定载客人数9人以上，20人以下，包括电车 |
| | 货车 | 整备质量每吨 | 16元至120元 | 包括半挂牵引车、三轮汽车和低速载货汽车等 |
| 挂车 | | 整备质量每吨 | 按照货车税额的50%计算 | |
| 其他车辆 | 专用作业车 | 整备质量每吨 | 16元至120元 | 不包括拖拉机 |
| | 轮式专用机械车 | | 16元至120元 | |
| 摩托车 | | 每辆 | 36元至180元 | |
| 船舶 | 机动船舶 | 净吨位每吨 | 3元至6元 | 拖船、非机动驳船分别按照机动船舶的50%计算 |
| | 游艇 | 艇身长度每米 | 600元至2 000元 | |

（1）机动船舶具体适用税额为：

①净吨位不超过200吨的，每吨3元；

②净吨位超过200吨但不超过2 000吨的，每吨4元；

③净吨位超过2 000吨但不超过10 000吨的，每吨5元；

④净吨位超过10 000吨的，每吨6元。

⑤拖船按照发动机功率每1千瓦折合净吨位0.67吨计算征收车船税。

（2）游艇具体适用税额为：

①艇身长度不超过10米的，每米600元；

②艇身长度超过10米但不超过18米的，每米900元；

③艇身长度超过18米但不超过30米的，每米1 300元；

④艇身长度超过30米的，每米2 000元；

⑤辅助动力帆艇，每米600元。

（3）车辆整备质量尾数不超过0.5吨的，按照0.5吨计算；超过0.5吨的，按照1吨计算。整备质量不超过1吨的车辆，按照1吨计算。

（4）船舶净吨位尾数不超过0.5吨的不予计算，超过0.5吨的，按照1吨计算。净吨位不超过1吨的船舶，按照1吨计算。

（5）车船税法和本条例所涉及的排气量、整备质量、核定载客人数、净吨位、千瓦、艇身长度，以车船登记管理部门核发的车船登记证书或者行驶证所载数据为准。

依法不需要办理登记的车船和依法应当登记而未办理登记或者不能提供车船登记证书、行驶证的车船，以车船出厂合格证明或者进口凭证标注的技术参数、数据为准；不能提供车船出厂合格证明或者进口凭证的，由主管税务机关参照国家相关标准核定，没有国家相关标准的参照同类车船核定。

## 二、应纳税额的计算

纳税人按照纳税地点所在的省、自治区、直辖市人民政府确定的具体适用税额缴纳车船税。购置的新车船，购置当年的应纳税额自纳税义务发生的当月起按月计算。计算公式为：

应纳税额=（年应纳税额 ÷ 12）× 应纳税月份数

**【例4-3-1】**某运输公司拥有载货汽车15辆（货车自重全部为10吨）；乘人大客车20辆；小客车10辆。计算该公司应纳车船使用税。（注：载货汽车按自重每吨年税额80元，乘人大客车每辆年税额500元，小客车每辆年税额400元）

【解析】

（1）载货汽车应纳税额=15×10 ×80=12 000（元）

（2）乘人汽车应纳税额=20×500+10×400=14 000（元）

（3）全年应纳车船税额=12 000+14 000=26 000（元）

## 三、减免税优惠

1. 法定减免

（1）捕捞、养殖渔船。捕捞、养殖渔船是指在渔业船舶管理部门登记为捕捞船或者养殖船的渔业船舶，不包括登记为捕捞船或者养殖船以外类型的渔业船舶。

（2）军队、武警专用的车船。军队、武警专用的车船是指按照规定在军队、武警车船管理部门登记，并领取军用牌照、武警牌照的车船。

（3）警用车船。警用车船，是指公安机关、国家安全机关、监狱、劳动教养管理机关和人民法院、人民检察院领取警用牌照的车辆和执行警务的专用船舶。

（4）依照法律的规定应当予以免税的外国驻华使馆、领事馆和国际组织驻华机构及其有关人员的车船。

（5）对节约能源的减半征收车船税，对使用新能源的车船免征车船税；对受严重自然灾害影响纳税困难以及有其他特殊原因确需减税、免税的，可以减征或者免征车船税。

（6）省、自治区、直辖市人民政府可以根据当地实际情况，对公共交通车船，农村居民拥有并主要在农村使用的摩托车、三轮汽车和低速载货汽车给予定期减税、免税。

2. 特定减免

（1）经批准临时入境的外国车船和香港特别行政区、澳门特别行政区、台湾地区的车船，不征收车船税。

（2）按照规定缴纳船舶吨税的机动船舶，自车船税法实施之日起5年内免征车船税。

（3）依法不需要在车船登记管理部门登记的机场、港口内部行驶或者作业的车船，自车船税法实施之日起5年内免征车船税。

**四、车船税的申报与缴纳**

1. 纳税期限

车船税的纳税义务发生时间为车船管理部门核发的车船登记证书或者行驶证书所记载日期的当月。纳税人未按照规定到车船管理部门办理应税车船登记手续的，以车船购置发票所载开具时间的当月作为车船税的纳税义务发生时间。对未办理车船登记手续且无法提供车船购置发票的，由主管地方税务机关核定纳税义务发生时间。

车船税按年申报缴纳，纳税年度自公历1月1日起至12月31日止，具体申报纳税期限由省、自治区、直辖市人民政府确定。

2. 纳税地点

车船税的纳税地点为车船的登记地或者车船税扣缴义务人所在地。依法不需要办理登记的车船，车船税的纳税地点为车船的所有人或者管理人所在地。

3. 纳税申报

（1）车船的所有人或者管理人未缴纳车船税的，使用人应当代为缴纳车船税。

（2）从事机动车交通事故责任强制保险业务的保险机构为机动车车船税的扣缴义务人，应当依法代收代缴车船税。

（3）机动车车船税的扣缴义务人依法代收代缴车船税时，纳税人不得拒绝。由扣缴义务人代收代缴机动车车船税的，纳税人应当在购买机动车交通事故责任强制保险的同时缴纳车船税。

（4）纳税人对扣缴义务人代收代缴税款有异议的，可以向纳税所在地的主管地方税务机关提出。

（5）纳税人在购买机动车交通事故责任强制保险时缴纳车船税的，不再向地方税务机关申报纳税。

（6）扣缴义务人在代收车船税时，应当在机动车交通事故责任强制保险的保险单上注明已收税款的信息，作为纳税人完税的证明。除另有规定外，扣缴义务人不再给纳税人开具代扣代收税款凭证。纳税人如有需要，可以持注明已收税款信息的保险单，到主管地方税务机关开具完税凭证。

（7）扣缴义务人应当及时解缴代收代缴的税款，并向地方税务机关申报。扣缴义务人解缴税款的具体期限，由各省、自治区、直辖市地方税务机关依照法律、行政法规的规定确定。

（8）地方税务机关应当按照规定支付扣缴义务人代收代缴车船税的手续费。税务机关付给扣缴义务人代收代缴手续费的标准由国务院财政部门、税务主管部门制定。

## 任务实施

根据任务描述，实施填表方案，拟定步骤如下：

### 一、计算应纳税所得额

企业当年应缴车船税 =（5 吨×20 元/吨×20 辆）+（4 吨×20 元/吨×10 辆×50%）+（2.5 吨×20 元/吨×6 辆）

=2 000+400+300=2 700（元）

### 二、填写申报表（见表 4-3-2）

表 4-3-2　　车船税纳税申报表

纳税人识别号 □□□□□□□□□□□□□□□□□□□□

纳税人名称：(公章)　　税款所属期限：自　年　月　日至　年　月　日

填表日期：　年　月　日　　金额单位：元

| 车船类别 | 计税单位 | 税额标准 | 数量 | 吨位 | 应纳税月数 | 本期应纳税额 | 本期减免税额 | 本期已缴税额 | 本期应补（退）税额 |
|---|---|---|---|---|---|---|---|---|---|
| 载货汽车（包括半挂牵引车、挂车） | 按自重每吨 | 20 | 20 | 5 | 12 | 2 000 | | | |
| | | 20 | 6 | 2.5 | 12 | 300 | | | |
| | | 10 | 10 | 4 | 12 | 400 | | | |
| 小计 | | | | | | | | | |
| 合计 | | | | | | 2 700 | | | |

<table>
<tr><td rowspan="6">纳税人或代理人声明：<br>此纳税申报表是根据国家税收法律的规定填报的，我确信它是真实的、可靠的、完整的。</td><td colspan="6">如纳税人填报，由纳税人填写以下各栏</td></tr>
<tr><td>经办人（签章）</td><td></td><td>会计主管（签章）</td><td></td><td>法定代表人（签章）</td><td></td></tr>
<tr><td colspan="6">如委托代理人填报，由代理人填写以下各栏</td></tr>
<tr><td>代理人名称</td><td colspan="2"></td><td colspan="3" rowspan="3">代理人（公章）</td></tr>
<tr><td>经办人（签章）</td><td colspan="2"></td></tr>
<tr><td>联系电话</td><td colspan="2"></td></tr>
<tr><td colspan="7">以下由税务机关填写</td></tr>
<tr><td>受理人</td><td></td><td>受理日期</td><td></td><td colspan="3">受理税务机关（签章）</td></tr>
</table>

填表说明：一、本表适用于自行申报车船税的纳税人填报。二、本表“车船类别”相应栏次分别根据《附表》同类别车船对应栏次合计填写。

## 任务评价

根据前面任务下达的要求，实施并完成任务后，进行任务实施评价，填写任务实施情况表，如表 4-3-3 所示：

表 4-3-3　　车船税业务训练评价表

| 考评内容标准 | 实施评价 | | |
|---|---|---|---|
| | 自我评价 | 同学互评 | 教师评价 |
| 车船税的计算（40 分） | | | |
| 填写车船税申报表（50 分） | | | |
| 说明如何申报缴纳（10 分） | | | |
| 合　计 | | | |

# 任务 4　处理契税业务

## 任务描述

湖北省体育器材公司于 2013 年 10 月 1 日向本省运动员李明奖励 100 ㎡普通住宅一套，市场价格 80 万元。该运动员随后以 70 万元的价格将奖励住宅出售，当地契税适用税率为 3%，该运动员应缴纳的契税为多少万元，并请填写纳税申报表。

## 相关知识

契税是土地、房屋权属转移时向其承受者征收的一种税收。现行的《中华人民共和国契税暂行条例》于 1997 年 10 月 1 日起施行。在中国境内取得土地、房屋权属的企业和个人，应当依法缴纳契税。

### 一、契税的纳税义务人、征税对象和税率

1. 契税的纳税义务人

契税的纳税义务人是境内转移土地、房屋权属，承受的单位和个人。境内是指中华人民共和国实际税收行政管辖范围内。土地、房屋权属是指土地使用权和房屋所有权。单位是指企业单位、事业单位、国家机关、军事单位和社会团体以及其他组织。个人是指个体经营者及其他个人，包括中国公民和外籍人员。

2. 契税的征税对象

契税的征税对象是中华人民共和国境内转移的土地、房屋权属。具体包括以下内容：

（1）国有土地使用权的出让，由承受方交。

这是指土地使用者向国家交付土地使用权出让费用，国家将国有土地使用权在一定年限内让与土地使用者的行为。

（2）土地使用权的转让，除了考虑土地增值税，另由承受方交契税。

这是指土地使用者以出售、赠与、交换或者其他方式将土地使用权转移给其他单位和个人的行为。土地使用权的转让不包括农村集体土地承包经营权的转移。

（3）房屋买卖：即以货币为媒介，出卖者向购买者过渡房产所有权的交易行为。

以下几种特殊情况，视同买卖房屋：

①以房产抵债或实物交换房屋，应由产权承受人，按房屋现值缴纳契税。

②以房产作投资或股权转让，以自有房产作股投入本人独资经营的企业，免纳契税。

③买房拆料或翻建新房，应照章纳税。

（4）房屋赠与方不缴纳土地增值税，但承受方应纳契税。

（5）房屋交换在契税的计算中，注意过户与否是一个关键点。

（6）承受国有土地使用权支付的土地出让金。对承受国有土地使用权所应支付的土地出让金，要计征契税。不得因减免土地出让金而减免契税。

3. 契税的税率

契税实行3%～5%的幅度税率。实行幅度税率是考虑到中国经济发展的不平衡，各地经济差别较大的实际情况。因此，各省、自治区、直辖市人民政府可以在3%～5%的幅度税率规定范围内，按照该地区的实际情况决定。

**二、契税计税依据**

契税的计税依据为不动产的价格。由于土地、房屋权属转移方式不同，定价方法不同，因而具体计税依据视不同情况而决定。

国有土地使用权出让、土地使用权出售、房屋买卖，以成交价格为计税依据。成交价格是指土地、房屋权属转移合同确定的价格，包括承受者应交付的货币、实物、无形资产或者其他经济利益。

土地使用权赠与、房屋赠与，由征收机关参照土地使用权出售、房屋买卖的市场价格核定。

土地使用权交换、房屋交换，为所交换的土地使用权、房屋的价格差额。也就是说，交换价格相等时，免征契税；交换价格不等时，由多交付的货币、实物、无形资产或者其他经济利益的一方缴纳契税。

以划拨方式取得土地使用权，经批准转让房地产时，由房地产转让者补交契税。计税依据为补交的上地使用权出让费用或者土地收益。

为了避免偷、逃税款，税法规定，成交价格明显低于市场价格并且无正当理由的，或者所交换土地使用权、房屋的价格的差额明显不合理并且无正当理由的，征收机关可以参照市场价格核定计税依据。

房屋附属设施征收契税的依据如下：

①采取分期付款方式购买房屋附属设施土地使用权、房屋所有权的，应按合同规定的总价款计征契税。

②承受的房屋附属设施权属如为单独计价的，按照当地确定的适用税率征收契税；如与房屋统一计价的，适用与房屋相同的契税税率。

个人无偿赠与不动产行为（法定继承人除外），应对受赠人全额征收契税。在缴纳契税时，纳税人需提交经税务机关审核并签字盖章的《个人无偿赠与不动产登记表》，税务机关（或其他征收机关）应在纳税人的契税完税凭证上加盖“个人无偿赠与”印章，在《个人无偿赠与不动产登记表》中签字并将该表格留存。

出让国有土地使用权，契税计税价格为承受人为取得该土地使用权而支付的全部经济利益。对通过“招、拍、挂”程序承受国有土地使用权的，应按照土地成交总价款计征契税，其中的土地前期开发成本不得扣除。

**三、契税的计算方法**

契税采用比例税率。当计税依据确定以后，应纳税额的计算比较简单。应纳税额的计算公式为：

应纳税额=计税依据×税率

**四、契税的纳税与申报**

1. 契税的纳税时间

契税的纳税义务发生时间是纳税人签订土地、房屋权属转移合同的当天，或者纳税人取得其他具有土地、房屋权属转移合同性质凭证的当天。

2. 契税的纳税期限

纳税人应当自纳税义务发生之日起 10 日内，向土地、房屋所在地的契税征收机关办理纳税申报，并在契税征收机关核定的期限内缴纳税款。

3. 契税的纳税地点

纳税人应当在土地、房屋所在地的征收机关缴纳契税。

4. 契税的征收管理

纳税人办理纳税事宜后，征收机关应向纳税人开具契税完税凭证。纳税人持契税完税凭证和其他规定的文件材料，依法向土地管理部门、房产管理部门办理有关土地、房屋的权属变更登记手续。土地管理部门和房产管理部门应向契税征收机关提供有关资料，并协助契税征收机关依法征收契税。

## 任务实施

根据任务描述，实施填表方案，拟定步骤如下：

**一、计算应纳税额**

当年应缴契税=800 000×3%=24 000（元）

**二、填写申报表（见表 4-4-1）**

表 4-4-1　　**契税纳税申报表**

填表日期：2013 年 11 月 10 日　　微机编码：××××××××　　单位：元/m²

<table>
<tr><td rowspan="2">承受方</td><td>名称</td><td colspan="3">李明</td><td>识别号</td><td colspan="3">xxxxxx</td></tr>
<tr><td>地址</td><td colspan="3">xxxxxx</td><td>邮编</td><td>xx</td><td>联系电话</td><td>xxxxx</td></tr>
<tr><td rowspan="2">转让方</td><td>名称</td><td colspan="3">湖北省体育器材公司</td><td>识别号</td><td colspan="3">xxxxxx</td></tr>
<tr><td>地址</td><td colspan="3">xxxxxx</td><td>邮编</td><td>xx</td><td>联系电话</td><td>xxxxx</td></tr>
<tr><td rowspan="6">土地、房屋权属转移</td><td>土地、房屋地址</td><td colspan="3">xxxxxx</td><td colspan="2">合同签订时间</td><td colspan="2">2013年10月1日</td></tr>
<tr><td>权属转移面积</td><td colspan="2">100m²</td><td>成交价格</td><td colspan="2">0元</td><td>评估价格</td><td>800 000元</td></tr>
<tr><td>权属转移类别</td><td>土地类</td><td colspan="3">01. 土地使用权出让</td><td colspan="3">02. 土地使用权转让（出售、赠与、交换）</td></tr>
<tr><td rowspan="3">选择代码</td><td rowspan="3">房屋类</td><td rowspan="3">03. 购买商品房</td><td>031. 个人普通住房</td><td rowspan="3">04. 购买旧房（二手房）</td><td colspan="2">041. 个人普通住房</td><td rowspan="3">05. 其他：房屋赠与、交换、拍卖、法院判决、划拨、抵债、其他</td></tr>
<tr><td>032. 购买非普通住房</td><td colspan="2">042. 购买非普通住房</td></tr>
<tr><td>033. 购买非住宅类房屋</td><td colspan="2">043. 购买非住宅类房屋</td></tr>
</table>

续表

| 承受方缴纳契税 | | 适用税率 | 3% | 计征税额 | | 24 000元 | | | |
|---|---|---|---|---|---|---|---|---|---|
| 契税减免税项申报 | 选择代码 | 01. 国家机关 | 02. 事业单位 | 03. 社会团体 | 04. 军事单位 | 05. 城镇房改 | 06. 个人购买普通住宅 | 07. 企业改制 | 08. 其他 |
| 减免税额 | | | 元 | 应纳税额 | | | 元 | 滞纳金 | 元 |
| 承受方缴纳印花税 | | 适用税率 | | | 应纳税额 | | | | 元 |
| 纳税人员签章 | | | | | | 经办人签章 | | | |
| 征收机关受理日期 | | | 受理人 | | | 审核日期 | | | |
| 审核记录 | | | | | | | | | |
| 审核人员签字 | | | 征收机关签章 | | | | | | |

## 任务评价

根据前面任务下达的要求，实施并完成任务后，进行任务实施评价，填写任务实施情况表（见表4-4-2）。

表4-4-2　　**契税业务训练评价表**

| 考评内容标准 | 实施评价 | | |
|---|---|---|---|
| | 自我评价 | 同学互评 | 教师评价 |
| 契税的计算（40分） | | | |
| 填写契税申报表（50分） | | | |
| 说明如何申报缴纳（10分） | | | |
| 合　　计 | | | |

## 学习情境五

# 资源税类纳税实务

本学习情境主要介绍资源税和城镇土地使用税的计算、申报与缴纳。资源税是对在我国境内开采应税矿产品以及生产盐的单位和个人就其应税资源销售数量或自用数量为课税对象征收的一种税。城镇土地使用税是我国在城市、县城、建制镇和工矿区范围内使用土地的单位和个人所征收的一种税。本学习情境下包含两个任务：处理资源税相关业务，处理城镇土地使用税相关业务。

**知识目标**

1. 了解：资源税和城镇土地使用税的概念、纳税人、征税范围、税目、税率、税收减免政策、纳税地点和纳税期限；
2. 熟悉：资源税和城镇土地使用税的纳税申报和缴纳业务；
3. 掌握：资源税和城镇土地使用税税额的计算。

**技能目标**

1. 会处理资源税和城镇土地使用税的相关业务；
2. 会判断资源税和城镇土地使用税的税目、税率；
3. 能按规定进行资源税和城镇土地使用税的申报缴纳。

**案例导引**

某机械加工厂地处县城城区，2013 年 2 月由于经营管理出现问题被迫停产，为了应付资金周转困难，将工厂的全部场地出租给另一家企业，于 2013 年 5 月签订租赁合同，年租金 30 万元。地税稽查人员在对租赁企业进行纳税情况调查时发现，该企业占地面积较大，但却没有申报缴纳城镇土地使用税，于是对公司的情况进行了进一步的调查，承租方出示了与原机械加工厂签订的租赁合同，但合同中并未就土地占用的具体情况作出说明，询问承租方，也不清楚具体情况。

检查人员又找到了机械加工厂的留守负责人，要求其出示了厂区土地使用情况的档案资料，并到机械厂就目前土地使用情况进行了核实，经查实其全部土地使用权的情况如下：

1. 2007 年 4 月，机械加工厂与某建筑公司签订土地购买合同一份，机械加工厂从建筑公司购得土地 4 485 平方米。

2. 2010 年 1 月，机械加工厂与某国家机关签订租赁合同一份，租期 5 年，机械加工厂向国家机关租用土地35 231平方米。

**请分析：**以上两部分土地究竟应该由谁承担城镇土地使用税？

**分析提示：**城镇土地使用税的纳税人应该是在城市、县城、建制镇、工矿区范围内使用土地的单位和个人。具体规定如下：

1. 城镇土地使用税由拥有土地使用权的单位或个人缴纳。
2. 拥有土地使用权的纳税人不在土地所在地的，由代管人或实际使用人缴纳。
3. 土地使用权未确定或权属纠纷未解决的，由实际使用人纳税。
4. 土地使用权共有的，共有各方均为纳税人，由共有各方分别纳税。

## 任务1 处理资源税业务

### 任务描述

根据所提供的企业的相关业务资料准确填写资源税纳税申报表，并在规定时间内提交税务部门。

1. 企业背景介绍

具体情况见表5-1-1。

表5-1-1 企业基本情况表

| 企业名称 | 天成盐业有限公司 | | |
|---|---|---|---|
| 通讯地址 | 北京市东城区海天路111号 | 邮编 | 100011 |
| 营业执照号码 | 11010157892×××× | 税务登记证号码 | 11010176669×××× |
| 主管税务机关 | 北京市东城区地方税务局 | | |
| 开户银行 | 中国农业银行北京市东城支行 | 账号 | 10302007496×××× |
| 成立时间 | 2008年01月06日 | 注册资本 | 人民币伍佰万元整 |
| 法定代表人 | 王旭 | 相关行业工作年数 | 9年 |
| 联系人 | 王旭 | 联系电话 | 010-6186×××× |
| 经营范围 | 生产、销售液体盐、固体盐 | | |

2. 相关数据资料

天成盐业有限公司用外购的液体盐生产固体盐，所产固体盐适用税率15元/吨，液体盐的税率为2元/吨，2014年1月份的相关资料如下：

（1）出库单汇总表。

出库单汇总表（见表5-1-2）的货物全部对外销售，已开出增值税专用发票并收到货款。

表5-1-2　　出库单汇总表

品名：固体盐　　2014年1月　　计量单位：吨

| 序号 | 出库单编号 | 出库日期 | 数量 |
|---|---|---|---|
| 1 | 10044170 | 2011-01-04 | 320.00 |
| 2 | 10044171 | 2011-01-12 | 190.00 |
| 3 | 10044172 | 2011-01-20 | 320.00 |
| 4 | 10044173 | 2011-01-24 | 170.00 |
| 合计 | | | 1 000.00 |

（2）领料单汇总表。

领料单汇总表见表5-1-3。

表5-1-3　　领料单汇总表

品名：液体盐　　2014年1月　　计量单位：吨　　金额单位：元

| 序号 | 领料单编号 | 领料日期 | 数量 | 单价 | 金额 |
|---|---|---|---|---|---|
| 1 | 20410340 | 2014-01-01 | 2 000.00 | 40.00 | 80 000.00 |
| 2 | 20410341 | 2014-01-01 | 1 200.00 | 40.00 | 48 000.00 |
| 3 | 20410342 | 2014-01-01 | 2 000.00 | 40.00 | 80 000.00 |
| 4 | 20410343 | 2014-01-01 | 800.00 | 40.00 | 32 000.00 |
| 合计 | | | 6 000.00 | | 240 000.00 |

3. 资源税纳税申报表

其格式见表5-1-4。

表5-1-4　　地方税务局综合纳税申报表　　表号：SB0001

填表日期：　年　月　日　　金额单位：元

| 税务登记代码 | | 单位名称（公章） | | | | 联系电话 | | | | |
|---|---|---|---|---|---|---|---|---|---|---|
| 序号 | 税（费）种类 | 纳税项目 | 所属日期（　年　月　日至　月　日） | 计税金额 | 课税数量 | 税率或单位税额 | 应纳税额 | 减免税额 | 已纳税额 | 本期应缴税额 |
| 1 | | | | | | | | | | |
| 2 | | | | | | | | | | |
| 3 | | | | | | | | | | |
| 4 | | | | | | | | | | |
| 5 | | | | | | | | | | |
| 6 | | | | | | | | | | |
| 7 | | | | | | | | | | |
| 8 | | | | | | | | | | |
| 9 | | | | | | | | | | |
| 10 | | | | | | | | | | |
| 合计 | | | | | | | | | | |

办税人员（签章）：　　财务负责人（签章）：

## 相关知识

### 一、资源税的纳税义务人、征税对象和税率

1. 资源税的纳税义务人

在中华人民共和国境内开采应税矿产品或者生产盐的单位和个人，为资源税的纳税义务人。其中，“单位”是指国有企业、集体企业、私营企业、股份制企业、外商投资企业、外国企业和行政单位、事业单位、军事单位、社会团体及其他单位；“个人”，是指个体经营者、外籍人员和其他个人。

税法规定，收购除原油、天然气、煤炭以外的未税矿产品的单位为资源税的扣缴义务人。扣缴义务人包括独立矿山、联合企业和其他收购未税矿产品的单位。

2. 资源税的征税范围

我国目前资源税的征税范围仅涉及矿产品和盐两大类，具体包括：我国目前资源税的征税范围仅涉及矿产品和盐两大类，具体包括：原油、天然气、煤炭、其他非金属矿原矿、黑色金属矿原矿、有色金属矿原矿、盐。

3. 资源税的税率

纳税人具体适用的税率，在《资源税税目税率表》规定的税率幅度内，根据纳税人所开采或者生产应税产品的资源品位、开采条件等情况，由财政部、国务院有关部门确定；财政部未列举名称且未确定具体适用税率的其他非金属矿原矿和有色金属矿原矿，由省、自治区、直辖市人民政府根据实际情况确定，报财政部和国家税务总局备案。具体税目税率表见表5-1-5：

表5-1-5　**资源税税目税率表**

| 税目 | | 税率 |
|---|---|---|
| 一、原油 | | 销售额的5%～10% |
| 二、天然气 | | 销售额的5%～10% |
| 三、煤炭 | 焦煤 | 每吨8～20元 |
| | 其他煤炭 | 每吨0.3～5元 |
| 四、其他非金属矿原矿 | 普通非金属矿原矿 | 每吨或者每立方米0.5～20元 |
| | 贵重非金属矿原矿 | 每千克或者每克拉0.5～20元 |
| 五、黑色金属矿原矿 | | 每吨2～30元 |
| 六、有色金属矿原矿 | 稀土矿 | 每吨0.4～60元 |
| | 其他有色金属矿原矿 | 每吨0.4～30元 |
| 七、盐 | 固体盐 | 每吨10～60元 |
| | 液体盐 | 每吨2～10元 |

注：1. 各市常见的应税产品适用的单位税额是各省地税务局统一规定的标准。

2. 未列举名称的其他非金属矿原矿包括：水泥，红砖用泥土，建筑用河沙、山砂、海砂。

3. 自2007年2月1日起，北方海盐资源税暂减按15元/吨征收；南方海盐、湖盐、井矿盐资源税暂减按10元/吨征收；液体盐资源税暂减按2元/吨征收；通过提取地下天然卤水晒制的海盐和生产的井矿盐分别按20元/吨和12元/吨征收。其中北方海盐，是指辽宁、河北、天津、山东四省、市所产的海盐。南方海盐，是指浙江、福建、广东、海南、广西五省、自治区所产的海盐。江苏省所产海盐比照南方海盐征税。液体盐俗称卤水，是指氯化钠含量达到一定浓度的溶液，是用于生产碱和其他产品的原料。

## 二、资源税的计税依据

资源税分产品类别从量定额或者从价定率计征，实行等级幅度税额标准。

按照从价定率计征的，销售额为纳税人销售应税产品向购买方收取的全部价款和价外费用，但不包括收取的增值税销项税额。价外费用，包括价外向购买方收取的手续费、补贴、基金、集资费、返还利润、奖励费、违约金、滞纳金、延期付款利息、赔偿金、代收款项、代垫款项、包装费、包装物租金、储备费、优质费、运输装卸费以及其他各种性质的价外收费。

纳税人申报的应税产品销售额明显偏低并且无正当理由的、有视同销售应税产品行为而无销售额的，除财政部、国家税务总局另有规定外，按下列顺序确定销售额：

①按纳税人最近时期同类产品的平均销售价格确定；

②按其他纳税人最近时期同类产品的平均销售价格确定；

③按组成计税价格确定。组成计税价格为：

组成计税价格＝成本×（1+成本利润率）÷（1–税率）

式中，成本是指应税产品的实际生产成本；成本利润率由省、自治区、直辖市税务机关确定。

按照从量定额计征的，其计税依据即课税数量的确定有两种情况：

（1）纳税人开采或者生产应税产品销售的，以销售数量为课税数量。已开采或生产但尚未实现销售的，不征税。

（2）纳税人开采或者生产应税产品自用的，以自用（非生产用）数量为课税数量。

资源税课税数量确定有以下特殊规定：

①纳税人不能准确提供应税产品销售数量或移送使用数量的，以应税产品的产量或主管税务机关确定的折算比换算成的数量为课税数量。

②对于连续加工前无法正确计算原煤移送使用量的煤炭，可按加工产品的综合回收率，将加工产品实际销量和自用量折算成原煤数量，以此作为课税数量。

③金属和非金属矿产品原矿，因无法准确掌握纳税人移送使用原矿数量的，可将其精矿按选矿比折算成原矿数量，以此作为课税数量。

④纳税人以自产的液体盐加工固体盐，按固体盐税额征税，以加工的固体盐数量为课税数量。纳税人以外购的液体盐加工成固体盐，其加工固体盐所耗用液体盐的已纳税额准予抵扣。

## 三、资源税应纳税额的计算

资源税的应纳税额，按照从价定率或者从量定额的办法，分别以应税产品的销售额乘以纳税人具体适用的比例税率或者以应税产品的销售数量乘以纳税人具体适用的定额税率计算。

采用从价定率方法征税的，具体计算公式为：

应纳税额＝销售额×适用的单位税率

采用从量定额方法征税的，具体计算公式为：

应纳税额＝课税数量×适用的单位税额

**四、资源税的申报与缴纳**

1. 纳税义务发生时间

（1）纳税人采取分期收款结算方式的，其纳税义务发生时间，为销售合同规定的收款日期的当天；

（2）纳税人采取预收货款结算方式的，其纳税义务发生时间，为发出应税产品的当天；

（3）纳税人采取其他结算方式的，其纳税义务发生时间，为收讫销售款或者取得索取销售款凭据的当天。

（4）纳税人自产自用应税产品的纳税义务发生时间，为移送使用应税产品的当天。

（5）扣缴义务人代扣代缴税款的纳税义务发生时间，为支付货款的当天。

2. 纳税地点

（1）资源税的纳税人，都应当向应税产品的开采或者生产所在地主管税务机关缴纳税款。

（2）扣缴义务人代扣代缴的资源税，也应当向收购地主管税务机关缴纳。

3. 纳税期限

资源税的纳税期限为1日、3日、5日、10日、15日或者1个月。纳税人的纳税期限由主管税务机关根据实际情况具体核定。不能按固定期限计算纳税的，可以按次计算纳税。

纳税人以1个月为1期纳税的，自期满之日起10日内申报纳税；以1日、3日、5日、10日或者15日为1期纳税的，自期满之日起5日内预缴税款，于次月1日起10日内申报纳税并结清上月税款。

## 任务实施

根据任务描述，实施填表方案，拟定步骤如下：

**一、计算应纳税额**

销售固体盐应纳资源税＝1 000×15＝15 000（元）

外购液体盐允许抵扣的资源税＝6 000×2＝12 000（元）

当月应纳资源税＝15 000－12 000＝3 000（元）

**二、填写申报表（见表5-1-6）**

**注意事项**

1. 申报表为地方税综合申报表，该任务中只考虑企业当月的资源税。

2. 资源税项目代码：统配煤301、非统配煤302、石灰石401、大理石402、花岗石403、石英砂（石英石）404、萤石405、白云石406、耐火粘土407、铁矿石（其他独立矿山）501、铁矿石（其他非独立矿山）502、锰矿石503、铁矿石（首钢密云铁矿）504、铜矿石601、金矿（岩金矿）602、金矿（砂金矿）603、铝土矿604、其他605、固体盐701、液体盐702 。

表 5-1-6

地方税务局综合纳税申报表

表号：SB0001

填表日期：2014 年 2 月 7 日

金额单位：元

| 税务登记代码 | 1101011766690123 | 单位名称（公章） | 天成盐业有限公司 | | 联系电话 | | 010-61866116 | | | |
|---|---|---|---|---|---|---|---|---|---|---|
| 序号 | 税（费）种类 | 纳税项目 | 所属日期（ 年 月 日至 月 日） | 计税金额 | 课税数量 | 税率或单位税额 | 应纳税额 | 减免税额 | 已纳税额 | 本期应缴税额 |
| 1 | 资源税 | 固体盐 | 2014 年 1 月 1 日至 2014 年 1 月 31 日 | | 1 000 | 15 | 15 000 | 12 000 | | 3 000 |
| 2 | | | | | | | | | | |
| 3 | | | | | | | | | | |
| 4 | | | | | | | | | | |
| 5 | | | | | | | | | | |
| 6 | | | | | | | | | | |
| 7 | | | | | | | | | | |
| 8 | | | | | | | | | | |
| 9 | | | | | | | | | | |
| 10 | | | | | | | | | | |
| 合计 | | | | | | | | | | |

办税人员（签章）：张文　　　　财务负责人（签章）：李迪

## 任务评价

根据前面任务下达的要求，实施并完成任务后，进行任务实施评价，填写任务实施情况表（见表 5-1-7）。

表 5-1-7

资源税业务训练评价表

| 考评内容标准 | 实施评价 | | |
|---|---|---|---|
| | 自我评价 | 同学互评 | 教师评价 |
| 资源税的计算（40 分） | | | |
| 填写资源税申报表（50 分） | | | |
| 说明如何申报缴纳（10 分） | | | |
| 合　计 | | | |

# 任务 2　处理城镇土地使用税业务

## 任务描述

根据所提供的企业的相关业务资料准确填写城镇土地使用税纳税申报表，完成企业 2011 年上半年的城镇土地使用税申报。

企业基本情况见表 5-2-1。

表 5-2-1　**企业基本情况表**

| 企业名称 | 天下悦餐饮管理有限公司 | | |
|---|---|---|---|
| 通讯地址 | 北京市海淀区安宁里 602 号 | 邮编 | 100087 |
| 营业执照号码 | 11010819281×××× | 税务登记证号码 | 11010876754×××× |
| 主管税务机关 | 北京市海淀区地方税务局 | | |
| 开户银行 | 中国建设银行北京市海淀支行 | 账号 | 4300100351605043×××× |
| 成立时间 | 2007 年 07 月 10 日 | 注册资本 | 人民币叁佰万元整 |
| 法定代表人 | 于湖波 | 相关行业工作年数 | 8 年 |
| 联系人 | 于湖波 | 联系电话 | 010-6887×××× |
| 经营范围 | 餐饮服务 | | |

天下悦公司的土地使用情况见表 5-2-2。

表 5-2-2　**土地使用情况表**　单位：平方米

| 土地用途 | 土地面积 |
|---|---|
| 厂房 | 37 042 |
| 办公楼 | 6 521 |
| 厂办幼儿园 | 3 021 |
| 厂办医院 | 625 |
| 厂区内绿化 | 39 312 |
| 合计 | 86 521 |

注：天下悦公司所处位置为北京市二级土地，适用税额为每平方米 24 元。

资源税纳税申报表见表 5-2-3。

表 5-2-3　**地方税务局综合纳税申报表**　表号：SB0001

填表日期：　年　月　日　金额单位：元

| 税务登记代码 | | 单位名称（公章） | | | | 联系电话 | | | | |
|---|---|---|---|---|---|---|---|---|---|---|
| 序号 | 税（费）种类 | 纳税项目 | 所属日期（　年　月　日至　月　日） | 计税金额 | 课税数量 | 税率或单位税额 | 应纳税额 | 减免税额 | 已纳税额 | 本期应缴税额 |
| 1 | | | | | | | | | | |
| 2 | | | | | | | | | | |
| 3 | | | | | | | | | | |
| 4 | | | | | | | | | | |
| 5 | | | | | | | | | | |
| 6 | | | | | | | | | | |
| 7 | | | | | | | | | | |
| 8 | | | | | | | | | | |
| 9 | | | | | | | | | | |
| 10 | | | | | | | | | | |
| 合计 | | | | | | | | | | |

办税人员（签章）：　　　　财务负责人（签章）：

## 相关知识

### 一、城镇土地使用税的纳税义务人、征税对象和税率

1. 城镇土地使用税的纳税义务人

凡在城市、县城、建制镇、工矿区范围内使用土地的单位和个人，均为城镇土地使用税的纳税义务人。

根据现实经济生活中用地者的不同情况，具体规定如下：

（1）拥有土地使用权的单位和个人。

（2）拥有土地使用权的单位和个人不在土地所在地的，以土地的实际使用人或代管人为纳税人。

（3）土地使用权未确定或权属纠纷未解决的，以土地的实际使用人为纳税人。

（4）土地使用权共有的，共有各方均为纳税人，即由共有各方分别纳税。

2. 城镇土地使用税的征税对象

城镇土地使用税的征税对象是土地，包括城市、县城、建制镇和工矿区内的国有土地和集体所有土地。建立在城市、县城、建制镇和工矿区以外的工矿企业则不需要缴纳城镇土地使用税。

上述城市、县城、建制镇和工矿区分别按以下标准确认。

（1）城市是指国务院批准设立的市，包括直辖市、副省级城市、地级市和县级市。

（2）县城是指县级人民政府所在地。

（3）建制镇是指经省、自治区、直辖市人民政府批准设立的建制镇。

（4）工矿区是指工商业比较发达，人口比较集中，符合国务院规定的建制镇标准，但尚未设立建制镇的大中型工矿企业所在地。工矿区须经省、自治区、直辖市人民政府批准。

**知识链接5-2-1**

**哪些土地可以免征城镇土地使用税?**

1. 国家机关、人民团体、军队自用的土地。

2. 由国家财政部门拨付事业经费的单位自用的土地。

3. 宗教寺庙、公园、名胜古迹自用的土地。

4. 市政街道、广场、绿化地带等公共用地。

5. 直接用于农、林、牧、渔业的生产用地。

6. 经批准开山填海整治的土地和改造的废弃土地，从使用的月份起免缴土地使用税5~10年。

7. 由财政部另行规定免税的能源、交通、水利设施用地和其他用地。

8. 企业办的学校、医院、托儿所、幼儿园，其用地能与企业其他用地明确区分的，免征城镇土地使用税。

3. 城镇土地使用税的税率

城镇土地使用税采用定额税率，即采用有幅度的差别税额。按大、中、小城市和县城、建制镇、工矿区分别规定每平方米城镇土地使用税年应纳税额见表5-2-4。

表 5-2-4 城镇土地适用税额表

| 级别 | 人口（人） | 每平方米年税额（元） |
|---|---|---|
| 大城市 | 50 万以上 | 1.5～30 |
| 中等城市 | 20 万～50 万 | 1.2～24 |
| 小城市 | 20 万以下 | 0.9～18 |
| 县城、建制镇、工矿区 | — | 0.6～12 |

**知识链接 5-2-2**

经省级政府批准，经济落后地区的适用税额标准可以适当降低，但不得超过规定最低税额的 30%。经济发达地区土地使用的适用税额标准可以适当提高，但必须报经财政部批准。

实际上，即使在同一城市，不同地段的价值也不同，考虑这一因素，需要根据土地不同级别制定不同的单位税额。以北京市为例，北京市城镇土地纳税等级分为六级，各级土地税额标准为：一级土地 30 元；二级土地 24 元；三级土地 18 元；四级土地 12 元；五级土地 3 元；六级土地 1.5 元。

**二、城镇土地使用税应纳税额的计算**

城镇土地使用税的计税依据是纳税人实际占用的土地面积。

年应纳税额=实际占用应税土地面积（平方米）×适用税额

**三、城镇土地使用税的申报与缴纳**

1. 纳税义务发生时间

（1）纳税人购置新建商品房，自房屋交付使用之次月起，缴纳城镇土地使用税。

（2）纳税人购置存量房，自办理房屋权属转移、变更登记手续，房地产权属登记机关签发房屋权属证书之次月起，缴纳城镇土地使用税。

（3）纳税人出租、出借房产，自交付出租、出借房产之次月起，缴纳城镇土地使用税。

（4）以出让或转让方式有偿取得土地使用权的，应由受让方从合同约定交付土地时间的次月起缴纳城镇土地使用税；合同未约定交付土地时间的，由受让方从合同签订的次月起缴纳城镇土地使用税。

（5）纳税人新征用的耕地，自批准征用之日起满 1 年时开始缴纳城镇土地使用税。

（6）纳税人新征用的非耕地，自批准征用次月起缴纳城镇土地使用税。

2. 纳税地点

城镇土地使用税在土地所在地缴纳。

3. 纳税期限

城镇土地使用税实行按年计算、分期缴纳的征收方法，具体纳税期限由省、自治区、直辖市人民政府确定。一般分别确定按月、季或半年等不同期限缴纳。

## 任务实施

根据任务描述，实施填表方案，拟定步骤如下：

## 一、计算应纳税额

应税面积＝37 042+6 521+39 312＝82 875（平方米）

免税面积＝3 021+625＝3 646（平方米）

全年应纳城镇土地使用税＝82 875×24＝1 989 000（元）

上半年应纳税额＝1 989 000÷2＝994 500（元）

## 二、填写申报表（见表5-2-5）

**注意事项**

1. 厂办子弟学校、医院、托儿所均属于免税范围。

2. 北京市城镇土地使用税分半年缴纳，纳税时间分别为4月和10月，申报纳税期限为每年的4月和10月份的前15日内。

3. 城镇土地使用税纳税项目：一级应税土地、二级应税土地、三级应税土地、四级应税土地、五级应税土地、六级应税土地。

表5-2-5　　**地方税务局综合纳税申报表**　　表号：SB0001

填表日期：2014年3月28日　　金额单位：元

| 税务登记代码 | | 1101087675417×× | | 单位名称（公章） | 天下悦餐饮管理有限公司 | | 联系电话 | | 010-6887×××× | |
|---|---|---|---|---|---|---|---|---|---|---|
| 序号 | 税（费）种类 | 纳税项目 | 所属日期（　年　月　日至　月　日） | 计税金额 | 课税数量 | 税率或单位税额 | 应纳税额 | 减免税额 | 已纳税额 | 本期应缴税额 |
| 1 | 城镇土地使用税 | 二级应税土地 | 2014年1月1日至2014年6月30日 | | 82 875 | 24元/平方米/年 | 994 500 | | | 994 500 |
| 2 | | | | | | | | | | |
| 3 | | | | | | | | | | |
| 4 | | | | | | | | | | |
| 5 | | | | | | | | | | |
| 6 | | | | | | | | | | |
| 7 | | | | | | | | | | |
| 8 | | | | | | | | | | |
| 9 | | | | | | | | | | |
| 10 | | | | | | | | | | |
| 合计 | | | | | | | | | | |

办税人员（签章）：王强　　财务负责人（签章）：张凯

## 任务评价

根据前面任务下达的要求，实施并完成任务后，进行任务实施评价，填写任务实施情况表（见表5-2-6）。

表5-2-6　　城镇土地使用税业务训练评价表

| 考评内容标准 | 实施评价 | | |
| --- | --- | --- | --- |
| | 自我评价 | 同学互评 | 教师评价 |
| 城镇土地使用税的计算（40分） | | | |
| 填写纳税申报表（50分） | | | |
| 说明如何申报缴纳（10分） | | | |
| 合　计 | | | |

学习情境六

# 行为税类纳税实务

本学习情境主要介绍城市维护建设税、车辆购置税、印花税的计算、申报与缴纳。城市维护建设税是是对从事工商经营，缴纳消费税、增值税、营业税的单位和个人征收的一种税。车辆购置税是对在我国境内购置规定车辆的单位和个人征收的一种税，它由车辆购置附加费演变而来。印花税是以经济活动中签立的各种应税凭证文件为对象所征的税。

本学习情境下包含三个任务：处理城市维护建设税相关业务，处理车辆购置税相关业务，处理印花税相关业务。

**知识目标**

1. 了解：城市维护建设税、车辆购置税、印花税的概念、纳税人、征税范围、税目、税率、所得税的减免税政策、纳税地点和纳税期限；
2. 熟悉：城市维护建设税、车辆购置税、印花税的纳税申报和缴纳业务；
3. 掌握：城市维护建设税、车辆购置税、印花税税额的计算。

**技能目标**

1. 会处理城市维护建设税、车辆购置税、印花税的相关业务；
2. 会判断城市维护建设税、车辆购置税、印花税的税目、税率；
3. 会分析城市维护建设税、车辆购置税、印花税的税费计算。

## 任务 1 处理城市维护建设税业务

### 任务描述

某企业 2013 年 10 月确定营业收入为 400 000 元，其营业税率为 5%，城市维护建设税税率为 7%。

请计算确定该企业应交的城市维护建设税。

### 相关知识

**一、城市维护建设税的纳税义务人、征税对象和税率**

1. 城市维护建设税的纳税人

凡缴纳增值税、消费税、营业税的单位和个人为城市维护建设税的义务人。具体包括缴纳上述三税的国有企业、集体企业、个体经营者、机关、团体、学校、部队等单位和个人，但不包括外商投资企业、外国企业和外籍人士。

2. 城市维护建设税的征税范围

城市维护建设税，以纳税人实际缴纳的增值税、消费税、营业税税额为计税依据，分别与增值税、消费税、营业税同时缴纳。其征税范围与增值税、消费税、营业税的征税范围一致。任何单位或个人，只要缴纳增值税、消费税、营业税中的一种，就必须同时缴纳城市维护建设税。

按照规定，城市维护建设税以增值税、消费税、营业税为计税依据，指的是增值税、消费税、营业税的实缴税额，并不包括企业因为没有按期纳税所应缴纳的滞纳金或因违反税法规定而应缴纳的罚款。

**二、城市维护建设税的缴纳依据**

根据《中华人民共和国城市维护建设税暂行条例》的有关规定，城建税是根据城市维护建设资金的不同层次的需要而设计的，实行分区域的差别比例税率，即按纳税人所在城市、县城或镇等不同的行政区域分别规定不同的比例税率。具体规定为：

(1) 纳税人所在地在市区的，税率为7%。这里称的“市”指国务院批准市建制的城市，“市区”是指省人民政府批准的市辖区（含市郊）的区域范围。

(2) 纳税人所在地在县城、镇的税率为5%。这里所称的“县城、镇”是指省人民政府批准的县城、县属镇（区级镇），县城、县属镇的范围按县人民政府批准的城镇区域范围。

(3) 纳税人所在地不在市区、县城、县属镇的，税率为1%。纳税人在外地发生缴纳增值税、消费税、营业税的，按纳税发生地的适用税率计征城建税。

**三、应纳税额的计算**

城市维护建设税的计算公式为：

应纳城市维护建设税=（实纳增值税+实纳消费税+实纳营业税）×适用税率

**【例6-1-1】**某企业3月份销售应税货物缴纳增值税34万元、消费税12万元，出售房产缴纳营业税10万元、土地增值税4万元。已知该企业所在地使用的城市维护建设税税率为7%. 该企业3月份应缴纳的城市维护建设税税额为(　　)万元。

A. 4. 20　　B. 3. 92　　C. 3. 22　　D. 2. 38

【解析】B。

根据规定，城建税的计税义务为纳税人“实际缴纳”的三税之和，应缴纳城市维护建设税，3. 92万元（（34+12+10）×7%=3）。

**【例6-1-2】**某处在城市的公司，进口小轿车20辆，关税完税价格为200万元，关税税率为40%；进口化妆品一批，关税完税价格为300万元，关税税率为30%。公司境内销售小轿车，取得含税收入为585万元；销售化妆品，取得不含税收入为700万元。消费税税率为：小轿车8%；化妆品30%。

要求：根据上述资料，依据税法有关规定，计算该公司应纳城市维护建设税。假定该公司据实缴纳增值税和消费税。

【解析】

海关代征增值税和消费税，但不代征城市维护建设税。

(1) 海关代征消费税：

小轿车：200×(1+40%)÷(1-8%)×8%=24.35（万元）

化妆品：300×(1+30%)÷(1-30%)×30%=167.14（万元）

(2) 海关代征的增值税：

小轿车：[200×(1+40%)+24.35]×17%=51.74（万元）

化妆品：[300×(1+30%)+167.14]×17%=94.71（万元）

(3) 境内销售应纳增值税，不再缴纳消费税：

小轿车的销项税额=585÷(1+17%)×17%=85（万元）

化妆品的销项税额=700×17%=119（万元）

(4) 境内销售应纳增值税=(85+119)-(51.74+94.71)=57.55（万元）

(5) 应缴的城市维护建设税=57.55×7%=4.03（万元）

**四、城市维护建设税的申报与缴纳**

1. 纳税人

凡在我国境内缴纳增值税、消费税、营业税的单位和个人。根据《国务院关于统一内外资企业和个人城市维护建设税和教育费附加制度的通知》国发［2010］35号决定，自2010年12月1日起，对外商投资企业、外国企业及外籍个人征收城市维护建设税和教育费附加。

2. 计税依据和申报、缴纳时间

(1) 计税依据

纳税人实际缴纳的增值税、消费税和营业税税额（生产企业出口货物经税务机关批准免抵的增值税，也应计征城市维护建设税）。

(2) 申报、缴纳时间

在纳税人申报、缴纳增值税、消费税和营业税的同时。

3. 税率

(1) 一般规定

实行地区差别税率，分别为城市市区为7%，县城、建制镇为5%，除城市市区和县城、建制镇以外的地方为1%三个档次，按照纳税人所在地的行政区划对应确定适用税率。

(2) 特殊规定

纳税申请代开交通运输发票的税率为7%；由受托方代收、代扣“三税”的，按照受托方所在地确定适用税率，流动经营的以实际缴纳三税所在地确定适税率；铁道实际集中缴纳的营业税税额，城市维护建设税的税率为5%。

## 任务实施

根据任务描述，实施填表方案，拟定步骤如下：

**一、计算应纳税额**

企业的应纳税额=400 000×5%×7%=1 400（元）

## 二、填写城市维护建设税申报表（见表6–1–1）

表6–1–1 城市维护建设税申报表

（适用于增值税、消费税、营业税纳税人）

填表日期：2013 年 11 月 5 日

纳税人识别号：×××××××××××××××

纳税人名称：××××××××

申报所属期起：2013 年 10 月 1 日

申报所属期止：2013 年 10 月 31 日 单位：元（列至角分）

<table>
<tr><td rowspan="2">税（费种）</td><td colspan="3">计税（费）依据</td><td rowspan="2">税（费）率（%）</td><td rowspan="2">应纳税（费）额</td><td rowspan="2">减免税（费）额</td><td rowspan="2">应缴纳税（费）额</td></tr>
<tr><td>增值税额</td><td>消费税额</td><td>营业税额</td></tr>
<tr><td>1</td><td>2</td><td>3</td><td>4</td><td>5</td><td>6＝（2+3+4）×5</td><td>7</td><td>8＝6–7</td></tr>
<tr><td>城市维护建设税</td><td></td><td></td><td>20 000</td><td>7</td><td>1 400</td><td></td><td>1 400</td></tr>
<tr><td colspan="4">如纳税人填报，由纳税人填写以下各栏</td><td colspan="4">如委托税务代理机构填报，由税务代理机构填写以下各栏</td></tr>
<tr><td colspan="2" rowspan="3">会计主管（签章）</td><td rowspan="3">经办人（签章）</td><td colspan="2">税务代理机构名称</td><td></td><td colspan="2" rowspan="3">税务代理机构（公章）</td></tr>
<tr><td colspan="2">税务代理机构地址</td><td></td></tr>
<tr><td colspan="2">代理人（签章）</td><td></td></tr>
<tr><td rowspan="2">申报声明</td><td colspan="3" rowspan="2">此纳税申报表是根据国家税收法律的规定填报的，我确信它是真实的、可靠的、完整的。<br>申明人：<br>法定代表人（负责人）签字或盖章：（公章）</td><td colspan="4">以下由税务机关填写</td></tr>
<tr><td>受理日期</td><td></td><td>受理人</td><td></td></tr>
</table>

## 任务评价

根据前面任务下达的要求，实施并完成任务后，进行任务实施评价，填写任务实施情况表（见表6–1–2）。

表6–1–2 城市维护建设税业务训练评价表

| 考评内容标准 | 实施评价 | | |
|---|---|---|---|
| | 自我评价 | 同学互评 | 教师评价 |
| 城市维护建设税的计算（40 分） | | | |
| 填写城市维护建设税申报表（50 分） | | | |
| 说明如何申报缴纳（10 分） | | | |
| 合 计 | | | |

# 任务2 处理车辆购置税业务

## 任务描述

长江公司购买一辆小轿车，支付车款230 000元（含增值税）。另外支付的各项费用有：临时牌照费用200元，购买工具用具3 350元，车辆装饰费15 000元。各项款项由汽车销售公司开具发票。请问公司应交车辆购置税多少？

## 相关知识

**一、车辆购置税的征税对象和范围**

1. 车辆购置税的纳税人

在我国境内购买、进口、自产、受赠、获奖或者以其他方式取得并自用应税车辆的单位和个人，为车辆购置税的纳税人。

“单位”是指国有企业、集体企业、私营企业、股份制企业、外商投资企业、外国企业以及其他企业，事业单位、社会团体、国家机关、部队以及其他单位。“个人”是指个体工商业户及其他个人，泛指具有民事行为能力，依法享有民事权利，承担民事义务的自然人，包括中华人民共和国公民和外国公民。

2. 车辆购置税的征税范围

车辆购置税的征税范围是：汽车、摩托车、电车、挂车、农用运输车。汽车包括各种汽车。摩托车包括轻便摩托车、二轮摩托车、三轮摩托车。电车包括无轨电车：以电能为动力，由专用输电电缆线供电的轮式公共车辆；有轨电车：以电能为动力，在轨道上行驶的公共车辆。挂车包括全挂车：无动力设备，独立承载，由牵引车辆牵引行驶的车辆；半挂车：无动力设备，与牵引车共同承载，由牵引车牵引行驶的车辆。还有农用运输车，包括三轮农用运输车、四轮农用运输车。

**二、税率与计税依据**

车辆购置税实行统一的比例税率，税率为10%。

车辆购置税计税依据为：

（1）纳税人购买自用的应税车辆以计税价格为计税依据。计税价格是由销货方销售应税车辆向购买者收取的、除增值税以外的全部价款和价外费用组成。

（2）纳税人进口自用的应税车辆以组成计税价格为计税依据。

计税价格=关税完税价格+关税+消费税

组成计税价格=（关税完税价格+关税）÷（1-消费税税率）

（3）纳税人自产、受赠、获奖和以其他方式取得并自用的应税车辆的计税价格，由主管税务机关参照国家税务总局规定不同类型应税车辆的最低计税价格核定。国家税务总局参照应税车辆市场平均交易价格，规定不同的类型应税车辆的最低计税价格。

（4）以最低计税价格为计税依据的确定。

①纳税人购买自用或者进口自用应税车辆，申报的计税价格低于同类型应税车辆的最低价格，又无正当理由的，按照最低计税价格征收车辆购置税。

②申报的计税价格低于同类型应税车辆的最低计税价格，又无正当理由的，是指纳税人申报的车辆计税价格低于出厂价格或进口自用车辆的计税价格。

③几种特殊情形应税车辆的最低计税价格规定如下：

底盘（车架）发生更换的车辆，计税依据为最新核发的同类型车辆最低计税价格的70%。

免税条件消失的车辆，自初次办理纳税申报之日起，使用年限未满10年的，计税依据为最新核发的同类型车辆最低计税价格按每满1年扣减10%；超过10年的，计税依据为零。未满1年的应税车辆计税依据为最新核发的同类型车辆的最低计税价格。

未核定最低计税价格的车辆，计税依据为已核定的同类型车辆最低计税价格。

进口旧车、因不可抗力因素导致受损的车辆、库存超过三年的车辆、行驶8万公里以上的实验车辆、国家税务总局规定的其他车辆，计税依据为纳税人提供的《机动车销售统一发票》或有效凭证注明的计税价格和有效证明。

（5）车辆购置税价格信息管理。

为加强车辆购置税征收管理，进一步规范价格信息采集工作，国家税务总局制定了《车辆购置税价格信息管理办法（试行）》，自2007年1月1日起实施。

车辆购置税价格信息（以下简称车价信息）管理工作包括车价信息的采集、审核、汇总、上传以及车辆最低计税价格的核定、下发。车价信息采集范围为条例规定征收范围的所有车辆。国产车辆车价信息由主管税务机关到辖区内车辆生产（改装）企业采集。进口车辆车价信息由北京、天津、大连、上海、广东、深圳六省（市）主管税务机关到国外车辆生产制造企业驻中国代表处、进口汽车品牌中国地区代理商及掌握进口车辆车价信息的有关单位采集。国产车辆车价信息采集内容包括：生产（改装）企业名称、主管税务机关代码、车辆类别、商标名称和产品型号、吨位、座位、排气量、主要配置、出厂价格、参考零售价格。进口车辆车价信息采集内容包括：国别、生产企业名称、车辆类别、商标名称和产品型号、吨位、座位、排气量、主要配置、计税价格、市场平均交易价格。

主管税务机关采集汽车、挂车、农用运输车及电车价格信息时，对于同一车辆生产（改装）企业生产的相同产品型号（以下简称同型号），因配置不同有多个出厂价格的车辆，应按照产生价格差异的主要配置分别采集。

主管税务机关采集摩托车价格信息时，对于同型号的国产车辆采集最低的出厂价格，进口车辆采集最低的计税价格。

车价信息每年采集6次，采集期分别为2月、4月、6月、8月、10月、12月，具体采集时点由各省、自治区、直辖市、计划单列市国家税务局流转税管理部门确定。

（6）车辆购置税计税依据和应纳税款以人民币计算。

**三、应纳税额的计算**

车辆购置税实行从价定率的办法计算应纳税额，应纳税额的计算公式为：

应纳税额=计税价格×税率

(1) 纳税人购买自用的应税车辆，其计税价格由纳税人支付给销售者的全部价款(不包括增值税税款) 和价外费用组成。

(2) 纳税人进口自用的应税车辆以组成计税价格为计税依据。

(3) 纳税人自产自用、受赠使用、获奖使用和以其他方式取得并自用应税车辆的，以国家税务总局核定的最低计税价格为计税依据计算征收车辆购置税。

(4) 其他方式取得并自用应税车辆，按同类型的最低计税价格计征车辆购置税。

(5) 对减税、免税条件消失的车辆，纳税人应按现行规定，在办理车辆过户手续前或者办理变更车辆登记手续前向主管税务机关缴纳车辆购置税。

**【例 6-2-1】** 某汽车制造厂（一般纳税人）2013 年 3 月经营情况如下：

1. 购进生产用原材料取得增值税专用发票上注明的增值税为 3 623 800 元；购进一批农产品作为福利发给本厂职工，支付收购价款 10 800 元；从小规模纳税人购进低值易耗品一批，取得的普通发票上注明的价款为 7 890 元，货物均已验收入库。增值税专用发票当月已经通过主管税务机关认证。

2. 当月销售自产轿车 58 辆，销售自产载重汽车 56 辆。

3. 以自产轿车 40 辆向某汽车租赁公司进行投资，双方协议投资作价 120 000 元/辆；将自产轿车 3 辆作为本企业固定资产；将自产的轿车 4 辆作为专车配给对企业发展有突出贡献的专家。

该企业生产的上述轿车不含税售价为 180 000/辆，国家税务总局对同类型轿车核定的最低计税价格为 180 000 元；载重汽车不含税售价为 58 000 元/辆。轿车消费税税率为 9%，成本利润率为 8%。该企业上述业务税务处理正确的有(　　)。

A. 应纳增值税 141 360 元，应纳消费税 1 701 000 元

B. 应纳增值税 181 200 元，应纳消费税 1 771 840 元

C. 应纳车辆购置税 18 000 元

D. 应纳车辆购置税 126 000 元

【解析】A D。

本例考核增值税计税依据的确定和应纳税额的计算、消费税计税依据的确定和应纳税额的计算以及车辆购置税的计算。计算过程如下：

应纳增值税 = [（58+40+3+4）×180 000+56×58 000］×17% -3 623 800 = 141 360（元）

应纳消费税 =（58+40+4+3）×180 000×9% = 1 701 000（元）

应纳车辆购置税 = 7×180 000×10% = 126 000（元）

## 四、车辆购置税的申报与缴纳

车辆购置税实行一车一申报制度。

1. 征税车辆纳税申报

纳税人办理纳税申报时应如实填写《车辆购置税纳税申报表》，同时提供以下资料的原件和复印件：车主身份证明、车辆价格证明、车辆合格证明。

2. 免（减）税申报

符合条例规定的免税、减税规定的车辆，纳税人在办理纳税申报时，除提供一般资料外，还应根据不同情况，分别提供所需资料的原件、复印件及彩色照片。原件经主管税务

机关审核后退还给纳税人，复印件及彩色照片由主管税务机关留存。

（1）外国驻华使馆、领事馆和国际组织驻华机构的车辆，提供机构证明。

（2）外交人员自用车辆，提供外交部门出具的身份证明。

（3）中国人民解放军和中国人民武装警察部队列入军队武器装备订货计划的车辆，提供订货计划的证明。

（4）设有固定装置的非运输车辆，提供车辆内、外观彩色5寸照片。

（5）城市公交企业需向所在地主管税务机关提供所在地县级以上交通运输主管部门出具的城市公交企业和公共汽电车辆认定证明。

（6）其他车辆，提供国务院或国务院税务主管部门的批准文件。

3. 纳税地点

纳税人购置应税车辆，应当向车辆登记注册地的主管税务机关申报纳税；购置不需办理车辆登记注册手续的应税车辆，应当向纳税人所在地的主管税务机关申报纳税。车辆登记注册地是指车辆的上牌落籍地或落户地。

4. 车辆购置税的纳税期限

纳税人购买自用应税车辆，自购买之日起60日内申报纳税；进口自用的应税车辆，应当自进口之日起60日内申报纳税；自产、受赠、获奖和以其他方式取得并自用应税车辆的，应当自取得之日起60日内申报纳税。

5. 车辆购置税的缴税管理

（1）车辆购置税缴款方法的选择。车辆购置税缴纳税款的方法主要有：自报核缴；集中征收缴纳；代征、代扣、代收。

（2）车辆购置税的缴税管理。纳税人在申报纳税时，向主管税务机关一次性缴纳车辆购置税。

税务机关在征收车辆购置税时，应根据纳税人税款缴纳方式的不同，分别使用税收通用完税证、税收转账专用完税证和税收通用缴款书三种税票。

6. 车辆购置税的完税、免税证明

完税、免税证明主要内容：纳税人（车主）名称、车辆厂牌型号、发动机号、车架（或车辆识别代码）、完税（免税）、征收机关、证明编号等。

纳税人办理缴税（包括减税）或免税手续后，由主管税务机关核发完税、免税证明的正本和副本。纳税人持完税证明或免税证明的正本和副本向公安机关等车辆管理机构申请车辆登记注册。公安机关车辆管理机构办理车辆登记注册后留下副本存档。

7. 车辆购置税的退税制度

已经办理纳税申报的车辆，发生下列情形之一的，纳税人应到车购办申请退税：因质量原因，车辆被退回生产企业或者经销商的；公安机关车辆管理机构不予办理车辆登记注册手续的。

因质量原因被退回的，自纳税人办理纳税申报之日起，按已缴税款每满1年扣减10%计算退税额。未满1年的按已缴税款全额退税。

对公安机关车辆管理机构不予办理车辆登记注册手续的车辆，退还全部已缴税款。

8. 车辆购置税的免（减）税申请

未列入《设有固定装置免税车辆图册》的设有固定装置的非运输车辆、留学人员购买的国产车辆、来华专家进口的自用车辆，在办理纳税申报前生产企业或纳税人应先到车购办办理免（减）税申请。

防汛专用车和森林消防专用车、国务院批准免税的其他车辆，在办理纳税申报前，申请免税部门应向国家税务总局提出免税申请。

9. 车辆购置税的免（减）税依据以及免（减）税审核批准程序

（1）设有固定装置的非运输车辆免税。

（2）留学人员购买的国产车辆、来华专家进口的自用车辆按规定免税或减税。

（3）防汛专用车和森林消防专用车、国务院批准免税的其他车辆。

（4）外国驻华使馆、领事馆和国际组织驻华机构及其他外交人员自用的车辆、中国人民解放军和中国人民武装警察部队列入军队武器装备订货计划的车辆，车购办依据纳税人提供的资料直接办理免税手续。

## 任务实施

根据任务描述，实施填表方案，拟定步骤如下：

**一、计算应纳税额**

纳税人购买自用的应税车辆的计税价格，为纳税人购买车辆而支付给销售者的全部价款和价外费用，不包括增值税税款。

计税价格＝（230 000+200+3 350+15 000）÷（1+17%）

＝212 435. 90（元）

应纳税额＝212 435. 90×10%＝21 243. 59（元）

**二、填写车辆购置税纳税申报表（见表6-2-1）**

表6-2-1 车辆购置税纳税申报表

填表日期：2013 年 5 月 10 日

纳税人名称：长江公司　　金额单位：元

| 纳税人证件名称 | | | 证件号码 | | |
|---|---|---|---|---|---|
| 联系电话 | | 邮政编码 | | 地址 | |
| 车辆基本情况 | | | | | |
| 车辆类别 | 1. 汽车 2. 摩托车 3. 电车 4. 挂车 5. 农用运输车 | | | | |
| 生产企业名称 | 浙江吉利 | 机动车销售发票（或有效凭证）价格 | | | 212 435. 90 |
| 厂牌型号 | | 关税完税价格 | | | |
| 发动机号码 | 00001 | 关税 | | | |
| 车辆识别代号（车架号码） | | 消费税 | | | |

续表

<table>
<tr><td>购置日期</td><td>2013. 5. 10</td><td colspan="3">免（减）税条件</td><td></td></tr>
<tr><td>申报计税价格</td><td>特殊计税价格</td><td>税率</td><td colspan="2">免税、减税额</td><td>应纳税额</td></tr>
<tr><td>1</td><td>2</td><td>3</td><td colspan="2">4=2×3</td><td>5=1×3 或 2×3</td></tr>
<tr><td>212 435.90</td><td></td><td>10%</td><td colspan="2"></td><td>21 243. 59</td></tr>
<tr><td></td><td></td><td></td><td colspan="2"></td><td></td></tr>
<tr><td colspan="2">申报人声明</td><td colspan="4">授权声明</td></tr>
<tr><td colspan="2">此纳税申报表是根据《中华人民共和国车辆购置税暂行条例》的规定填报的，我相信它是真实的、可靠的、完整的。<br>声明人签字：</td><td colspan="4">如果你已委托代理人申报，请填写以下资料：<br>为代理一切税务事宜，现授权（　　），地址（　　）为本纳税人的代理申报人，任何与本申报表有关的往来文件，都可寄予此人。<br>授权人签字：</td></tr>
</table>

<table>
<tr><td rowspan="5">纳税人签名或盖章</td><td colspan="3">如委托代理人的，代理人应填写以下各栏</td></tr>
<tr><td>代理人名称</td><td></td><td rowspan="4">代理人（章）</td></tr>
<tr><td>地址</td><td></td></tr>
<tr><td>经办人</td><td></td></tr>
<tr><td>电话</td><td></td></tr>
<tr><td colspan="2">接收人：<br>接收日期：</td><td colspan="2">主管税务机关（章）：</td></tr>
</table>

## 任务评价

根据前面任务下达的要求，实施并完成任务后，进行任务实施评价，填写任务实施情况表（见表6-2-2）。

表 6-2-2　**车辆购置税业务训练评价表**

| 考评内容标准 | 实施评价 | | |
|---|---|---|---|
| | 自我评价 | 同学互评 | 教师评价 |
| 车辆购置税的计算（40 分） | | | |
| 填写车辆购置税申报表（50 分） | | | |
| 说明如何申报缴纳（10 分） | | | |
| 合　计 | | | |

# 任务3 处理印花税业务

## 任务描述

武汉GL科技有限公司，纳税识别号为4201063345858××，法人代表王燕，本公司在2013年10月发生了如下应纳印花税项目：

1. 由于丢失换发营业执照、税务登记证以及换发的房产证和土地使用证各一份。

2. 增加资本公积200万元。

3. 投机动车险三分，保险金额为50万元，应交保险费1.2万元。

已知GL公司10月份对于定额印花税已经自行贴花15元，本期购花贴花的情况是：无上期结存，无期末结存，本期购入就是本期使用数量；印花税无代理人纳税；税务机关的受理人和录入人都是张山，审核人是李斯。请计算该公司的印花税，并填写申报表。

## 相关知识

**一、印花税的征税对象和税率**

（一）印花税的征税对象

现行印花税只对印花税条例列举的凭证征税，具体有五类：经济合同，产权转移书据，营业账簿，权利、许可证照和经财政部确定征税的其他凭证。

1. 经济合同

合同是指当事人之间为实现一定目的，经协商一致，明确当事人各方权利、义务关系的协议。以经济业务活动作为内容的合同，通常称为经济合同。经济合同按照管理的要求，应依照《合同法》和其他有关合同法规订立。经济合同的依法订立，是在经济交往中为了确定、变更或终止当事人之间的权利和义务关系的合同法律行为，其书面形式即经济合同。我国印花税只对依法订立的经济合同征收。

（1）购销合同，包括供应、预购、采购、购销结合及协作、调剂、补偿、易货等合同；还包括各出版单位与发行单位（不包括订阅单位和个人）之间订立的图书、报刊、音像征订凭证。

对于企业集团内部具有平等法律地位的主体之间自愿订立、明确双方购销关系，据以供货和结算具有合同性质的凭证，应按规定征收印花税。对于企业集团内部执行计划使用的、不具有合同性质的凭证，不征收印花税。

对于工业、商业、物资、外贸等部门经销和调拨商品、物资供应的调拨单（或其他名称的单、卡、书、表等），应当区分其性质和用途，即看其是作为部门内部执行计划使用的，还是替代合同使用，以确定是否贴花。凡属于明确双方供需关系，据以供货和结算，具有合同性质的凭证，按规定缴纳印花税。

对纳税人以电子形式签订的各类应税凭证按规定征收印花税。

对发电厂与电网之间、电网与电网之间（国家电网公司系统、南方电网公司系统内部各级电网互供电量除外）签订的购销电合同，按购销合同征收印花税。电网与用户之间签订的供用电合同不征印花税。

（2）加工承揽合同，包括加工、定作、修缮、修理、印刷、广告、测绘、测试等合同。

（3）建设工程勘察设计合同，包括勘察、设计合同的总包合同、分包合同和转包合同。

（4）建筑安装工程承包合同，包括建筑、安装工程承包合同的总包合同、分包合同和转包合同。

（5）财产租赁合同，包括房屋、船舶、飞机、机动车辆、机械、器具、设备等合同；还包括企业、个人出租门店、柜台等所签订的合同，但不包括企业与主管部门签订的租赁承包合同。

（6）货物运输合同，包括民用航空、铁路运输、海上运输、内河运输、公路运输和联运合同。

（7）仓储保管合同，包括仓储、保管合同或作为合同使用的仓单、栈单（或称入库单）。对某些使用不规范的凭证不便计税的，可就其结算单据作为计税贴花的凭证。

（8）借款合同，包括银行及其他金融组织和借款人（不包括银行同业拆借）所签订的借款合同。

（9）财产保险合同，包括财产、责任、保证、信用等。

（10）技术合同，包括技术开发、转让、咨询、服务等合同。其中：

技术转让合同包括专利申请转让、非专利技术转让所书立的合同，但不包括专利权利转让，专利实施许可所书立的合同。后者应用于“权利转移书据”合同。

技术咨询合同是合同当事人就有关项目的分析、论证、评价、预测和调查订立的技术合同，而一般的法律、会计、审计等方面的咨询不属于技术咨询，其所立合同不贴印花。

技术服务合同的征税范围包括技术服务合同、技术培训合同和技术中介合同。

此外，在确定应税经济合同的范围时，特别注意以下三个问题：

①具有合同性质的凭证应视同合同征税。

所谓具有合同性质的凭证，是指具有合同效力的协议、契约、合约、单据、确认书及其他各种名称的凭证。它们从属于以上10个合同税目的分类，而非独立列举的征税类别。

②未按期兑现合同亦应贴花。

印花税即是凭证税，又具有行为税性质。纳税人签订应税合同，就发生了应税经济行为，必须依法贴花，履行完税手续。所以不论合同是否兑现或能否按期兑现，都应当缴纳印花税。

例如，2013年6月1日，甲与乙签订了一份期货合同，规定在2014年1月10日按照一定价格，甲购买一定数量的某产品，后因其他原因，甲在2014年1月10日放弃了这个期权，并未真正交割，这个合同虽然没有兑现依然要按照合同规定的金额进行贴花。

③同时书立合同和开立单据的贴花方法。

办理一项业务（如货物运输、仓储保管、财产保险、银行借款等），如果既书立合同，又书立单据，只就合同贴花；凡不书立合同，只开立单据，以单据作为合同适用的，其使用的单据应按规定贴花。

2. 产权转移书据

产权转移书据包括财产所有权和版权、商标专用权、专利权、专有技术使用权等转移书据。其中，财产所有权转移书据，是指经政府管理机关登记注册的不动产、动产的所有权转移所书立的书据，包括股份制企业向社会公开发行的股票，因购买、继承、赠与所书立的产权转移书据。其他4项则属于无形资产的产权转移书据。

另外，土地使用权出让合同、土地使用权转让合同、商品房销售合同按照产权转移书据征收印花税。

3. 营业账簿

营业账簿包括单位和个人从事生产经营活动所设立的各种账册。

印花税税目中的营业账簿归属于财务会计账簿，是按照财务会计制度的要求设置的，反应生产活动的账册。按照营业账簿反映的内容不同，在税目中分为：记载资金的账簿和其他营业账簿两类，以便于分别采用按金额计税和按件计税两种计税方法。

（1）资金账簿是反映生产经营单位“实收资本”和“资本公积”金额增减变化的账簿。

（2）其他营业账簿是反映除资产以外的其他生产经营活动内容的账簿，即除资金账簿以外的，归属于财务会计体系的生产经营用账册。

（3）有关“营业账簿”征免范围应明确的若干个问题：

① 纳入征税范围的营业账簿，不按立账簿人是否属于经济组织（工商企业单位、工商业户）来划定范围，而是按账簿的经济用途来确定征免界限。例如，一些事业单位实行企业化管理，从事生产经营活动，其账簿就视同于企业账簿，应纳印花税；而一些企业单位内的职工食堂，工会组织以及自办的学校、托儿所、幼儿园设置的经费收支账簿，不反映生产经营活动，就不属于“营业账簿”税目的适用范围。

② 其他营业账簿包括日记账簿和各明细分类账簿。

③ 对采用一级核算形式的单位，只就财会部门设置的账簿贴花；采用分级核算形式的，除财会部门的账簿应贴花外，财会部门设置在其他部门和车间的明细分类账，也应该按规定贴花。

④ 车间、门市部、仓库设置的不属于会计核算范围或虽属会计核算范围，但不记载金额的登记簿、统计簿、台账等，不贴印花。

⑤ 对会计核算采用单页式记载资金活动情况，以表代账的，在未形成账簿（账册）前，暂不贴花，待装订成册时，按册贴花。

⑥对有经营收入的事业单位，凡属由国家财政部门拨付事业经费，实行差额预算管理的单位，其记载经营业务的账簿，按其他账簿定额贴花，不记载经营业务的账簿不贴花；凡属经费来源实行自收自支的单位，对其营业账簿，应就记载金额的账簿和其他账簿分别按规定贴花。

⑦跨地区经营的分支机构使用的营业账簿，应由各分支机构在其所在地缴纳印花税。

对上级单位核拨资金的分支机构，其记载资金的账簿按核拨的账面资金数额计税贴花；对上级单位不核拨资金的分支机构，只就其他账簿按定额贴花。

⑧实行公司制改造的企业在改制过程中成立的新企业（重新办理法人登记的），其新启用的资金账簿记载的资金或因企业建立资本纽带关系而增加的资金，凡原已贴花的部分可不再贴花，未贴花的部分和以后新增加的资金按规定贴花。

公司制改造包括国有企业依《公司法》整体改造成国有独资有限责任公司；企业通过增资扩股或者转让部分产权，实现他人对企业的参股，将企业改造成有限责任公司或股份有限公司；企业以其部分财产和相应债务与他人组建新公司；企业将债务留在原企业，而以其优质财产与他人组建的新公司。

⑨以合并或分立方式成立的新企业，其新启用的资金账簿记载的资金，凡原已贴花的部分可不再贴花，未贴花的部分和以后新增加的资金按规定贴花。合并包括吸收合并和新设合并，分立包括存续分立和新设分立。

⑩企业债权转股权新增加的资金按规定贴花；企业改制中经评估增加的资金按规定贴花；企业其他会计科目记载的资金转为实收资本或资本公积的资金按规定贴花。

**【例 6-3-1】**税务人员根据工商行政管理局提供的新增注册资本的公司名单，对印花税纳税情况进行检查。检查中，发现某商贸有限责任公司，当年增加注册资本400 万元，没有按规定在“实收资本”账簿上补贴印花税票，同时，发现该企业有资本公积金40 万元，亦未按规定贴印花税票。请问对新增注册资本是否要交印花税，应该缴纳多少？

【解析】

根据有关规定，记载资金的账簿，按“实收资本”与“资本公积”合计总额 0.5‰ 贴花，对增加的注册资本也要计算在内。因此，该企业应补纳（贴）印花税额：

应纳（贴）印花税=（4 000 000+400 000）×0.5‰=2 200（元）

4. 权利、许可证照

权利、许可证照包括房屋产权证、工商营业执照、商标注册证、专利证、土地使用证，但是不包括农村集体土地承包经营权证。

5. 经财政部确定征税的其他凭证

除了以上列举的五大类应税经济凭证外，在确定经济凭证的征免税范围时，需要注意以下三点：

（1）由于目前同一性质的凭证名称各异，不够统一，因此，各类凭证不论以何种形式或名称书立，只要其性质属于条例中列举征税范围内的凭证，均应按章纳税。

（2）应税凭证均是指在中国境内具有法律效力，受中国法律保护的凭证。

（3）适用于中国境内，并在中国境内具备法律效力的应税凭证，无论在中国境内或者境外书立，均应按照印花税的规定贴花。

（二）印花税的征税税目和税率

1. 印花税的税目

印花税的税目，是指印花税条例明确规定的应纳税的项目，它具体划定了印花税的征税范围。一般来说，列入税目就要征税，未列入税目不征税。印花税共有 13 个税目，即：

（1）购销合同，包括供应、预购、采购、购销结合及协作、调剂、补偿、贸易等合同。此外，还包括出版单位与发行单位之间订立的图书、报纸、期刊和音像制品的应税凭证，例如订购单、订书单等。发电厂与电网之间、电网与电网之间（国家电网公司系统、南方电网公司系统内部各级电网互供电量除外）签订的购售电合同也包括在内。但是，电网与用户之间签订的供用电合同不属于印花税列举征税的凭证，不征收印花税。

（2）加工承揽合同，包括加工、定做、修缮、修理、印刷、广告、测绘、测试等合同。

（3）建设工程勘察设计合同，包括勘察、设计合同。

（4）建筑安装工程承包合同，包括建筑、安装工程承包合同。承包合同包括总承包合同、分包合同和转包合同。

（5）财产租赁合同，包括租赁房屋、船舶、飞机、机动车辆、机械、器具、设备等合同，还包括企业、个人出租门店、柜台等签订的合同。

（6）货物运输合同，包括民用航空、铁路运输、海上运输、公路运输和联运合同，以及作为合同使用的单据。

（7）仓储保管合同，包括仓储、保管合同，以及作为合同使用的仓单、栈单等。

（8）借款合同。银行及其他金融组织与借款人（不包括银行同业拆借）所签订的合同，以及只填开借据并作为合同使用、取得银行借款的借据。银行及其他金融机构经营的融资租赁业务，是一种以融物方式达到融资目的的业务，实际上是分期偿还的固定资金借款，因此融资租赁合同也属于借款合同。

（9）财产保险合同，包括财产、责任、保证、信用保险合同，以及作为合同使用的单据。财产保险合同，分为企业财产保险、机动车辆保险、货物运输保险、家庭财产保险和农牧业保险五大类。“家庭财产两全保险”属于家庭财产保险性质，其合同在财产保险合同之列，应照章纳税。

（10）技术合同，包括技术开发、转让、咨询、服务等合同，以及作为合同使用的单据。

技术转让合同，包括专利申请权转让、专利实施许可和非专利技术转让。技术咨询合同，是当事人就有关项目的分析、论证、预测和调查订立的技术合同。但一般的法律、会计、审计等方面的咨询不属于技术咨询，其所立合同不贴印花。

技术服务合同，是当事人一方委托另一方就解决有关特定技术问题，如为改进产品结构、改良工艺流程、提高产品质量、降低产品成本、保护资源环境、实现安全操作、提高经济效益等提出实施方案，进行指导所订立的技术合同，包括技术服务合同、技术培训合同和技术中介合同。但不包括以常规手段或者为生产经营目的进行一般加工、修理、修缮、广告、印刷、测绘、标准化测试，以及勘察、设计等所书立的合同。

（11）财产所有权和版权、商标专用权、专利权、专有技术使用权等转移书据和土地使用权出让合同、土地使用权转让合同、商品房销售合同等权力转移合同。

所称产权转移书据，是指单位和个人产权的买卖、继承、赠与、交换、分割等所立的书据。“财产所有权”转换书据的征税范围，是指经政府管理机关登记注册的动产、不动产的所有权转移所立的书据，以及企业股权转让所立的书据，并包括个人无偿赠送不动产所签订的“个人无偿赠与不动产登记表”。当纳税人完税后，税务机关（或其他征收机关）应在纳税人印花税完税凭证上加盖“个人无偿赠与”印章。

（12）营业账簿，指单位或者个人记载生产经营活动的财务会计核算账簿。营业账簿按其反映内容的不同，可分为记载资金的账簿和其他账簿。

记载资金的账簿，是指反映生产经营单位资本金数额增减变化的账簿。其他账簿，是指除上述账簿以外的有关其他生产经营活动内容的账簿，包括日记账簿和各明细分类账簿。

但是，对金融系统营业账簿，要结合金融系统财务会计核算的实际情况进行具体分析。凡银行用以反映资金存贷经营活动、记载经营资金增减变化、核算经营成果的账簿，如各种日记账、明细账和总账都属于营业账簿，应按照规定缴纳印花税；银行根据业务管理需要设置的各种登记簿，如空白重要凭证登记簿、有价单证登记簿、现金收付登记簿等，其记载的内容与资金活动无关，仅用于内部备查，属于非营业账簿，均不征收印花税。

（13）权利、许可证照，包括政府部门发给的房屋产权证、工商营业执照、商标注册证、专利证、土地使用证。

2. 印花税的税率

印花税的税率的设计遵循税负从轻、共同负担的原则，所以税率比较低。凭证的当事人，即对凭证有直接权利与义务关系的单位和个人均应就其所持凭证依法纳税。印花税的税率有两种形式，即比例税率和定额税率

（1）比例税率。

在印花税的13个税目中，各类合同以及具有合同性质的凭证、产权转移书据、营业账簿中记载资金的账簿，适用比例税率。

印花税的比例税率分为四个档次，分别是1‰、0.5‰、0.3‰、0.05‰。

①“借款合同”适用0.05‰税率；

②“购销合同”、“建筑安装工程承包合同”、“技术合同”适用0.3‰税率；

③“加工承揽合同”、“建筑工程勘察设计合同”、“货物运输合同”、“产权转移书据”、“营业账簿”税目中记载资金的账簿适用0.5‰税率；

④“财产租赁合同”、“仓储保管合同”、“财产保险合同”适用1‰税率；

⑤“股权转让书据”也适用1‰税率（注：国家税务总局决定从2008年4月24日起，调整证券（股票）交易印花税税率，由3‰调整为1‰）。

（2）定额税率。

在印花税的13个税目中，“权利、许可证照”和“营业账簿”税目中的其他账簿，适用定额税率，均为按件贴花，税额为5元。

在确定适用税率时，如果一份合同载有一个或几个经济事项，可以同时适用一个或几个税率分别计算贴花。但属于同一笔金额或几个经济事项金额未分开的，应按其中的较高税率计算纳税，而不是分别按多种税率贴花。这样规定主要是为了避免以低税率凭证替代高税率凭证纳税，从而逃避纳税义务。印花税税目税率见表6-3-1。

表 6-3-1 **印花税税目税率表**

| | 税目 | 范围 | 税率 | 纳税义务人 | 说明 |
|---|---|---|---|---|---|
| 1 | 购销合同 | 供应、预购、采购、购销结合及协作、调剂、补偿、易货等合同 | 按购销金额0.3‰贴花 | 立合同人 | |
| 2 | 加工承揽合同 | 加工、定作、修缮、修理、印刷、广告、测绘、测试等合同 | 按加工或承揽收入0.5‰贴花 | 立合同人 | |
| 3 | 建设工程勘察设计合同 | 勘察、设计合同 | 按收取费用0.5‰贴花 | 立合同人 | |
| 4 | 建筑安装工程承包合同 | 建筑、安装工程承包合同 | 按承包金额0.3‰贴花 | 立合同人 | |
| 5 | 财产租赁合同 | 租赁房屋、船舶、飞机、机动车辆、机械、器具、设备等 | 按租赁金额1‰贴花。税额不足1元的按1元贴花 | 立合同人 | |
| 6 | 货物运输合同 | 民用航空、铁路运输、海上运输、内河运输、公路运输和联运合同 | 按运输费用0.5‰贴花 | 立合同人 | 单据作为合同使用的，按合同贴花 |
| 7 | 仓储保管合同 | 仓储、保管合同 | 按仓储保管费用1‰贴花 | 立合同人 | 仓单或栈单作为合同使用的，按合同贴花 |
| 8 | 借款合同 | 银行及其他金融组织和借款人（不包括银行同业拆借）所签订的借款合同 | 按借款金额0.05‰贴花 | 立合同人 | 单据作为合同使用的，按合同贴花 |
| 9 | 财产保险合同 | 财产、责任、保证、信用等保险合同 | 按保费收入1‰贴花 | 立合同人 | 单据作为合同使用的，按合同贴花 |
| 10 | 技术合同 | 技术开发、转让、咨询、服务等合同 | 按所载金额0.3‰贴花 | 立合同人 | |

续表

| | 税目 | 范围 | 税率 | 纳税义务人 | 说明 |
|---|---|---|---|---|---|
| 11 | 产权转移书据 | 财产所有权和版权、商标专用权、专利权、专有技术使用权等转移书据 | 按所载金额0.5‰贴花 | 立据人 | |
| 12 | 营业账簿生产经营用账册 | 记载资金的账簿 | 按固定资产原值与自有流动资金总额0.5‰贴花。其他账簿按件贴花5元 | 立账簿人 | |
| 13 | 权利、许可证照 | 政府部门发给的房屋产权证、工商营业执照、商标注册证、专利证、土地使用证 | 按件贴花5元 | 领受人 | |

注：国家税务总局决定从2008年9月19日起，调整证券（股票）交易印花税征收方式，将现行的对买卖、继承、赠与所书立的A股、B股股权转让书据按1‰的税率对双方当事人征收证券（股票）交易印花税，调整为单边征税，即对买卖、继承、赠与所书立的A股、B股股权转让书据的出让按1‰的税率征收证券（股票）交易印花税，对受让方不再征税。

## 二、应纳税额的确定

印花税以应纳税凭证所记载的金额、费用、收入额或者凭证的件数为计税依据，按照规定的适用税率或者适用税额标准计算应纳税额。

1. 比例税率

应纳税额=计税金额×适用税率

2. 定额税率

应纳税额=纳税凭证的件数×适用税额标准

3. 计算印花税应纳税额应注意的问题

（1）按金额比例贴花的应税凭证，未标明金额的，应按照凭证所载数量及市场价格计算金额，依适用税率贴足印花。

（2）应税凭证所载金额为外国货币的，按凭证书立当日的国家外汇管理局公布的外汇牌价折合人民币，计算应纳税额。

（3）同一凭证由两方或者两方以上当事人签订并各执一份的，应当由各方所执的一份全额贴花。

（4）同一凭证因载有两个或者两个以上的经济事项而适用不同税率，分别载有金额的，应分别计算应纳税额，相加后按合计税额贴花，未分别记载金额的，按税率高的计税贴花。

（5）已贴花的凭证，修改后所载金额增加的，其增加部分应当补贴印花税票。

**【例6-3-2】** 三祥公司于2008年2月开业，领受房产权证、工商营业执照、土地使用证各一件，与其他企业订立转移专用使用权书据一件，所载金额80万元；订立产品购销合同两件，所载金额为150万元；订立借款合同一份，所载金额40万元。此外，企业的营业账簿中，“实收资本”科目载有资金600万元，其他营业账簿20本。2008年12月该企业“实收资本”所载资金增加为800万元。

试计算该企业2008年2月份应纳印花税额和12月份应补缴印花税额。

【解析】

（1）企业领受权利、许可证照应纳税额：

应纳税额＝3×5＝15（元）

（2）企业订立产权转移书据应纳税额：

应纳税额＝800 000×0.5‰＝400（元）

（3）企业订立购销合同应纳税额：

应纳税额＝1 500 000×0.3‰＝450（元）

（4）企业订立借款合同应纳税额：

应纳税额＝400 000×0.05‰＝20（元）

（5）企业营业账簿中“实收资本”所载资金：

应纳税额＝6 000 000×0.5‰＝3 000（元）

（6）企业其他营业账簿应纳税额：

应纳税额＝20×5＝100（元）

（7）2月份企业应纳印花税税额：

应纳税额＝15+400+450+20+3 000+100＝3 985（元）

（8）12月份资金账簿应补缴税额为：

应补缴税额＝（8 000 000－6 000 000）×0.5‰＝1 000（元）

## 三、印花税的申报与缴纳

### （一）印花税的申报

纳税申报是纳税人按照税法规定的期限和内容向税务机关提交有关纳税事项书面报告的法律行为，是纳税人履行纳税义务、界定纳税人法律责任的主要依据，是税务机关管理信息的主要来源和税务管理的重要制度。印花税的纳税人应按照条例的有关规定及时办理纳税申报，并如实填写印花税纳税申报表（见表6-3-2）。

表6-3-2 **印花税纳税申报表**

税款所属时期：　年　月　日至　年　月　日　　填表日期：　年　月　日　金额单位：元（列至角分）

| 纳税人代码 | | | | | | | 微机代码 | | | |
|---|---|---|---|---|---|---|---|---|---|---|
| 纳税人名称 | | | | | | | 税款所属时期 | | | |
| 税目 | 件数 | 征收金额 | 税率 | 应纳税额 | 已纳税额 | 应补（退）税额 | 购花贴花情况 | | | |
| | | | | | | | 上期结存 | 本期购进 | 本期贴花 | 本期结存 |
| 1 | 2 | 3 | 4 | 5＝2×5或3×4 | 6 | 7＝5－6 | 8 | 9 | 10 | 11＝8+9－10 |
| | | | | | | | | | | |
| | | | | | | | | | | |
| | | | | | | | | | | |

续表

| 纳税人声明 | 授权人声明 | 代理人声明 |
| --- | --- | --- |
| 本纳税申报表是按照国家税法和税务机关规定填报的，我确信是真实的，合法的。如有虚假，愿负法律责任。<br>法定代表人（业主）签名：<br>年 月 日 | 我单位（公司）现授权　　为本纳税人的代理申报人，其法定代表人　　电话　　，任何与申报有关的往来文件都可寄与此代理机构。<br>委托代理合同号码：<br>授权人（法定代表人）签名：<br>年 月 日 | 本纳税申报表是按照国家税法和税务机关规定填报的，我确信是真实、合法的。如有不实，我愿承担法律责任。<br>法定代表人签名：<br>代理人盖章：<br>年 月 日 |
| 受理申报日期　年　月　日 | 审核申报日期　年　月　日 | 录入日期　年　月　日 |
| 受理人： | 审核人： | 录入人： |

（二）印花税的缴纳

1. 纳税方法

印花税的纳税办法，根据税额大小、贴花次数以及税收征收管理的需要。分别采用以下三种纳税办法。

（1）自行贴花。

这种办法一般适用于应税凭证较少或者贴花次数较少的纳税人。纳税人书立、领受或者使用印花税法列举的应税凭证的同时，纳税义务即已产生，应当根据应纳税凭证的性质和适用的税目税率，自行计算应纳税额，自行购买印花税票，自行一次贴足印花税票并加以注销或划销，纳税义务才算全部履行完毕。值得注意的是，纳税人购买了印花税票，支付了税款，国家就取得了财政收入。但就印花税来说，纳税人支付了税款并不等于已履行了纳税义务。纳税人必须自行贴花并注销或划销，这样才算完整地完成了纳税义务。这也就是通常所说的“三自”纳税办法。

对已贴花的凭证，修改后所载金额增加的，其增加部分应当补贴印花税票。凡多贴印花税票者，不得申请退税或者抵用。

（2）汇贴或汇缴。

这种办法一般适用于应纳税额较大或者贴花次数频繁的纳税人。

一份凭证应纳税额超过500元的，应向当地税务机关申请填写缴款书或者完税凭证，将其中一联粘贴在凭证上或者由税务机关在凭证上加注完税标记代替贴花。这就是通常所说的“汇贴”办法。

同一种类应纳税凭证，需频繁贴花的，纳税人可以根据实际情况自行决定是否采用按期汇总缴纳印花税的方式，汇总缴纳的期限为1个月，采用按期汇总缴纳方式的纳税人应事先告知主管税务机关。缴纳方式一经选定，1年内不得改变。主管税务机关接到纳税人要求按期汇总缴纳印花税的告知后，应及时登记，制定相应的管理办法，防止出现管理漏洞。对采用按期汇总缴纳方式缴纳印花税的纳税人，应加强日常监督、检查。

实行印花税按期汇总缴纳的单位对征税凭证和免税凭证汇总时，凡分别汇总的，按本期征税凭证的汇总金额计算缴纳印花税；凡确属不能分别汇总的，应按本期全部凭证的实际汇总金额计算缴纳印花税。

凡汇总缴纳印花税的凭证，应加注税务机关指定的汇缴戳记、编号并装订成册后，将已贴印花或者缴款书的一联粘附册后，盖章注销，保存备查。

经税务机关核准，持有代售许可证的代售户，代售印花税票取得的税款需专户存储，并按照规定的期限，向当地税务机关结报，或者填开专用缴款书直接向银行缴纳。不得逾期不缴或者挪作他用。代售户领存的印花税票及所售印花税票的税款，如有损失，应负责赔偿。

（3）委托代征办法。

这一办法主要是通过税务机关的委托，经由发放或者办理应纳税凭证的单位代为征收印花税税款。税务机关应与代征单位签订代征委托书。所谓发放或者办理应纳税凭证的单位，是指发放权利、许可证照的单位和办理凭证的鉴证、公证及其他有关事项的单位。如按照印花税法规定，工商行政管理机关核发各类营业执照和商标注册证的同时，负责代售印花税票，征收印花税税款，并监督领受单位或个人负责贴花。税务机关委托工商行政管理机关代售印花税票，按代售金额5%的比例支付代售手续费。

印花税法规定，发放或者办理应纳税凭证的单位，负有监督纳税人依法纳税的义务，具体是指对以下纳税事项监督：①应纳税凭证是否已粘贴印花；②粘贴的印花是否足额；③粘贴的印花是否按规定注销。对未完成以上纳税手续的，应督促纳税人当场完成。

2. 纳税环节

印花税应当在书立或领受时贴花。具体是指在合同签订时、账簿启用时和证照领受时贴花。如果合同是在国外签订，并且不便在国外贴花的，应在将合同带入境时办理贴花纳税手续。

有些合同在签定时无法确定计税金额，如技术合同中的转让收入，有的是按销售收入的一定比例收取或是按实现利润的一定比例分成；有的财产租赁合同，只是规定了单位时间的租金标准，而无租赁期限等。对这类合同，可在签订时先按定额贴花5元，以后结算时再按实际的计税金额和规定的税率计算应纳税额，补贴印花。

资金账簿按“实收资本”和“资本公积”两项的合计金额贴花；以后年度均以年初“实收资本”和“资本公积”合计金额计算，就增加部分补贴印花。

3. 纳税期限、纳税地点及征收机关

（1）纳税期限。

应纳税凭证应当于书立或者领受时贴花，即在合同的签订时、书据的立据时、账簿的启用时和证照的领受时贴花。同一种类应税凭证，需频繁贴花的，可向当地地方税务机关申请按期汇总缴纳印花税。税务机关对核准汇总缴纳印花税的单位，应发给汇总缴纳许可证。汇总缴纳的期限限额由当地地方税务机关确定，但最长期限不得超过1个月。

一般是印花税实行汇总缴纳的，以1个月为一个纳税期。纳税人自期满之日起10日内申报纳税。对于未实行印花税汇总缴纳的纳税人，应于书立或领受应税凭证之日起10日内计算贴花。

(2) 纳税地点和征收机关。

关于印花税的纳税地点，根据《中华人民共和国印花税暂行条例实施细则》第十四条“条例第七条所说的书立或者领受时贴花，是指在合同的签订时、书据的立据时、账簿的启用时和证照的领用时贴花”的规定，行为发生时的地点即为印花税的纳税地点。对一个纳税单位地跨两个以上市、县行政区的，其营业账簿应纳的印花税，由账簿启用地的税务机关负责征收。印花税一般实行就地纳税。对于全国性商品物资订货会（包括展销会、交易会等）上所签订合同应纳的印花税，由纳税人回其所在地后及时办理贴花完税手续；对地方主办，不涉及省际关系的订货会，展销会上所签合同的印花税，其纳税地点由各省、自治区、直辖市人民政府自行确定。

## 任务实施

根据任务描述，实施填表方案，拟定步骤如下：

**一、计算应纳税额**

产权转移证书：3×5＝15（元）

营业账簿：2 000 000×0.5‰＝1 000（元）

财产保险合同：12 000×1‰＝12（元）

合计：15+1 000+12＝1 027（元）

**二、填写申报表（见表6-3-3）**

表6-3-3 印花税纳税申报表

税款所属时期：2013年10月1日至2013年10月31日　　填表日期：2013年11月5日　　金额单位：元（列至角分）

| 纳税人代码 | | | 4201063345858×× | | | | 微机代码 | | 22221 | |
|---|---|---|---|---|---|---|---|---|---|---|
| 纳税人名称 | | | 武汉GL科技有限公司 | | | | 税款所属时期 | | 2013年10月 | |
| 税目 | 件数 | 征收金额 | 税率 | 应纳税额 | 已纳税额 | 应补（退）税额 | 购花贴花情况 | | | |
| | | | | | | | 上期结存 | 本期购进 | 本期贴花 | 本期结存 |
| 1 | 2 | 3 | 4 | 5＝2×5或3×4 | 6 | 7＝5−6 | 8 | 9 | 10 | 11＝8+9−10 |
| 产权转移证书 | 3 | | 5 | 15 | 15 | 0 | 0 | 15 | 15 | 0 |
| 营业账簿 | | 2 000 000 | 0.5‰ | 1 000 | 0 | 1 000 | 0 | 1 000 | 1 000 | 0 |
| 财产保险合同 | | 12 000 | 1‰ | 12 | 0 | 12 | 0 | 12 | 12 | 0 |
| 合计 | | | | | | | | | 1027 | |

续表

| 纳税人声明 | 授权人声明 | 代理人声明 |
|---|---|---|
| 本纳税申报表是按照国家税法和税务机关规定填报的，我确信是真实的，合法的。如有虚假，愿负法律责任。<br>法定代表人（业主）签名：王燕<br>2013 年 11 月 5 日 | 我单位（公司）现授权　　为本纳税人的代理申报人，其法定代表人　　电话　　，任何与申报有关的往来文件都可寄与此代理机构。<br>委托代理合同号码：<br>授权人（法定代表人）签名：<br>年　月　日 | 本纳税申报表是按照国家税法和税务机关规定填报的，我确信是真实、合法的。如有不实，我愿承担法律责任。<br>法定代表人签名：<br>代理人盖章：<br>年　月　日 |
| 受理申报日期 2013 年 11 月 5 日 | 审核申报日期 2013 年 11 月 5 日 | 录入日期 2013 年 11 月 5 日 |
| 受理人：张山 | 审核人：李斯 | 录入人：张山 |

## 任务评价

根据前面任务下达的要求，实施并完成任务后，进行任务实施评价，填写任务实施情况表（见表 6-3-4）。

表 6-3-4　　印花税业务训练评价表

| 考评内容标准 | 实施评价 | | |
|---|---|---|---|
| | 自我评价 | 同学互评 | 教师评价 |
| 印花税的计算（40 分） | | | |
| 填写印花税申报表（50 分） | | | |
| 说明如何申报缴纳（10 分） | | | |
| 合　计 | | | |

# 主要参考文献

[1] 国家税务总局．中华人民共和国税收基本法规（2013 年版）[M]．北京：中国税务出版社，2013.

[2] 全国注册税务师执业资格考试教材编写组．税法（Ⅰ）[M]．北京：中国税务出版社，2013.

[3] 全国注册税务师执业资格考试教材编写组．税法（Ⅱ）[M]．北京：中国税务出版社，2013.

[4] 全国注册税务师执业资格考试教材编写组．税务代理实务 [M]．北京：中国税务出版社，2013.

[5] 国家税务总局所得税司．企业所得税法规汇编（2012 年版）[M]．北京：中国税务出版社，2012.

[6] 高金平．最新税收政策疑难解析 [M]．北京：中国财政经济出版社，2012.

[7] 舒文存．纳税实务 [M]．大连：东北财经大学出版社，2013.